2022 교원 임용고시 대비
EOS 교육학논술
All In One

모든 것을 단 한 번에 끝장낸다!
② 문제 마스터 편

이 책은 저작권법에 따라 보호받는 저작물이므로 무단전재와 무단복제를 금지하며, 이 책 내용의 전부 또는 일부를 이용하려면 반드시 저작권자와 동문사의 서면동의를 받아야 합니다. 무단전재나 무단복제 행위는 저작권법 제136조(벌칙)에 의거, 5년 이하의 징역 또는 5천만 원 이하의 벌금에 처하거나 이를 병과할 수 있습니다.

2022 교원 임용고시 대비

EOS 교육학논술

올인원이면 모든 것이 완벽하다!

이지원 편저

ALL IN ONE

효율 만렙! 1년 같은 8주 교육학 완성 프로젝트

② [문제 마스터 편]

최단시간 완벽하게 준비하는
4가지의 TOTAL CARE

<제 1 부> 교원임용의 이해와 글쓰기 마스터 + 기출문제에 완벽 적용
<제 2 부> 교육학논술 이론 마스터 + 형성평가로 완벽 복습·정리
<제 3 부> 교육학논술 문제 마스터(논술+객관형 완벽 메타 분석)
<제 4 부> 교육학논술 실전 마스터(유형과 난이도 완벽 대비)

동문사

All In One을 펴내며...

1 우리 친구들에게 전하는 마음

　스스로의 삶을 굳건히 책임지겠다는 일념으로 하루하루를 공부로 불태우는 여러분을 응원합니다. 저 역시도 '어떻게 하면 교육학논술의 변별력을 붕괴시킬까?', '어떻게 하면 저와 만나는 수험생들을 학교현장에 세울 수 있을까?'를 항상 고민하고 있습니다. 함께 공부했던 선생님들이 합격하여 꿈꾸던 학교 현장으로 나가는 모습을 보면 저도 모르게 눈물이 납니다. 우리들이 흘렸던 땀과 노력이 합격이라는 결실을 맺을 때, 웃음보다 눈물이 나는 건 왜일까요?

　저는 누군가가 저의 아픔과 고민을 잘 알고 있다고 얘기할 때, 솔직히 공감되지 않을 때가 많더군요. 어떻게 저 자신도 아니면서 잘 알고 있다는 말을 저리도 쉽게 할 수 있을까? 저 Easy-one은 여러분의 아픔을 도둑질하지 않겠습니다. 매순간 여러분과 고민하며 확실하고 솔직한 이야기만을 하겠습니다. 그리고 여러분이 합격하는 날.. 기쁨의 눈물을 조용히 흘려주겠습니다.

　이제 얼마 후, 학교 현장에서 반짝반짝 빛나고 계실 여러분을 응원합니다.
　우리~ 우리~ 꼭 해냅시다!

II. 그동안 수험생들과 나누었던 진솔한 이야기 넷...

이야기 하나. ☆ 중등교원 임용고시의 성격과 난이도에 관해

　초수생들을 마주하면 '열심히 하다보면 합격하겠지!'라는 막연한 생각 속에 공부를 시작하고, 재수 이상의 실패를 경험한 수험생들은 지극히 낮은 자존감 속에서 뒤늦은 시험대비를 하곤 합니다. 우리는 분명히 알아야 합니다. 임용고시는 정확히 13개월을 탄탄하게 계획적으로 준비해서 합격과 동시에 훌훌 털고 나가는 시험입니다. 물론 개인적인 준비도에 따라 13개월이라는 물리적인 시간은 다소 단축되기도 합니다. 수험생들과 마주하다 보면 때때로 '이 사람은 올해 합격하겠구나!'라는 감이 확실하게 오는 경우가 있습니다. 그런 수험생들은 여지없이 합격합니다. 다시 말해, 일정 수준에 다다라야지만 합격하는 시험이라는 겁니다.

　경쟁률이 상당히 높기에 시험의 성격은 변별에 있고, 결코 쉽게 출제되지 않습니다. 또한 지식(교육학+전공)에 기술(수업실연), 인성(심층면접)에 이르기까지 종합적인 능력을 두루두루 평가하기에 길게 보고, 체계적으로 준비해야 합니다. 21세기 국가의 흥망을 좌우하고, 아이들의 전인적 성장을 책임지는 고귀한 일을 수행하는 선생님들을 적당히 뽑을 리가 있겠습니까? 적당히 준비해서 붙고자 하는 안일한 마음가짐 자체를 버려야 합격할 수 있는 시험입니다.

이야기 둘. ☆ 합격생과 불합격생의 미세했지만 점점 벌어지는 그 차이에 관해

　연초에 만나는 수험생들을 보면 각오도 남다르고, 열심히 공부를 시작합니다. 하지만 상반기가 지나고, 9월이 넘어가면 많은 차이를 보입니다. 꾸준히 공부한 사람과 그렇지 않은 사람은 결국 실력(점수)으로 명확히 드러납니다. 주머니 속의 송곳과 같이 결코 숨길 수가 없습니다. 사람이 한결같을 수야 없지만 합격하는 사람들은 대개 한결같더군요. 그저 남들처럼 타성에 젖어 평범히 1년을 보낸 사람은 합격하기 어렵습니다.

이야기 셋. ☆ 어떻게 준비하는 것이 최선일까.. 그 혼란스러움에 관해

'공부에 왕도가 있을까요?', '왕도가 있다손 치더라도 그 방법대로 따라만 하면 붙을까요?', '오래도록 준비한 사람만이 합격할까요?', 땡~ 모두가 애매한 말장난입니다. 더러더러 부분적인 해답만을 줄 뿐입니다. 경쟁시험의 특성상 다른 사람보다 빠르게 움직이고, 체계적으로, 현명하게, 꾸준히 공부하는 것만이 최선의 정답입니다. '열심히'라는 말의 메타포(metaphor)에는 수많은 공부시간, 내가 온전히 집중할 수 있는 장소, 가장 효율적인 방법, 나의 스타일에 맞는 열정적인 강사의 선택 등에 있어 '최적화'의 개념이 포함되어 있습니다.

누구나가 시험에 계속해서 떨어지면 자존감은 바닥을 칩니다. 그때는 늦습니다. 가능한 빨리 그리고 자주 본인만의 공부 방식(준비의 루틴)을 반성하면서 주변을 돌아보세요. 합격생들은 얼마나 공부를 했는지, 현재 상위권을 유지하며, 칼을 갈고 있는 수험생들은 어떻게 하고 있는지를 냉정히 살펴보세요. 나 혼자만 내 기준에 갇혀 열심히 하다가는 큰 발전이 없습니다.

이야기 넷. ☆ 공부의 동기.. 합격의 원동력에 관해

저 Easy-one은 다른 사람에게 충고하는 것을 싫어하고, 충고를 받는 것도 싫어하는 독특한 성격을 갖고 있습니다. 마음에 없는 말을 늘어놓으며, 자신을 대단한 전문가인 것처럼 홍보해야 하는 상업시장과는 어울리지 않는 성격을 갖고 있습니다. 하지만 열심히 연구하고, 수험생들과 마음을 나누며, 이곳 노량진에서 즐겁게 생활하고 있습니다. 제 삶의 원동력은 무엇일까요?

살다보면 아프고, 서럽고, 힘들어서 눈물이 날 때가 많더군요. 그때마다 우린 혼자가 아니었습니다. 우리 곁에는 항상 소중한 이가 손을 내밀어 주었습니다. 이젠 여러분이 그 소중한 이에게 보답할 차례입니다. 보답이라는 것이 무엇일까요? 답은 먼 곳에 있지 않습니다. 임용고시를 통과해서 당당하게 여러분의 따뜻한 손을 그들에게 내미는 것입니다. 잊지 마세요. 오늘 공부하다 힘들어서 우는 사람만이 내년 이맘때 그 손을 내밀 수 있다는 것을 ....

차례

All In One을 펴내며... ————————————————————————— 5
 Ⅰ. 우리 친구들에게 전하는 마음 ———————————————————— 5
 Ⅱ. 그동안 수험생들과 나누었던 진솔한 이야기 넷... ——————————— 6

PART 3 교육학논술 문제 마스터

01 교육학논술 논술형 기출문제 총정리 파트
 (영역별·연도별로 정리) ———————————————————————— 12
  ▪ 교육과정 파트 논술형 기출문제와 모범답안 ————————————— 12
  ▪ 교수·학습 및 공학 파트 논술형 기출문제와 모범답안 ——————— 19
  ▪ 교육평가 파트 논술형 기출문제와 모범답안 ————————————— 27
  ▪ 교육행정 파트 논술형 기출문제와 모범답안 ————————————— 33
  ▪ 교육심리 파트 논술형 기출문제와 모범답안 ————————————— 43
  ▪ 생활지도 및 상담 파트 논술형 기출문제와 모범답안 ——————— 47
  ▪ 교육사회학 파트 논술형 기출문제와 모범답안 ———————————— 49
  ▪ 교육철학 파트 논술형 기출문제와 모범답안 ————————————— 51

02 객관식 역대 기출 문제 영역별 메타 분석 266문항 파트
 (메타분석 후 주관식 서·논술형으로 변형) ———————————————— 53
  ▪ 교육과정 파트 메타 분석 27문항과 해설 ——————————————— 53
  ▪ 교수·학습방법 및 교육공학 파트 메타 분석 30문항과 해설 ———— 80
  ▪ 교육평가 & 연구 및 통계 파트 메타 분석 35문항과 해설 ————— 110
  ▪ 교육행정 및 교육경영 파트 메타 분석 34문항과 해설 ——————— 145
  ▪ 교육심리 파트 메타 분석 42문항과 해설 ——————————————— 180
  ▪ 생활지도 및 상담 파트 메타 분석 29문항과 해설 ————————— 224
  ▪ 교육사회학 파트 메타 분석 30문항과 해설 ————————————— 254
  ▪ 기타(교육의 기초, 교육사, 교육철학) 파트 메타 분석 39문항과 해설 —— 285

PART 4 교육학논술 실전 마스터

제1회 실전모의고사 문제 ——————————————— 326
    채점기준표 & 모범답안 ——————————————— 327

제2회 실전모의고사 문제 ——————————————— 333
    채점기준표 & 모범답안 ——————————————— 334

제3회 실전모의고사 문제 ——————————————— 339
    채점기준표 & 모범답안 ——————————————— 340

제4회 실전모의고사 문제 ——————————————— 345
    채점기준표 & 모범답안 ——————————————— 346

제5회 실전모의고사 문제 ——————————————— 351
    채점기준표 & 모범답안 ——————————————— 352

PART 03

교육학논술 문제 마스터

01 교육학논술 논술형 기출문제 총정리 파트
(영역별·연도별로 정리)

- 교육과정 파트 논술형 기출문제와 모범답안
- 교수·학습 및 공학 파트 논술형 기출문제와 모범답안
- 교육평가 파트 논술형 기출문제와 모범답안
- 교육행정 파트 논술형 기출문제와 모범답안
- 교육심리 파트 논술형 기출문제와 모범답안
- 생활지도 및 상담 파트 논술형 기출문제와 모범답안
- 교육사회학 파트 논술형 기출문제와 모범답안
- 교육철학 파트 논술형 기출문제와 모범답안

02 객관식 역대 기출 문제 영역별 메타 분석 266문항 파트(메타분석 후 주관식 서·논술형으로 변형)

- 교육과정 파트 메타 분석 27문항과 해설
- 교수·학습방법 및 교육공학 파트 메타 분석 30문항과 해설
- 교육평가 & 연구 및 통계 파트 메타 분석 35문항과 해설
- 교육행정 및 교육경영 파트 메타 분석 34문항과 해설
- 교육심리 파트 메타 분석 42문항과 해설
- 생활지도 및 상담 파트 메타 분석 29문항과 해설
- 교육사회학 파트 메타 분석 30문항과 해설
- 기타(교육의 기초, 교육사, 교육철학) 파트 메타 분석 39문항과 해설

> **EOS 가이드**
> 문제 마스터 파트는 출제의 의도를 명확히 파악하고, 스스로 답안을 작성한 후, 모범답안과 비교해 보는 것이 좋습니다. 여기에 구술연습이 더해진다면 금상첨화(錦上添花)입니다.
>
> ♣ 본 교재의 모든 문제는 풀이 및 해설 영상이 인강을 통해 제공됩니다.

Chapter 01 교육학논술 논술형 기출문제 총정리 (영역별 연도별로 정리)

EOS 하드캐리 문제의 유형과 출제의 의도가 어떻게 드러나는지를 정확히 파악하려는 노력이 필요합니다.

교육과정 파트

2013 출제 문제

박 교사의 언급을 통해 학생들이 소극적으로 행동하는 문제를 진단(잠재적 교육과정의 관점에서)하시오.

> 박 교사 :
> 네, 맞아요. 어떤 학급에서는 제가 열심히 수업을 해도, 학생들에게 질문을 던져도 몇몇은 그냥 고개를 숙인 채 조용히 있습니다. 심지어 어떤 학생은 수업시간에 아예 **침묵으로 일관**하기도 하고, **저와 눈도 마주치지 않으려고** 해요.

문제의 모범 답안

　잠재적 교육과정은 공식문서에 명시되어 있지 않으나 학교에서의 교육이 학생들의 삶에 미치는 영향이자 그로 인한 결과를 말한다. 잠재적 교육과정을 연구한 잭슨은 '교실에서의 생활'을 통해 잠재적 교육과정이 발생하는 원천을 군집성, 권력, 상찬으로 밝히고 있다. 지문과 관련지어 학생들이 수업에서 소극적으로 행동하는 문제를 다음과 같이 진단해 볼 수 있다.
　첫째, 군집성의 영향으로 학생들은 교실에서 기다리고 참는 법을 배우며, 대다수의 학생들이 보이는 행동을 따라 한다. 이는 교실에서 일어나는 일에 대해 무관심하거나 수업에서의 소극적인 태도로 이어질 수 있다.
　둘째, 권력관계의 영향으로 학생들은 학교 내 위계질서 속에서 복종과 순종의 자세를 배우게 되는데, 이는 자연스레 수업에서의 소극적 행동과 수업시간 중 교사의 말에 대하여 소극적으로 반응하는 태도로 이어질 수 있다.

2014 출제 문제

다음과 같은 교육과정 설계 방식의 특징 3가지를 쓰시오.

> 교육과정 설계방식 측면에서, 종전의 방식은 평가계획보다 수업계획 중심으로 설계되어 있어서 교사가 교과의 학습목표에 비추어 학생들이 배우는 내용을 올바르게 이해하였는지 확인하는 데 한계가 있었습니다. 교사는 계획한 진도를 나가기에 급급한 나머지, 학생들의 학습결손을 예방하지 못하였습니다. 내년에는 학생들의 학습목표 달성정도를 확인하는 데 유용한 교육과정 설계를 하고자 합니다.

문제의 모범 답안

　　지문의 중학교가 향후 중점을 두고 실행하려는 교육과정 설계방식은 평가계획을 중심으로 수업계획을 짜는 백워드 교육과정 설계방식에 해당한다. 이 방식의 특징으로는
첫째, 교육목표의 설정에 있어 학생이 알아야 할 지식과 기능을 구체화하여 오랜 시간이 지나도 꼭 알고 있고, 할 수 있어야 하는 영속적 이해를 추구하는 점이다.
둘째, 교육과정을 설계하는 단계에 있어 교육목표를 수립한 후, 수업계획을 짜는 것이 아니라 평가계획을 우선 세우는 평가 우위의 성격을 나타낸다는 점이다.
셋째, 백워드 교육과정 설계방식은 성취기준을 중심으로 교육과정과 수업을 밀착시켜 교육의 책무성을 높이려는 지향점을 나타낸다.

2015 출제 문제

김 교사가 다음과 같이 실천하려는 교육과정의 장점과 문제점을 각각 2가지씩 제시하시오.

> 일방적 개념전달 위주의 수업을 지양할 것
> 학생의 경험을 중시하는 교육과정을 실행할 것
> 학생의 흥미, 요구, 능력을 토대로 한 활동을 증진할 것
> 학생이 관심을 가지는 수업 내용을 찾고, 그것을 조직하여 직접 경험하게 할 것

문제의 모범 답안

　　김 교사는 학생의 흥미, 요구, 능력을 토대로 학생들이 관심을 갖는 수업내용을 찾아 조직하고 학생들이 이를 직접 경험하도록 하는 수업을 강조하려고 한다. 이는 경험중심 교육과정을 염두에 둔 계획이라 할 수 있다.

경험중심 교육과정의 장점은

첫째, 수업내용이 학생들의 흥미나 요구를 토대로 선정되기 때문에 학생들의 적극적인 참여를 촉진하는 등 학습동기를 높일 수 있다.

둘째, 수업활동에서 학생들의 직접적인 경험을 중시하기 때문에 실제적인 문제해결 능력을 향상할 수 있다.

이에 반해 문제점으로는

첫째, 학생들의 요구와 관심을 수용한 활동중심의 수업을 강조하므로 교사의 체계적인 지식전달이 상대적으로 소홀해져 학생들의 기초학력이 저하될 수 있다.

둘째, 학생들의 다양한 요구를 수용하여 활동을 계획하고 실천할 경우 많은 시간이 소요되므로 수업의 효율성 저하와 방향성 상실이 있을 수 있다.

2016 출제 문제

B교사가 채택하려는 교육내용 조직 원리 1가지와 그 외 내용 조직의 원리 2가지를 제시하시오.

개정 교육과정의 취지에 따른 교과 내용 재구성에 대해, B교사는 다음과 같이 말했다.
"교사는 내용 조직의 원리를 제대로 파악할 필요가 있습니다. 저는 **몇 개의 교과를 결합해 교육과정을 편성·운영**해 보려고 합니다. 각 교과의 **내용이 구획화되지 않도록 교과 교사들 간 협력을 강화**하고자 합니다. 이러한 시도는 교육과정설계에서 교과 간의 단순한 연계성 이상을 의미합니다."

문제의 모범 답안

B 교사는 2015개정교육과정의 취지를 살려 교과 내용을 재구성하려고 한다. 지문의 B 교사는 교육내용 조직 원리 중 통합성을 살리려는 의도를 나타내고 있다.

통합성은 관련 내용이나 주제에 따라 교과나 단원 간의 내용을 함께 묶고 통합하는 것과 관계된다.

이 외에도 염두에 두어야 할 내용 조직 원리로는 계속성과 계열성을 들 수 있다. 계속성은 중요한 내용이 계속해서 반복적으로 다루어지도록 하는 것을 말하고, 계열성은 교과 내용 등이 반복되지만 단순한 반복이 아닌 점차적으로 확대·심화되는 내용 조직 원리를 말한다.

2017 출제 문제

박 교사가 제안하는 워커(Walker)가 제시한 교육과정 개발 모형의 명칭과 이 모형을 교육과정개발에 적용하는 이유 3가지를 제시하시오.

> 박 교사: 선생님, 우리 학교 학생의 학업 특성을 보면 학습흥미와 수업참여 수준이 전반적으로 낮아요. 그리고 학업성취, 학습흥미, 수업참여의 개인차가 크다는 것이 눈에 띄네요.
> 김 교사: 학생의 개인별 특성이 그만큼 다양하다는 것을 의미하겠죠. 우리 학교 교육과정도 이를 반영해야 하지 않을까요?
> 박 교사: 그렇습니다. 그런데 교육과정을 개발하는 과정에서 학생의 개인별 특성을 중시하는 의견과 교과를 중시하는 의견 간에 차이가 있습니다. 이를 조율하기 위해서는 시간이 걸리겠지만 적절한 논쟁을 거쳐 합의에 이르는 심사숙고의 과정이 필요합니다.

문제의 모범 답안

위 지문의 박 교사가 제안하는 교육과정 개발모형은 워커가 제시한 '숙의 모형'이라 할 수 있다. 이는 교육과정 개발의 실제적 모습을 강조하며 다양한 인사들의 요구를 폭넓게 반영할 수 있는 모형이다. 이 모형을 교육과정 개발에 적용하는 이유는 다음과 같다.

첫째, 토대다지기를 통해 학습자의 흥미, 요구, 관심사 등 다양한 의견을 반영한 교육과정을 개발할 수 있다.

둘째, 교육과정 개발에서 숙의과정을 통해 구성원들의 합리적인 의사소통 과정과 절차를 거쳐 실효성 있는 대안을 마련할 수 있다.

셋째, 교육과정을 설계하는 과정에서 수시로 발생하는 문제점들을 수용하면서 수정과 보완을 지속적으로 할 수 있는 역동성을 갖기 때문에 실용적이다.

All In One

> **2018 출제 문제**

타일러의 학습경험 선정 원리 중 기회의 원리로 첫째 물음을 설명하고, 만족의 원리로 둘째 물음을 설명, 잭슨의 잠재적 교육과정의 개념을 쓰고 그 개념에 근거하여 김 교사가 말하는 '생각하지 못했던 결과'의 예를 제시하시오.

#2 모둠활동에 적극적으로 참여하지 못한 학생들이 몇 명 있었지. 이 학생들은 제대로 된 학습경험을 갖지 못한 것이 아닐까? 자신의 학습경험에 대하여 어떻게 느꼈을까? 어쨌든 모둠활동에 관해서는 좀 더 깊이 고민해 봐야겠어. 생각하지 못했던 결과가 이 학생들에게 나타날 수도 있고······.

문제의 모범 답안

　　교사의 반성적 실천은 학습자가 수업에서 실제적으로 어떠한 경험을 하는지를 파악하고, 잠재적인 교육과정으로 인해 예상치 못한 결과를 초래할 수도 있음을 염두에 두고 이루어져야 한다. 특히 지문과 같이 모둠활동에서 소극적인 일부 학생들의 경우,
기회의 원리를 고려할 때, 개인차를 고려한 참여기회가 보장되지 않아 학습목표달성이 불가능할 수도 있고, 만족의 원리를 고려할 때, 소극적인 참여로 학습활동을 통해 기쁘고 행복한 경험을 하기 힘들 수도 있으므로 세심히 배려해야 할 것이다.
또한, 잭슨은 잠재적 교육과정을 학습자가 학교생활을 통해 얻게 되는 무의식적이고, 무의도적인 영향의 결과라고 정의하면서 잠재적 교육과정의 중요한 원천으로 군집성과 권력, 상찬을 제시하였다.
군집성을 예로 생각해 볼 때, 김 교사는 협력적이고, 능동적인 문제해결역량을 키우고자 모둠학습을 진행했지만, 대다수의 아이들이 침묵으로 일관하고, 그러한 분위기에 일부가 동조하게 된다면 모둠학습은 기대와는 다른 양상으로 전개될 수도 있다.

2019년 논술

B 교사가 말한 '영 교육과정'이 교육내용 선정에 주는 시사점 1가지, B교사가 말한 교육내용 조직 방식의 명칭과 이 조직방식이 토의식 수업에서 가지는 장점과 단점을 각각 1가지씩 제시하시오.

구 분	주요 의견
B 교사	• 교육과정 분야에서는 교육내용의 선정과 조직방식에 대한 교사의 전문성이 강화될 필요가 있음 • 교육내용 선정과 관련해서는 '영 교육과정'에 관심을 가지는 것이 도움이 됨 • 교육내용 조직과 관련해서는 생활에 필요한 문제를 토의의 중심부에 놓고 여러 교과를 주변부에 결합하는 방식을 활용할 필요가 있음

    토의수업의 활성화를 위해서는 적합한 교육내용의 선정과 조직에 대한 고민이 필요하다. 지문의 B교사는 영 교육과정과 중핵교육과정을 언급하고 있다.
먼저, 영 교육과정은 교육내용의 선정에 있어 가치 있고, 발달단계와 교육목표에 적합하면서도 배제되어 배울 기회가 없는 내용으로 이를 고려할 필요가 있다. 구체적으로 대중문화와 같은 내용은 교육내용을 풍부하고 다양화시켜 학생들의 요구와 흥미를 반영하게 된다. 다음으로 중핵교육과정은 학생들의 관심이나 사회적 기능 등을 중심부에 두고 다양한 과목이 주변부에 결합하는 방식으로 토의수업에 유용한 조직방법이라 할 수 있다. 이러한 조직은 토의수업에 있어 학생들의 관심과 흥미를 높여 창의적 문제해결능력의 신장에 기여하는 장점을 지닌다. 하지만 여러 교과와 결합해야 하므로 수업준비와 진행에 많은 시간이 소요되고, 모두가 토의과정에 참여하기에는 제한적이라는 단점을 가지기도 한다.

All In One

2020년 논술

교육과정 운영 관점을 스나이더 외(J. Snyder, F. Bolin, & K. Zumwalt)의 분류에 따라 설명할 때, 김 교사가 언급한 자신의 기존 관점의 장점과 단점 각각 1가지, 새롭게 관심을 가지게 된 관점에 적합한 교육과정 운영 방안 2가지를 제시하시오. [4점]

> 학생의 선택과 결정의 기회를 확대하기 위해 우리 학교가 학교 운영 계획을 전체적으로 다시 세우고 있어. 그 과정에서 나는 교육과정 운영, 교육평가 방안, 온라인 수업설계 등을 고민했고 교사 협의회에도 참여했어.
> 그동안의 교육과정 운영을 되돌아보니 운영에 대한 나의 관점이 달라진 것 같아. 교직 생활 초기에는 국가 교육과정의 내용을 있는 그대로 실행하는 관점으로 교육과정을 운영해 왔어. 그런데 최근 내가 새롭게 관심을 가지게 된 관점은 교육과정을 교사와 학생이 함께 생성하는 교육적 경험으로 보는 거야. 이 관점으로 교육과정을 운영하는 방안을 찾아봐야 겠어.

문제의 모범 답안

학생의 선택과 결정의 기회를 확대하여 우리가 지향하는 행복교육을 실현하려면 교육과정 운영에 대한 새로운 관점을 견지해야 할 것이다. 교육과정 운영의 관점에 대해 스나이더는 충실도, 상호적응, 생성의 관점을 제시한 바 있다. 지문의 김 교사는 기존 충실도의 관점에서 벗어나 생성의 관점을 지향하고자 한다.

기존의 관점(충실도)은 국가 교육과정을 있는 그대로 실행하는 관점으로 전국적인 교육의 질 보장과 기초학습능력을 강조하는 등으로 교육의 책무성을 담보할 수 있다는 장점을 지닌다. 반면 학습자의 요구와 교사의 관심, 지역의 특수성을 반영하기 어려워 현장적 합성이 떨어진다는 단점을 갖게 된다.

김 교사가 새롭게 지향하는 관점(생성)으로 교육과정을 운영하는 방안으로는 첫째, 학생들의 흥미를 고려하고 함께 협의하여 새로운 활동중심 단원을 개발하는 것을 들 수 있다. 둘째, 개발된 교육과정을 학생들의 삶과 밀접히 관련된 지역사회 시설이나 문화적 텍스트와 연계하여 실천하는 것을 들 수 있다. 또한 새로운 관점에서의 평가는 교사의 이해와 해석의 수준에 근거하므로 다양한 평가방식이 적용될 수 있다.

교수·학습 및 공학 파트

2014-1년 논술

수업에 소극적인 학생들의 학습동기를 유발하기 위한 방안을 협동학습 실행의 측면에서 2가지로 논의하시오.

> - 박 교사: 이를테면 수업방법 차원에서 학생들끼리 서로 도와가며 학습하는 형태로 수업을 진행하면 어떨까요?
> - 최 교사: 그거 좋은 생각이네요. 다만 학생들끼리 함께 학습을 하도록 할 때는 무엇보다 **서로 도와주고 의존하도록 하는 구조가 중요하다는 점을 유의**해야겠지요. 그러한 구조가 없는 경우에는 수업활동에 열심히 참여하지 않는 학생들이 많아진다는 문제가 발생할 수 있어요.

문제의 모범 답안

협동학습은 학생들에게 동일한 학습목표나 과제를 부여하여, 학생들이 협력과 상호작용을 통해 해결하도록 이끄는 수업방법이다. 협동학습을 통해 수업에 소극적인 학생들의 학습동기를 유발하기 위한 방안은 다음과 같다.

첫째, 협동학습의 결과를 평가할 때, 상대평가가 아닌, 향상점수를 기준으로 하는 것이 바람직하다. 향상점수를 기준으로 평가를 하면 학업성취가 낮은 학생도 팀 점수의 향상과 발전에 상당한 기여를 할 수 있기 때문에 수업에 적극적으로 참여하게 된다.

둘째, 개별 책무성의 원리를 살린다. 학생들마다 개별화된 과제를 수행하고, 그 결과를 팀 전체의 학습에 반영되도록 하면 무임승차 문제를 예방하고, 적극적인 수업참여를 유도할 수 있다.

All In One

> **2014-2년 논술**

학문중심교육과정 이론에 근거한 수업전략을 논의하시오.

- 특히 오늘 내 수업시간에 휴대전화만 보고 있어서 주의를 받았던 영희의 말이 아직도 귀에 생생하다. "저는 애견 미용사가 되려고 하는데, 생물학적 지식 같은 걸 배워서 뭐해요? 내신 관리를 해야 하는 아이들조차 어디 써먹을지도 모르는 개념을 외우기만 하려니까 지겹다고 하던데, 저는 얼마나 더 지겹겠어요."라고 말하는 것이었다.
- **학교에서 배우는 기초 지식이나 원리가 직업 활동의 근간**이 되기도 한다는 것을 어떻게 아이들이 깨닫게 할 수 있을까? 내가 일일이 다 설명해 주지 않아도 아이들이 **스스로 교과의 기본 원리를 찾을 수 있게 하려면 어떤 종류의 과제와 활동**이 좋을까?

문제의 모범 답안

학문중심 교육과정은 학생들로 하여금 지식의 기본원리이자 개념인 지식의 구조를 교육내용으로 삼는다. 또한 지적 수준을 높이고, 탐구적 욕구를 충족시키는 교육방법이자 수업전략으로 발견학습을 강조한다.

발견학습은 학생들이 다양한 구체적 사례(안내된 발견)를 통해 스스로 지식의 구조를 발견하도록(찾아내도록) 이끄는 수업형태이다. 교사들은 수업에서 학생들이 발견학습을 통해 알게 되는 기초 지식이나 원리(지식의 구조)가 여러 다양한 현상을 이해하는 폭넓은 안목을 길러준다는 것을 깨닫도록 지도하는 것이 중요하다.

또한 발견학습을 통해 지식의 구조에 도달하는 기초언어를 습득하는 과제를 수행하면서 내적인 보상(발견의 기쁨)을 느끼도록 지도해야 할 것이다.

2015-1년 논술

학습동기 향상을 위한 학습과제 제시방안 3가지를 제시하시오.

> 수업전략 측면에서 볼 때, 수업에 흥미를 잃어가는 학생들이 있음에도 불구하고 교사는 학생들의 학습동기를 높일 수 있는 전략을 적극적으로 사용하는 데 소홀했습니다. 수업상황에서 학생들이 배워야 할 학습과제 그 자체는 학생들에게 흥미로울 수도, 그렇지 않을 수도 있습니다. **교사가 학습과제를 어떻게 제시하느냐에 따라 학생들의 학습동기를 높일 수 있습니다.** 내년에는 학생들의 학습동기를 향상할 수 있는 학습과제 제시방안을 마련하는 데 관심을 기울이고자 합니다.

문제의 모범 답안

켈러의 ARCS이론은 학생들의 주의집중, 관련성, 자신감, 만족감과 관련하여 학습동기를 증진시키기 위한 수업전략이라 할 수 있다. ARCS이론에 근거하여 다음과 같은 학습과제 제시 방안을 모색해 볼 수 있다.

첫째, 주의집중 전략을 활용하여 수업을 시작할 때, 학습과제와 함께 시각적 보조 자료를 활용하여 학생들의 주의집중을 높인다.

둘째, 관련성 전략을 활용하여 수업을 진행하며, 학습과제가 학습자의 생활과 매우 친밀한 관련성이 있고, 수업목표를 해결하는 데 매우 유용하다는 것을 인식시킨다.

셋째, 자신감 전략을 활용하여 수업을 진행하며, 학습과제를 단순한 것에서 복잡한 것으로 계열화하고, 학습의 과정을 안내하여 학생들에게 과제를 성공적으로 수행할 수 있다는 자신감을 높인다.

참고적으로, 만족감 전략을 활용하여 수업의 마무리 부분에서, 학습과제를 해결하면서 배운 것을 실생활 등에 적용할 수 있는 기회를 제공하여, 학습결과에 대한 만족감을 지속적으로 유지한다.

All In One

> **2015-2년 논술**

일반적 교수체제설계에서 분석 및 설계 과정의 주요 활동을 2가지씩 제시하시오.

한편, 사회가 학생들에게 새로운 역량을 요구하고 있고, 이를 키우기 위해 교사는 다양한 수업을 설계할 수 있어야 합니다. 제가 경험했던 많은 교사들은 다양한 수업을 시도해 보고자 하는 열정은 높았지만 새로운 수업 방법이나 모형을 활용하여 수업을 설계하거나, 수업 상황에 맞게 기존의 교수·학습 지도안을 적용하는 데 어려움을 느꼈습니다. 다양한 교수체제설계 이론과 모형이 있지만 분석, 설계, 개발, 실행, 평가의 과정은 일반적이라고 생각합니다. 이 중에서 **분석과 설계는 다른 과정의 기초가 되기 때문에 중요합니다. 수업 요소들이 서로 어떻게 관련되어 있는지 파악하여 여러분의 수업에 적용**해 보시기 바랍니다.

문제의 모범 답안

　　ADDIE 모형은 교수설계를 위해 가장 일반화된 모형으로, 지문에 제시된 바와 같이 분석–설계–개발–실행–평가의 단계로 이뤄진다.

먼저 분석 단계는 효과적인 교수설계를 위해 기초자료를 수집하고 분석하는 단계로 첫째, 학습자의 현재 실력과 사전학습 경험, 학습동기 등을 분석한다. 둘째, 교수·학습이 이뤄지는 제반 환경에 대해 분석한다.

다음으로 설계 단계는 구체적인 교수·학습 목표 및 내용을 선정하고, 이것을 달성하기 위한 최적의 교수·학습의 과정을 고민하는 단계로 첫째, 교수·학습 목표 및 내용을 선정하고, 이것을 달성하기 위한 최적의 교수·학습방법 및 전략을 구조화한다. 둘째, 평가도구를 개발하고, 교수매체를 선정한다.

2017년 논술

C 교사가 실행하려는 구성주의 학습 활동을 위한 학습 지원 도구 자원과 교수 활동을 각각 2가지씩 제시하시오.

> C 교사는 학생 참여 중심의 교수·학습을 준비하기 위해서 교사 연수 프로그램에 참여하고 있다고 말했다. "저는 **구성주의 학습환경 설계**에 관한 연수에 참여하고 있습니다. **문제 중심이나 프로젝트 중심**의 학습 활동을 실행하기 위해서는 적합한 **학습 지원 도구나 자원을 학생들에게 제공**해야 한다는 것을 알게 되었고, **학습 활동 중에 교사가 수행해야 할 역할**에 대해서도 이해하게 되었습니다."

문제의 모범 답안

　　C 교사는 구성주의 교수-학습활동을 실행하고자 한다. 구성주의 학습은 학습자 중심의 활동을 지향하며, 교수자의 조력을 중시한다. 이를 잘 반영하는 조나센의 학습환경 설계모형을 기반으로 학습자에게 제시할 수 있는 학습 지원 도구 자원으로는 첫째, 제시된 문제와 관련이 있는 사례를 충분히 제공하여 문제점에 대해 민감하게 인식하도록 해야 한다. 둘째, 학습자들이 문제를 해결하는 데 필요한 정보 자원을 충분히 제공하여 훌륭한 가설을 세울 수 있도록 해야 한다.
　또한 학습환경 설계모형에서 교수자는 모델링과 코칭 및 스캐폴딩을 통해 학습자를 전방위적으로 지원할 수 있다. 구체적으로 첫째, 교사는 전문가로서 문제를 해결하는 과정에 대해 인지적 시범을 통해 학생들의 이해를 돕는다. 둘째, 교사는 학생들이 과제를 해결하는 수행과정에서 개별화된 조력과 도움을 주는 코칭을 제공한다.

All In One

2018년 논술

PBL(문제중심학습)에서 학습자의 역할 2가지, PBL에 적합한 문제의 특성과 그 특성이 주는 학습효과 1가지를 제시하시오.

- 김 교사: 학생의 다양한 특성을 반영하기 위한 수업 방법으로 어떤 것이 있을까요?
- 박 교사: 우리 학교 학생에게는 학습흥미와 수업참여를 높이는 수업이 필요할 것 같아요. 제가 지난번 연구수업에서 문제를 활용한 수업을 했는데, 수업 중에 학생들이 무엇을 해야 하는지 모르는 것 같았어요. 게다가 제가 문제를 잘 구성하지 못했는지 별로 흥미를 보이지 않더라고요. **문제를 활용하는 수업에서는 학생의 역할을 안내하고 좋은 문제를 개발하는 것이 중요하다는 것을** 알게 되었어요.

문제의 모범 답안

문제중심학습은 대표적인 구성주의 학습모형으로 현실에 존재하는 복잡다단한 문제를 해결하면서 학습력(전이력)을 향상할 수 있어, 2015개정교육과정의 학생참여형 수업에서도 매우 강조하고 있다.

이러한 문제중심학습에서의 학습자의 역할은 첫째, 주어진 문제에 대한 해결책을 스스로 찾아내는 자기주도적 학습을 전개한다. 둘째, 팀원들과의 협동학습을 통해 다양한 문제해결방안을 탐색하고, 공유한다.

문제중심학습에서 다루기에 적합한 문제는 현실에 존재하는 비구조화된 문제로, 단 한 가지로 귀결되는 정해진 답이 없는 문제라는 특성을 지닌다.

문제중심학습의 효과로는 다양한 활동으로 비구조화된 문제를 해결하는 특성으로 학습자의 실제적 문제해결능력을 배양하고, 실생활에의 전이와 학습흥미를 높이는 점을 들 수 있다.

2020년 논술

C 교사의 의견에서 제시된 토의식 수업을 설계할 때 활용할 수 있는 정착수업 원리 2가지, 위키를 활용할 때 발생할 수 있는 문제점 2가지를 제시하시오.

구 분	주요 의견
C 교사	• 토의식 수업이 활발하게 이루어지기 위해서는 수업방법과 학습도구도 달라져야 함 • 수업방법 측면에서는 **학생이 함께 다양한 관점에서 문제를 탐색하며 해답을 찾아가는 데 있어서** 정착수업(Anchored Instruction)을 활용할 수 있음 • 학습도구 측면에서는 **학생이 상호 협력하여 지식을 생성하기 위해 인터넷에서 수집한 정보를 공유하고, 공동으로 수정, 추가 편집**하는 데 위키(Wiki)를 이용할 수 있음(예: 위키피디아 등) - 단, 위키를 활용할 때 발생할 수 있는 문제점에 유의해야 함

문제의 모범 답안

　토의수업의 활성화를 위한 방안으로 수업진행에 적절한 수업방법과 학습도구에 대한 고민이 필요하다. 지문의 C교사는 토의식 수업의 설계에 정착수업의 원리를 적용하고, 위키를 활용할 때의 문제점을 고려해야 한다고 지적한다.

먼저, 정착수업의 원리로는 첫째, 문제가 포함된 정착상황 속에서 학습자가 문제를 발견하고, 이를 해결하는 과정을 통해 실생활의 적용능력을 기르는 구성주의 학습법으로 비디오매체 등의 테크놀로지가 이용된다. 둘째, 교사의 개입 없이 학습자들이 주도적으로 과제를 해결할 수 있는 환경 속에서 읽기능력이 낮은 학생들에게도 효과적으로 적용될 수 있다.

다음으로 위키 활용 시 발생할 수 있는 문제점은 첫째, 수많은 정보로 인한 인지적 과부하와 유해정보의 접촉을 문제로 들 수 있다. 둘째, 정보화를 기반으로 하기에 학습자 간 상호작용이 활발히 이루어지지 못해 인간적 접촉이 단절되는 부분도 문제라 할 수 있다.

All In One

> 2021년 논술

김 교사가 온라인 수업을 위해 추가로 파악하고자 하는 학생 특성과 학습 환경의 구체적인 예 각각 1가지, 김 교사가 하고자 하는 수업에서 토론 게시판을 활용하여 학생을 지원할 수 있는 구체적인 방안 2가지를 제시하시오.

> 요즘 온라인 수업을 하게 되었어. 학기 초에 학생의 일반적인 특성과 상황은 조사를 했는데 **온라인 수업과 관련된 학생의 특성과 학습 환경에 대해서도 추가로 파악**해야겠어. 그리고 학생이 자신만의 학습 목표를 설정하고 학습의 주체가 되는 수업을 어떻게 온라인에서 지원할 수 있을지 고민하다가, **학습 과정 중에 나와 학생뿐만 아니라 학생들 간에도 소통이 이루어지도록 토론 게시판을 활용**하려고 해.

문제의 모범 답안

학생의 선택과 결정의 기회를 확대하여 우리가 지향하는 행복교육을 실현하는 데 있어 온라인을 활용한 수업은 방법적 측면에서 효과적인 대안이라 할 수 있다.

지문의 김 교사는 온라인 수업을 위해 학생 특성과 학습 환경을 사전에 고려하고자 한다. 학생 특성과 관련해서는 온라인의 특성상 매체를 활용하게 되므로 외부의 정보를 인지하고 처리하는 방식인 학습양식과 학습자의 출발점 행동 및 ICT 리터러시 능력 등을 사전에 파악하려는 노력이 필요할 것이다. 또한 학습 환경과 관련하여 계층 간 정보격차와 물리적 제반 여건의 미비점 등을 사전에 파악해야 할 것이다.

김 교사는 온라인을 활용하여 자원기반학습 등을 진행함에 있어 소통의 장으로 토론 게시판을 활용하려고 한다. 이에 구체적인 방안으로는 첫째, 학생과 교사가 1:1로 소통하는 게시판을 통해 학생마다 스스로의 프로젝트학습을 진행하며 겪는 어려움에 대한 개별화된 피드백을 제공할 수 있다. 둘째, 모둠이나 학급전체로 운영하는 게시판을 통해 학습정보를 교환하고 학습주제에 대한 심도 있는 토론을 진행하도록 협동학습의 장을 마련할 수 있다.

교육평가 파트

2015년 논술

준거지향평가의 개념[1점]을 설명하고, 장점 2가지[2점]를 제시하시오.

> 수업설계를 잘하는 것 못지않게 수업결과를 평가하는 것 또한 중요합니다. 여러분이 어떤 평가기준을 활용하느냐에 따라 평가유형이 달라질 수 있습니다. 자칫하면 평가로 인해 **학생들 사이에 서열주의적 사고가 팽배하여 서로 경쟁만 하는 문제가 발생할 수 있습니다. 이를 보완할 수 있는 평가유형에 대해 고민해 볼 필요**가 있습니다.

문제의 모범 답안

지문에서와 같이 준거지향평가는 발달적 교육관에 바탕을 둔 평가유형으로, 학습자 간의 비교가 아닌 학습목표에 비추어 학습자들이 얼마만큼 그 목표에 도달하였는지를 평가하는 유형이다.

이러한 준거지향평가의 장점으로는

첫째, 학습자 간의 경쟁을 지양하고 협동학습이 촉진되어 깊이 있는 이해를 촉진하고, 건전한 학습 분위기를 조성하게 된다.

둘째, 학습자가 나타내는 평가의 결과를 학습목표에 비춰 학습결손을 파악하여 정확한 교정적 피드백을 제공할 수 있으며, 이를 바탕으로 향후 이어지는 교사의 교수·학습 활동의 개선에도 도움을 받게 된다.

All In One

2016년 논술

김 교사가 실시하려는 평가 유형의 기능과 효과적인 시행전략을 각각 2가지[4점]씩 제시하시오.

- 평가 시점에 따라 적절한 평가 방법을 마련할 것
- 진단평가 이후 교수·학습이 진행되는 중간에 평가를 실시할 것
- 총괄평가 실시 전 학생의 학습 진전 상황에 관한 정보를 수집, 분석할 것

문제의 모범 답안

지문에서와 같이 교수·학습이 진행되는 중간에 실시하는 평가는 형성평가로 다음과 같은 기능을 나타낸다.
첫째, 학생이 수업 중에 보이는 학습곤란을 파악하여 적절한 해결방안을 제시하여 줌으로써 지속적인 학습동기를 높여준다. 둘째, 교사의 교수방법상의 오류를 파악하게 하여 향후 수업의 개선의 방향성을 제공해 준다.
이러한 형성평가를 효과적으로 시행하는 전략으로는
첫째, 교수·학습의 과정에서 요구하는 중심이 되는 내용(최저성취기준)을 대상으로 준거지향평가에 근거하여 다양한 방법으로 실시하는 것이 바람직하다. 둘째, 학생의 학습곤란을 파악한 후, 적절한 피드백과 교정학습 기회를 제공해야 한다.

2017년 논술

D교사가 고려하고 있는 타당도의 유형[1점]과 개념[2점]을 제시하시오.

> 학생 중심 수업에서의 평가와 관련하여 D교사는 다음과 같이 말했다.
> "학생 참여 중심 수업에서도 평가의 타당도는 여전히 중요합니다. **타당도에는 준거 타당도와 구인 타당도 등이 있습니다.** 그러나 저는 이원분류표를 작성해 평가가 교육목표에 부합하는지를 확인하는 방법으로 타당도를 높이는 방안을 고려하고 있습니다."

문제의 모범 답안

    D교사는 학생중심 수업을 실시하고 평가함에 있어 내용타당도를 중요하게 고려하려고 한다. 내용타당도는 평가문항들이 교육목표를 얼마나 충실히 측정하는지를 나타내는 타당도를 말하고, 이는 교수타당도와 교과타당도로 나뉜다. 교수타당도는 교사가 가르친 내용을 충실히 평가하는지와 관계된 타당도이고, 교과타당도는 교육과정에서 제시되는 내용들을 얼마나 충실히 평가하고 있는지와 관계된다.

일반적으로 내용타당도는 이원목적분류표의 작성을 통한 방법이나 교육과정에서 제시하는 성취기준 등에 근거한 체크리스트를 활용하는 방법, 또는 관련분야의 전문가 검토를 통해 높일 수 있다.

2018년 논술

박 교사가 제안하는 평가유형의 명칭[1점]과 이 유형에서 개인차에 대한 교육적 해석 1가지[1점], 김 교사가 제안하는 2가지 평가유형의 개념[2점]을 제시하시오.

- 김 교사 : 그렇군요. 평가의 방향도 달라질 필요가 있습니다. 앞으론 학생의 능력, 적성, 흥미에 적합한 목표를 설정하고, 그에 따라 수업과 평가가 이뤄지는 것도 의미가 있어 보입니다.
- 박 교사 : 동의합니다. 그러기 위해서는 평가결과를 해석하고 판단하는 기준도 달라질 필요가 있습니다. 예컨대 학생의 상대적 위치가 어느 정도인지를 판단하기보다는 **미리 설정한 학습목표에 도달했는지 여부를 중시하는 평가유형이 적합**해 보입니다.
- 김 교사 : 네, 저도 그렇게 생각합니다. 그리고 말씀하신 유형 외에 **능력참조평가와 성장참조평가**도 제안할 수 있겠네요.

문제의 모범 답안

지문의 박 교사가 제안하는 평가유형은 준거지향평가이며, 절대비교평가 또는 목표지향평가라고도 한다. 준거지향평가는 적절한 교수학습의 기회를 제공하면 모든 학습자가 주어진 학습목표에 도달할 수 있다는 발달적 교육관에 바탕을 두기 때문에 개인차를 평가의 준거에 도달하는 학습자 개개인의 학습속도 및 정도의 차이로 해석한다.

또한 김 교사가 말하고 있는 능력참조평가는 학습자가 자신의 능력에 비추어 얼마나 최선을 다하였느냐를 평가하는 유형이며, 성장참조평가는 학습자가 교육과정을 통하여 초기의 능력수준에 비추어 얼마나 발전(성장)하였는가를 평가하는 유형으로 모두 학습자 개개인을 중심으로 이루어지는 평가이다.

2019년 논술

아래에 언급된 척도법의 명칭과 이 방법을 적용하기 위하여 진술문을 작성할 때 유의할 점 1가지[1점], 김 교사가 사용할 신뢰도 추정 방법 1가지의 명칭[1점]과 개념[1점]을 제시하시오.

> 모둠을 구성할 때 **태도나 성격 같은 정의적 요소도 반영**해야겠어. 진술문을 몇 개 만들어 설문으로 간단히 평가하고 신뢰도는 직접 점검해 보자. 학생들이 각 진술문에 대한 반응을 등급으로 선택하면 그 등급 점수를 합산할 수 있게 해 주는 척도법을 써야지. **설문 문항으로 쓸 진술문을 만들 때 이 척도법의 유의점**은 꼭 지키자. 그리고 **평가를 한 번만 실시해서 신뢰도를 추정해야 할 텐데 반분검사신뢰도는 단점이 크니** 다른 방법으로 신뢰도를 확인해 보자.

문제의 모범 답안

　　지문의 김 교사는 학습자의 태도나 성격과 같은 정의적 요소를 파악하여 모둠 구성에 반영하려는 의도를 갖고 있다. 이에 리커트 척도법을 이용하면 학생들의 반응을 양적 수치로 환산할 수 있고, 이를 고려해 학습자의 다양한 특성을 고려한 이질적인 모둠을 구성할 수 있게 된다.

이러한 리커트 척도를 제작할 때, 제시되는 진술문은 정확히 문항마다 하나의 정의적 요소를 물어야 하고, 무엇보다 학습자가 이해하기 쉬운 말로 진술되어 혼란을 줄이는 것에 유의해야 할 것이다.

이에 더해, 김 교사는 신뢰도를 고려하여 정확하고 오차 없는 검사를 진행하고자 하는데, 지문에서는 한 번의 평가에서 하나하나의 문항을 독립된 검사로 보고, 각 문항의 동질성을 파악하려는 문항내적합치도를 이용하여 신뢰도를 추정하려는 의도를 나타내고 있다.

All In One

2021년 논술

김 교사가 적용하고자 하는 평가 방식이 학생에게 줄 수 있는 교육적 효과 2가지[2점], 이 평가를 수업에서 실행하는 방안 2가지[2점]를 제시하시오.

> 오늘 읽은 교육평가 방안 보고서에는 **학생이 주체가 되는 평가**가 학습에 도움이 된다는 내용이 담겨 있었어. 내가 지향해야 할 평가의 방향으로는 적절한데 그 내용이 구체적이지는 않더라. **학생이 스스로 자신을 평가하게 하면 어떠한 효과**를 거둘 수 있을지, 그리고 **내가 수업에서 이러한 평가를 어떻게 실행할 수 있을지** 더 자세히 알아봐야겠어.

문제의 모범 답안

우리가 지향하는 행복교육을 실현하려면 평가에 있어서도 학습자가 주체가 되는 평가 방식을 채택할 필요가 있다. 지문의 김 교사는 자기평가의 구체적인 내용들을 생각하면서 자기평가가 가져다주는 교육적 효과를 알아보려고 한다.

자기평가는 첫째, 정의적인 면에서 학습의 계획과 진행에 대해 스스로를 평가하는 자율성을 발휘하면서 학습에 대한 흥미와 동기를 향상할 수 있다. 둘째, 인지적인 면에서 주변과의 경쟁이 아닌 스스로의 인지과정에 대한 평가를 통해 메타인지를 활용하게 되어 자기주도적 학습능력의 신장을 견인한다. 또한 루브릭 등에 제시된 성취기준에 자신의 수준을 비교하면서 실제적인 학습능력을 신장시키는 효과도 있다.

이를 수업에서 실행하는 방안으로는 첫째, 수업의 과정에서 교사가 제시한 평가기준이나 자신이 사전에 작성한 평가표에 기록해 보는 체크리스트법을 활용하는 자기평정의 방법이 있다. 둘째, 수업 후에 자기성찰보고서를 작성하여 수업에 대한 만족이나 느낌을 평가할 수 있다. 이러한 방법들은 모두 포트폴리오 평가의 일부로써도 활용이 가능하다.

교육행정 파트

2014년 ① 논술

교사지도성 행동 측면에서의 동기 유발 방안을 논의하시오[3점].

- 박 교사 : 제가 보기에는 학생들의 수업 참여 정도가 교사의 지도성에 따라 다른 것 같아요.
- 최 교사 : 그렇죠. 교사의 지도성 행동에 따라 달라질 수 있죠. 그래서 **교사는 지도자로서 학급과 학생의 상황을 고려하여 학생들의 학습 동기를 불러일으킬 수 있는 지도성을 발휘**해야겠지요.

문제의 모범 답안

　　학습동기가 심각하게 저하된 학생의 동기를 유발해서 목표와 비전을 가지고 수업에 적극적으로 참여할 수 있도록 하려면 교사가 변혁적 리더십을 발휘하는 것이 필요하다.
첫째, 교사와 학생 상호 간에 신뢰 형성 등 개인적 배려를 통해 비전과 목표의식을 갖도록 하는 것으로 수업참여가 활발히 일어날 수 있다.
둘째, 수업능력이 부족한 학생의 의견을 존중하면서 수업에 집중하면 좋은 성과를 낼 수 있다는 지적인 자극을 통해 수업참여에 대한 동기를 불러일으킬 수 있다.
셋째, 학생중심의 교육과 교사의 전문성 신장을 위한 노력 등 이상화된 감화력을 수업의 열정 등으로 보여주어 학생들이 수업에 적극적으로 참여하도록 이끈다.

All In One

2014년 ② 논술

교사 전문성 개발을 위한 장학활동을 논의하시오[4점].

이런 생각들로 머릿속이 복잡하던 중에, 오후에 있었던 **교과협의회에서 수업 전문성 개발을 위한 장학활동을 몇 가지 소개**받았다. 이제 내 수업에 대해 차근차근 점검해 봐야겠다.

문제의 모범 답안

　　교사가 자신의 수업 전문성 개발을 위해 활용할 수 있는 장학활동으로는 크게 동료장학과 자기장학을 그 예로 들 수 있다.

먼저 동료장학은 교사들이 전문성 개발을 위해 서로 협동하는 형태의 장학이다. 교사들이 갖는 문제에 대해 가장 잘 이해하는 주변 동료교사들과 협력을 통해 서로의 수업을 공개하거나 생활지도 등에 대한 고민을 나눔으로써, 교사 개인뿐 아니라, 학교 차원에도 긍정적인 효과를 가져다주는 장학의 형태라 할 수 있다.

다음으로 자기장학을 통한 전문성 개발을 생각해 볼 수 있다. 자기장학은 교사 개인이 자신의 전문성 개발을 위해 스스로 계획을 세우고 이를 실천해 나가는 형태의 장학이다. 자신의 수업을 녹화한 자료나 학생들의 수업평가 내용을 분석하고, 대학원 진학, 교수방법 관련 워크숍에 참여하는 등의 방법들로 다양하게 이루어진다.

2015년 ① 논술

학습조직의 구축원리 3가지를 설명하시오[4점].

> 내년에 우리 학교는 교육개념에 충실한 지식교육을 하고, 학생들의 학업성취와 학습동기를 향상하는 데 좀 더 세심한 관심을 가져야 할 것입니다. 이 일의 성공여부는 교사가 변화의 주체로서 자발적인 노력을 얼마나 기울이느냐에 달려 있습니다. 그래서 **우리 학교는 교사 모두가 교육활동에 능동적으로 참여하여, 지식과 학습 정보를 서로 공유하면서 지속적으로 변화해 가는 학습조직(Learning Organization)을 구축**하고자 합니다.

문제의 모범 답안

학습조직은 지식정보사회 속에서 급격히 변화하는 환경에 대처하기 위하여 구성원들 간에 개인, 팀, 그리고 조직수준에서 지식 및 정보의 창출과 공유, 그리고 활용이 원활히 이루어지는 조직을 말한다. 이러한 학습조직을 구축하기 위한 원리는 학교에서도 보다 발전적인 조직을 구축하고자 다음과 같이 응용되고 있다.

첫째, 학교조직이 추구하는 비전과 그 중요성에 대해 교사들 간 공감대를 형성한다.
둘째, 교사들이 끊임없이 지식과 기술에 대한 개인적 숙련을 통해 역량을 키워 나간다.
셋째, 교사들이 팀을 이뤄 학습하며, 대화와 토론을 통해 문제를 해결한다.

2015년 ② 논술

학교조직의 관료제적 특징과 이완결합체적 특징을 각각 2가지씩 제시하시오[4점].

> 학교라는 조직을 합리성의 측면에서만 파악하면 분업과 전문성, 권위의 위계, 규정과 규칙, 몰인정성, 경력 지향성의 특징을 갖는 일반적 관료제의 틀로 설명할 수 있습니다. 그러나 교사들의 전문성이 강조되는 교수·학습의 측면에서 보면 학교조직은 질서정연하게 구조화되거나 기능적으로 분명하게 연결되어 있지 않은 이완결합체제의 특징을 지닙니다. 따라서 우리는 관료제적 관점과 이완결합체제의 관점으로 학교조직의 특징을 이해할 필요가 있습니다.

문제의 모범 답안

지문에서와 같이 학교조직은 합리성을 추구하는 관료제적 특징과 공존과 효율을 추구하는 이완결합체적 특징을 모두 지니고 있어, 나름의 특징들을 이해할 필요가 있다.

먼저 학교조직의 관료제적 특징을 살펴보면 다음과 같다. 첫째, 학교조직은 교과별로 교육과정이 짜이고, 교수업무와 행정업무가 분리되어 있으며, 교무부, 학생부, 진로부 등 부서별로 나뉘어 업무를 분담하는 등 분업과 전문화가 엄격히 이뤄진다. 둘째, 학교조직은 경력이 많은 교원이 보수와 승진 등에서 유리한 대우를 받는 경력 지향성을 나타낸다. 다음으로 학교조직의 이완결합체적 특징은 다음과 같다. 첫째, 학교의 각 부서는 서로 연결은 되어 있으나 각자 독자성을 유지하면서 어느 정도 분리되어 있다. 둘째, 교과 간에 특정 교과의 성공이나 실패가 다른 교과에 영향을 미치지 않는다.

2016년 논술

비공식조직이 학교조직과 구성원에 미치는 순기능 및 역기능을 각각 2가지씩 제시하시오 [4점].

- 학교 내 **공식조직 안에서 소집단 형태로 운영**되는 다양한 조직 활동을 파악할 것
- 학교 구성원들의 **욕구충족을 위한 자발적 모임**에 적극 참여할 것
- 활기찬 학교생활을 위해 학습조직 외에도 나와 관심이 같은 동료교사들과의 모임 활동에 참여할 것

문제의 모범 답안

　　학교 내 공식조직 안에서 구성원들의 욕구충족을 위해 형성된 소집단을 폭넓게 비공식조직이라 할 수 있다. 이러한 비공식조직의 다양한 역할에 대해 인간관계론 등에서 주목한 바 있다.

먼저 비공식조직이 학교조직과 구성원에 미치는 순기능을 살펴보면

첫째, 비공식조직은 구성원 간의 의사소통을 원활하게 하고 학교조직의 응집성을 높여준다. 둘째, 비공식조직은 구성원의 태도, 관습(학교풍토)을 형성하고 인간적 자존감을 유지시켜 준다.

다음으로 비공식조직의 역기능으로는

첫째, 파벌을 조성하여 공식조직의 목표달성을 저해할 수 있다. 둘째, 공식조직의 의사소통을 방해하여 비합리적 의사결정을 초래하고, 좋지 않은 분위기나 소문 등을 확산시켜 조직의 혼란을 가져올 수 있다.

2017년 논술

A교장이 강조하고 있는 교육기획의 개념과 그 효용성 2가지 제시하시오[4점].

- A교장은 단위 학교에서 **새 교육과정이 체계적으로 운영되도록 돕는 교육기획**(educational planning)을 강조하였다.
- "새 교육과정의 핵심인 **교수·학습 활동의 중심을 교사에서 학생으로 이동시키는 근본적인 전환을 강조**하고 있습니다. 저는 실질적 의미에서 학생 중심 교육이 우리 학교에 정착할 수 있도록 모든 교육활동에 앞서 **철저하게 준비할 생각**입니다."

문제의 모범 답안

A교장은 새로운 교육과정의 정착을 위해 교사중심에서 학생중심으로 교수·학습 활동을 바꾸는 근본적인 전환을 꾀하고 있다. 이에 체계적인 교육기획이 필요한데,
교육기획은 미래의 교육활동에 대비하여 교육목표를 효과적으로 달성하기 위한 적절한 교육과정과 교육방법 등 최적의 수단, 방법, 절차를 준비하는 일련의 과정을 말한다.
이러한 교육기획의 효용성을 살펴보면
첫째, 교육기획은 교육체제를 사전에 설정한 교육계획에 따라 일관성 있게 운영해 나갈 수 있도록 이끈다. 다시 말해, 교육행정의 안정화에 기여한다.
둘째, 교육기획은 설정된 교육목표를 가장 효율적으로 달성할 수 있는 최적의 대안을 선택하는 과정을 안내한다. 다시 말해, 교육행정의 효율성을 높이는 데 기여한다.

2018년 논술

김 교사가 언급하는 교내장학 유형의 명칭[1점]과 개념[1점], 그 활성화 방안을 2가지[2점]를 제시하시오.

- 김 교사 : 그런데 저 혼자서 학생의 다양한 특성을 고려해서 교육과정을 개발하고 수업을 설계하고 평가하는 것은 힘들어요. 선생님과 저에게 이 문제가 공동 관심사이니, **여러 선생님과 경험을 공유하고 협력해서 피드백을 주고받는 것**이 좋겠어요.

문제의 모범 답안

최근 학교 현장에서는 동료교사 사이에서 서로의 전문성을 바탕으로 지속적으로 지식을 공유하여 조직의 발전에 기여하는 형태의 장학이 활성화되고 있다. 이와도 밀접하게 부합하는 것으로 김 교사가 언급한 교내장학 유형은 동료장학이라 할 수 있다. 이는 교사들이 동료성을 기반으로 전문성을 향상하기 위해 서로 협동하는 형태의 장학이다.
동료장학을 활성화하기 위한 방안을 살펴보면
첫째. 교내 전문적 학습공동체를 활성화하여 교사들이 상호 신뢰와 배려를 바탕으로 서로의 수업을 공개하여 전문성을 신장하고, 생활지도 등에 협력하는 것을 들 수 있다.
둘째. 교내 비공식 조직을 활성화하여 교내 구성원 사이의 의사소통을 원활하게 하고, 교사들의 자존감을 높일 수 있도록 다양한 워크숍 행사와 연수 및 연찬회를 계획하여 운영할 수 있다.

2019년 논술

다음에 언급된 바스(B. Bass)의 지도성의 명칭[1점], 김 교사가 학교 내에서 동료교사와 함께 이 지도성을 신장할 수 있는 방안 2가지[2점]를 제시하시오.

- #4 : 더 나은 수업을 위해서 새로운 지도성이 필요하겠어. 내 윤리적·도덕적 기준을 높이고 새로운 방식으로 학생들을 대하자. 학생들의 혁신적·창의적 사고에 자극제가 될 수 있을 거야. 학생들을 적극 참여시켜 동기와 자신감을 높이고 학생 개개인의 욕구에 특별한 관심을 가지며 잠재력을 계발시켜야지. 독서가 이 지도성의 개인적 신장 방안이 될 수 있겠지만, 동료교사와 함께 하는 방법도 찾아보면 좋겠어.

문제의 모범 답안

지문의 김 교사는 도덕성을 바탕으로 솔선수범을 통해 학생들을 변화시키고자 새로운 지도성이 필요함을 언급하고 있다. 이러한 부분과 관련하여 바스(Bass)는 급변하는 사회에서 조직을 바람직하게 변화시키는 지도성으로 도덕성에 바탕을 둔 변혁적 지도성을 제시하면서 변혁적 지도자가 나타내는 중요한 요소들을 언급하였다. 이를 바탕으로 동료성을 발휘하면서 지도성을 배양하기 위해서는

첫째, 동료교사와 함께 전문적 학습공동체 활동을 통해 학생들에게 독서교육 등을 통해 미래의 비전을 제시할 수 있는 영감적 동기를 서로에게 주는 것이 필요하다.

둘째, 교사들 서로가 창의적이고 혁신적인 생각을 할 수 있도록 좋은 수업 만들기 아이디어 공모와 같이 지적 자극을 주는 것이나 상호 간 지속적으로 성장하도록 개인적 배려를 해주는 것도 좋은 방안이라 할 수 있다.

2020년 논술

스타인호프와 오웬스(C.Steinhoff & Owens)가 분류한 학교문화 유형에 따를 때 D 교사가 우려하는 학교문화 유형의 명칭[1점]과 학교 차원에서 그러한 학교문화를 개선하는 방안 2가지[2점]를 제시하시오.

D교사	• 학교문화 개선은 토의식 수업 활성화를 위한 토대가 됨 • 우리 학교의 경우, 교사가 학생의 명문대학 합격이라는 목표 달성에 필요한 수단으로 간주되는 학교문화가 형성되어 있어 우려스러움 • 이런 학교문화에서는 활발한 토의식 수업을 기대하기 어려움

문제의 모범 답안

지문의 D교사는 교사가 명문대학 합격이라는 목표 달성에 필요한 수단으로 간주되는 학교문화에 대한 우려를 나타내고 있는데, 이는 스타인호프 등이 제시한 기계문화에 해당된다. 이러한 문화 하에서 학교는 순전히 수단적인 면만을 강조하고, 일을 달성하기 위해서 교사들을 하나의 기계처럼 이용한다.

이러한 문화를 개선하기 위한 방안으로 학교는

먼저, 민주성을 기반으로 모든 교사들이 학교교육과정 수립 등에 참여할 수 있도록 해야 할 것이다.

다음으로 자율성을 기반으로 교사들마다의 다양하고 창의적인 토의수업 방식이 적용되도록 지원하고, 전문적 학습공동체 등을 활성화하여 토의수업에 대한 아이디어를 공유할 수 있는 문화를 형성해야 할 것이다.

All In One

2021년 논술

A안과 B안에 해당하는 의사결정 모형의 단점 각각 1가지[2점], 김 교사가 B안에 따라 학생들의 요구를 반영하기 위해 제안할 수 있는 구체적인 방안 1가지[1점]를 제시하시오.

> 교사 협의회에서는 학교 운영에 학생들의 요구를 반영하는 방안에 대해 논의했어. 다양한 의사결정 방식들이 제안되었는데 그중 A안은 **문제를 확인한 후에 목적과 세부 목표를 설정하고, 가능한 대안들을 모두 탐색하고, 각 대안에 따른 결과를 예측하고 비교해서 최적의 방안을 찾는 방식**이었어. B안은 **현실적인 소수의 대안을 검토하고 부분적으로 수정해서 현재의 문제 상황을 조금씩 개선해 나가는 방식**이었어. 많은 논의를 거친 끝에 B안으로 결정했어. 나는 B안에 따른 구체적인 방안을 다음 협의회 때 제안하기로 했어.

문제의 모범 답안

학생의 선택과 결정의 기회를 확대하려면 그에 합당한 의사결정 방식을 채택하고, 실제적인 방안이 마련되어야 할 것이다. 지문의 사례에서는 두 가지의 의사결정방식이 고려되고 있는데, 모두 일정한 단점을 안고 있다.

A 안의 경우, 이상적으로 합리성에 입각하여 모든 결정이 이루어진다고 볼 수 있지만 인간의 합리성의 한계, 모든 정보의 공평한 공유, 시간과 자원의 낭비 등 현실 적용에 비현실성을 갖는다.

B 안의 경우, 이전의 상태보다 다소 향상된 대안을 추구할 수 있어 현실적으로 가장 많이 활용되지만 다소 소극적인 모형으로 근본적인 혁신이 필요한 국면에서는 부적합하다고 볼 수 있다.

김 교사가 B 안에 따라 학생들의 요구를 반영하기 위한 방안으로는
학교민주주의를 실현하는 측면에서 학교행사를 계획할 때, 예년도의 행사진행을 학생들에게 알려주고, 추가적으로 요구되는 사항을 학생자치회 등을 통해 자율적으로 결정하고, 의견을 개진하도록 지도하여 이전 행사보다 점증적으로 발전된 방안을 도출하는 것을 들 수 있겠다.

교육심리 파트

2016년 논술 - ①

에릭슨의 정체성 발달이론에 제시된 개념 1가지[2점]를 제시하시오.

- 진로를 결정하지 못한 학생의 **성급한 진로선택을 유보**하게 할 것
- 학생에게 다양한 진로를 접할 수 있는 충분한 탐색기회를 제공할 것

문제의 모범 답안

　에릭슨은 그의 사회성발달 이론에서 청소년기를 자아정체감 대 역할혼미의 시기로 규정했다. 자아정체감은 자기동일성에 대한 의식적인 자각이며, 자신의 위치, 능력, 역할, 책임에 대한 인식을 의미한다. 이 시기는 청소년들이 자신의 직업, 성역할, 삶의 철학 등에 대한 고민과 결정을 통해 자아정체감을 확립하려고 노력해야 하지만, 여러 실패를 통해 역할혼미의 위기를 맞게도 된다.

에릭슨은 역할혼미의 위기에서 벗어나기 위해서는 다양한 진로의 세계를 탐색하면서 선택에 대한 결심을 미루는 심리적 유예기를 거치는 것이 바람직하다고 하였다. 심리적 유예기 동안 청소년들은 자신의 정체성에 대한 결정을 잠시 보류한 채, 새로운 역할이나 가치 신념체계에 대한 끊임없는 탐색을 하면서 진정한 자아를 찾기 위한 노력을 기울이게 된다. 이에 교사는 직업흥미도 검사, 적성검사 등의 다양한 검사와 진로체험 활동, 교과통합 진로교육 프로그램 등의 방법을 활용하여 학생들이 자신의 특성을 파악하고 진로를 탐색할 수 있도록 이끌어야 할 것이다.

All In One

2016년 논술 - ②

반두라의 사회인지학습이론에 제시된 개념 1가지[1점]를 제시하시오.

- 선배들의 진로 체험담을 들려줌으로써 간접경험 기회를 제공할 것
- 롤 모델의 성공 혹은 실패 사례를 제공할 것

문제의 모범 답안

교사는 진로를 결정하지 못한 학생들에 대해 성급한 진로 선택을 유보하게 하고, 다양한 진로를 접할 수 있는 충분한 탐색의 기회를 제공해야 한다. 반두라의 사회인지학습이론에 따르면 다른 사람의 행동과 그 결과를 관찰하는 것은 학생의 내적 요인에 영향을 미쳐 효과적인 학습으로 이어질 수 있다. 이러한 관찰학습을 자신의 정체성에 대한 결정을 잠시 유예한 청소년들의 진로지도에 적용함으로써 다양한 모델을 관찰하고, 그중에서 자신에게 적절한 롤 모델을 선정하여 자신의 진로를 정할 수 있게 지도해야 한다. 이를 위해 선배들의 진로 체험담을 들려주거나, 다양한 분야에서 사회적으로 성공한 인물들의 사례를 제시해 줌으로써 간접 경험의 기회를 제공해야 할 것이다. 아울러 이들의 성공뿐만 아니라 실패 사례를 제공하여 다양한 방면에서 관찰학습이 이루어질 수 있도록 하는 것이 바람직할 것이다.

2019년 논술

다음과 관련하여 가드너(H. Gardner)의 다중지능이론 관점에서 A, B학생의 공통적 강점으로 파악된 지능의 명칭과 개념, 김 교사가 C학생에게 제공할 수 있는 개별 과제와 그 과제가 적절한 이유를 각 1가지씩[4점] 제시하시오.

> 평소에 A 학생은 언어 능력이 뛰어나고, B 학생은 수리 능력이 우수하다고만 생각했는데, 오늘 모둠활동에서 보니 **다른 학생을 이해하고 도와주면서 상호작용을 잘하는 두 학생의 모습**이 비슷했어. 이 학생들의 특성을 잘 살려서 모둠을 이끌도록 하면 앞으로 도움이 될 거야.
> 그런데 C 학생은 모둠활동에 참여하는 것을 좋아하지 않았지만 **자신의 감정과 장단점을 잘 이해하는 편**이야. C 학생을 위해서는 자신의 강점을 살릴 수 있는 개별 과제를 먼저 생각해 보자.

문제의 모범 답안

　지문의 김 교사는 다중지능이론을 바탕으로 학습자들의 강점지능을 파악하여, 그에 합당한 교육적 지도를 실시하려고 한다.
김 교사는 가드너가 밝힌 9가지 지능영역 중 A, B 학생의 경우 다른 사람의 기분이나 욕구를 파악하고 적절히 반응(공감)하면서 원만한 관계를 형성하는 대인관계 지능이 발달해 있음을 알아냈다. 이에 모둠을 이끄는 역할을 부여하려는 의도를 드러내고 있다.
또한, 김 교사는 C 학생의 경우 모둠활동에는 소극적이나 스스로를 점검하고, 자신의 감정을 표현하는 데 강점을 지니는 개인 내 지능(자아성찰 지능)이 발달해 있음을 파악하였다. 향후, 김 교사는 C 학생에게 모둠활동 일지쓰기나 모둠활동에서 스스로 선택한 학습 과제를 자기주도적으로 수행할 수 있는 개별책무성을 발휘하는 과제를 부여할 것으로 보인다. 이는 위에 언급한 C 학생이 지닌 강점지능을 잘 발휘할 수 있기 때문이다.

All In One

2020년 논술

A 교사가 언급한 비고츠키 지식론의 명칭, 이 지식론에서 보는 지식의 성격 1가지와 교사와 학생의 역할 각각 1가지씩[4점] 제시하시오.

> **A교사**
> - 토의식 수업을 활성화하려면 먼저 지식을 보는 관점의 변화가 필요함
> - 교과서에 주어진 지식이 진리라는 생각이나 지식은 개인이 혼자 만드는 것이라는 생각에서 벗어나는 것이 중요하며, 이와 관련하여 비고츠키(L. Vygotsky)의 지식론이 많은 시사점을 줄 수 있음
> - 이 지식론의 관점에서 보면, 교사와 학생의 역할도 기존의 강의식 수업에서의 역할과는 달라질 필요가 있음

문제의 모범 답안

토의수업이 활성화되려면 우리가 가치 있게 여기면서 추구해야 할 지식의 본질에 대한 고민이 필요하다.

지문의 A교사가 언급하는 지식론은 비고츠키의 이론에 근거할 때, 사회적 구성주의(상대적 지식론)라 할 수 있다. 이는 현 시대가 강조하는 소통과 협력이라는 가치에 부합하며, 학습자 개개인이 깊이 성찰하여 주변의 동료들과 함께 사회적 환경을 탐구하며 얻어지는 지식의 내면화를 중시하는 것이다.

따라서 상대적 지식론은 상황 의존적이고, 맥락적이며, 실제적이라는 성격을 내포하게 된다. 이에 학습장면은 자연스레 실생활의 문제를 중심으로 교사나 동료와 함께 협동하여 해결하는 모습으로 구현된다. 이러한 사회적 구성주의를 학교현장에 실천함에 있어 학생은 지식구성의 주체로서 자기주도학습과 협동학습으로 능동적인 학습을 전개하는 역할을 수행하고, 교사는 개별화된 조력으로 학습자를 지원하며, 역동적 평가로 수업의 모든 과정에서 보이는 학습자의 변화를 파악하여 성장의 정보를 제공하는 역할을 수행해야 할 것이다.

생활지도 및 상담 파트

2014-2 논술

① 철수의 학교 부적응 행동의 원인을 청소년 비행이론 중 2가지를 선택하여 설명하시오.

② 철수의 학교생활 적응을 향상하기 위한 상담기법을 행동중심, 인간중심 상담관점에서 각각 2가지씩 논하시오.

> 우리반 철수가 반 아이들과 잘 지내지 못하는 것 같아 마음이 쓰인다. [...] 그런 데다 철수가 반 아이들에게 괜히 시비를 걸어 싸움이 나게 되면, **그럴 때마다 아이들이 철수를 문제아라고 하니까** 그 말을 들은 철수가 더욱더 아이들과 멀어지고 제멋대로 행동한다고 한다. [...] **행동이 좋지 않은 친구들과 몰려다니며 그 아이들의 행동을 따라 해서 철수의 행동이 더 거칠어진 걸까?**

문제의 모범 답안

철수가 교실에서 보이는 부적응 행동을 설명하는 데 적합한 이론은 차별접촉이론과 낙인이론이다.

먼저, 낙인이론은 일정한 사회집단이 일탈행동이라고 규정한 것을 특정 구성원이 행동으로 나타냈을 때, 집단의 구성원들이 그를 일탈행위자로 낙인찍는 경향이 원인이 되어 일탈행동을 보다 빈번하게 저지른다고 설명하는 이론이다. 철수가 친구들과 싸움을 벌일 때마다 반 아이들이 철수를 '문제아'라고 불러 철수가 더 제멋대로 행동했다는 지문의 내용은 낙인이론과 관련지을 수 있는 대목이다.

다음으로, 차별접촉이론은 교사로부터 인정받지 못하거나 학업성취가 낮아서 정상적인 학교문화로부터 소외된 청소년이 비슷한 부류의 비행 청소년들과 몰려다니면서 일탈행동을 학습하게 된다고 설명하는 이론이다. 철수가 행동이 좋지 않은 친구들과 몰려다니면서 그 행동을 따라 하면서 거칠어졌다라는 지문의 내용은 차별접촉이론과 관련지을 수 있는 대목이다.

철수의 바람직한 학교적응을 도울 수 있는 상담기법으로는 크게 두 가지의 접근법을 생각해 볼 수 있다.

먼저, 행동중심 상담으로 내담자가 보이는 부적응적 사고와 행동을 체계적으로 극복하기 위해 달성 가능한 행동변화를 계획·실행하여 바람직한 적응을 유도할 수 있다. 이러한 관점에서 철수에게 적용할 수 있는 상담기법은 다음과 같다. 첫째, 바람직한 행동변화(적응행동)를 보일 때마다 긍정적 강화를 주는 '행동조성법'이다. 예를 들어 철수가 친구들과 사이좋게 지내는 모습을 볼 때마다 이를 칭찬하는 것이 이에 해당한다. 둘째, 바람직한 행동을 관찰하고 학습하게 하는 '모델링'이다. 예를 들어 철수에게 좋은 대인관계를 유지하는 주변 친구의 행동을 관찰하고 학습하게 하는 것이 이에 해당한다.

다음으로, 인간중심 상담으로 부적응 행동의 변화 그 자체보다는 상담의 과정에서 내담자의 심리적 성장 자체를 중요(자아개념과 현실의 일치)하게 여기는 접근법이다. 이러한 관점에서 철수에게 적용할 수 있는 상담기법은 다음과 같다. 첫째, 내담자의 행동·감정·사고를 있는 그대로 존중하는 '무조건적 수용'이다. 철수가 현재 겪고 있는 문제와 감정에 대해 평가하거나 판단하지 않고 있는 그대로 수용하면서 신뢰하는 태도를 보여주는 것이다. 둘째, 상담자가 마치 내담자가 된 것처럼 그의 감정을 함께 느끼는 '공감적 이해'이다. 철수의 행동과 사고에 대해서 철수의 입장에서 이해하면서 철수가 열린 마음으로 상담에 임할 수 있도록 해주는 것이다.

교육사회학 파트

2014-1 논술

학생들이 수업에서 소극적으로 행동하는 문제를 문화실조 관점에서 진단하시오. [2점]

> 또한 가정환경이 좋지 않은 몇몇 학생은 다양한 문화적 경험을 가질 기회가 상대적으로 부족해서 그런지, 수업에 관심도 적고 적극적으로 참여하지도 않는 것 같아요.

문제의 모범 답안

문화실조론은 가정의 문화적 환경이 학생의 언어능력, 인지양식, 학습동기, 사회규범 등의 문화적 능력에 영향을 미치고, 이것이 학업성취에도 영향을 준다고 본다. 이에 근거할 때 학생들이 수업에서 소극적으로 행동하는 이유는 다음과 같다.

첫째, 언어능력의 부족이다. 가정의 열악한 문화적 환경으로 인해 언어능력이 미숙한 학생은 학교(수업)에서 사용되는 논리 정연한 언어를 제대로 이해하지 못해 수업에 소극적으로 참여하게 된다.

둘째, 학습동기의 부족이다. 문화적 환경이 열악하고, 부모의 기대수준이 낮은 가정에서 성장한 학생은 자연스레 부정적인 자아개념과 낮은 학습동기를 가지게 되는데, 이는 수업에서 소극적으로 행동하는 주요한 원인으로 작용한다.

All In One

2015-2 논술

기능론적 관점에서 학교 교육의 선발·배치 기능 및 한계를 각각 2가지씩 제시하시오. [4점]

> 먼저 교사로서 우리는 학교 교육의 기능을 이해해야 합니다. 지금까지 **학교는 학생들이 사회 구성원으로서 올바로 성장할 수 있는 보편적 가치와 규범을 가르쳐** 왔습니다. 그러나 최근 사회는 학교 교육에 다양한 요구를 하게 되면서 **학교가 세분화된 직업 집단의 교육 요구를 충족시켜 주기를 원하고 있고, 학교 교육의 선발·배치 기능에 다시 주목**하고 있습니다. 그러므로 여러분은 학교 교육의 선발·배치 기능을 이해하는 한편, 이것이 어떤 한계를 갖는지도 생각해야 할 것입니다.

문제의 모범 답안

A 고등학교의 학교장이 주장하고 있는 학교 교육의 기능은 기능론자들에 의해 강조되어 온 관점으로 사회의 보편적 가치와 규범을 내면화하는 사회화의 기능을 옹호하는 입장이다.

기능론적 관점에서 학교는 개인을 선발해서 일정기간 교육을 통해 서로 다른 사회적 지위에 분배하는 기능을 담당해 왔다. 즉 학생선발은 직업세계에서 필요로 하는 사람들을 미리 선발해서 능력에 따라 교육의 양과 질을 결정해서 서로 다른 교육적 경험을 부여하고 이를 토대로 사회진출을 가능하게 하는 여과 기능을 한다.

그러나 이런 기능은 보편적 가치와 규범만을 가르치기 때문에 현대와 같은 세분화된 직업집단의 교육요구를 충족시켜 주기에는 부족하며, 또 다른 관점에서 보면 학교의 선발과정은 사회평등을 위한 장치가 아니라 사회 불평등을 재생산(영속화)하는 도구적 장치에 불과하다는 비판을 받기도 한다.

교육철학 파트

2015-1 논술

자유교육의 관점에서 교육의 목적을 진술하시오. [4점]

> 우리 학교는 **학생들의 합리적 정신을 계발하기 위해 지식교육을 추구**해 왔습니다. 지난해 도입한 국어, 수학, 영어 교과에 대한 특별보상제 시행으로 이들 **교과의 성적은 전반적으로 상승하였지만, 반별 경쟁에서 이기거나 포상을 받기 위한 것으로 교육목적이 왜곡되는 경향**이 있었습니다. 이로 인해 교사는 주로 문제 풀이식, 주입식 수업을 하게 되었고, **학생들은 여러 교과에 스며 있는 다양한 사고방식을 내면화하지 못하는 결과가 초래되었습**니다. 이러한 문제점을 보완하기 위하여 내년에는 **교육개념에 충실한 지식교육, 즉 자유교육의 이상을 구현하는 데 중점**을 두고자 합니다.

문제의 모범 답안

20세기 후반 피터스, 허스트 등은 자유교육을 새롭게 주창하였는데, 이들의 주장에 따르면 자유교육은 지식교육을 통해 합리적 정신을 계발하는 데 초점을 둔 교육을 의미한다. 자유교육이 추구하는 교육목적은 다음과 같다.

첫째, 학습자의 내적 성장, 인격 완성 등 교육의 내재적 가치를 추구한다.

둘째, 각 학문의 기본적인 개념과 원리인 '지식의 형식'을 내면화하여 세상을 이해할 수 있는 지적 안목을 형성하는 데 교육의 초점을 둔다.

셋째, 세상에 대한 지적 안목을 토대로 합리적 마음을 계발하여 좋은 삶을 살 수 있도록 하는 데 교육의 궁극적인 목적을 둔다.

A중학교가 내년에 추구하고자 하는 교육목적이 자유교육의 이상을 실현하는 것이 되기 위해서는 각 교과의 기본적인 개념과 원리를 기초로 세상에 대한 지적 안목을 키우고 이를 통해 합리적 마음을 계발하여 좋은 삶을 살게 하는 데 교육의 목표를 두어야 한다.

Chapter 02 객관식 역대 기출 문제 영역별 메타 분석 파트
(메타분석 후 주관식 서술형으로 변형)

엄선된 총 266문항을 All In One 1권의 내용정리 커리에 맞춰 배열하면서 문제해결의 EOS Kick을 통해 정확한 해설을 제공하였습니다. 수험생 여러분들은 Key Word를 중심으로 답안을 작성해보세요!

교육과정 파트 메타 분석 27문항

1

교육과정의 어원인 'currere'의 명사형의 의미와 동사형의 의미를 설명하시오.

___

___

 문제 해결의 EOS Kick

  원래 교육과정의 영어 표현인 curriculum의 어원은 라틴어인 'currere'이다. 이 말의 명사형의 의미는 '경주로'의 의미이고, 동사형의 의미는 '경주로를 달린다'의 의미를 갖는다.
  경주로로서의 의미는 보비트(F. Bobbitt) 등이 발전시킨 것으로, 교육과정은 가르치는 사람에 의해 미리 선정되고 조직된 특정한 지식이나 기능의 묶음이다.
  반면 파이나(Pinar) 등에 의해 강조된 동사형으로서의 의미는 교육과정은 고정되어 있거나 모든 학생들이 획일적으로 적용되는 것이 아니라 교사와 학생이 만나 가르치고 배우는 현장에서 살아 움직이는 것이며 외부에서 일방적으로 주어진 것이 아니라 내부로부터 스스로 앎과 삶의 의미를 창출해 내는 과정으로 바라본다.

All In One

2

다음을 핵심적 주장으로 내세우는 교육과정 이론의 명칭과 특징 2가지를 제시하시오.

> 교육과정에 관한 오늘날의 생각은 인구와 학교가 기하급수적으로 팽창하던 시대와는 다르다. 그 당시에는 교육과정을 구성하고 조직하는 일이 교육과정 연구의 주된 관심사였다. 그 당시는 교육과정 개발의 시대였던 것이다. 그러나 교육과정 개발의 시대는 1918년에 시작하여 1969년에 막을 내렸다. 지금 우리는 다른 시대에 살고 있다. 교육과정 연구는 교과 간의 관계, 각 교과의 쟁점, 교육과정과 세계 간의 관계 등을 드러내는 데에 초점을 두고 있으며, 더 이상 개발에 주력하지 않는다. 오늘날의 교육과정 연구는 개발이 아니라 이해에 주력해야 한다.

___

___

___

 문제 해결의 EOS Kick

여기에서는 교육과정 연구의 새로운 방법론을 제시한 유형을 말하고 있다. 교육과정 연구에서 개발보다는 '이해'를 강조한다는 것은 연구방법론상 양적 연구에서 질적 연구를 강조하는 것을 말한다. 교육과정 연구에서 질적 연구를 강조하는 경향은 재개념주의자들에 의해 이루어졌다.

교육과정 재개념화론은 1970년 초부터 발전하기 시작하였고, 재개념화론자들은 기술공학적 접근의 전통주의자들이나 개념적 경험주의자들이 다루는 영역이 너무 제한적이며, 탐구방법도 적절하지 않다고 하면서 교육과정의 재개념화를 주장하였다. 대표적인 재개념화론자로는 파이너(Pinar), 애플(Apple), 아이즈너(Eisner) 등이 있다.

재개념주의자들의 기본입장은 교육과정 연구의 접근을 양적 연구에서 질적 연구로 전환해야 하고, 교육과정을 바라보는 시각이 실존·정치·역사·미학적 관점에서 이루어져야 함을 강조했다는 점이다.

3

20세기에 들어와서 교육과정 논의를 체계화한 타일러(Tyler)의 교육과정과 수업의 단계에 대한 질문 4가지를 설명하시오.

___

 문제 해결의 EOS Kick

　　타일러는 1949년 『교육과정과 수업의 기본원리』에서 20세기 교육과정 연구에 획기적인 전기를 마련하였다. 이 저서에서 교육과정과 수업의 단계에 대한 질문 4가지는 첫째, 학교에서 달성하고자 하는 교육목표는 무엇인가? 둘째, 수립된 교육목표를 달성하는 데 유용한 학습경험은 어떻게 선정되는가? 셋째, 효과적인 수업을 위해 선정된 교육경험은 어떻게 조직할 수 있는가? 넷째, 학습경험의 효과성은 어떻게 평가할 수 있는가? 등이다.

4

다음에서 김 교사가 강조하고 있는 교과의 이론적 근거가 되는 이론의 명칭과 의미를 설명하시오.

> 진 수 : 학교에서는 실생활에 도움도 되지 않는 수학을 왜 그렇게 많이 가르치지요?
> 김 교사 : 수학공부가 당장 쓸모는 없어 보여도 논리력을 길러주어 그 능력을 장래 여러 가지 일에 발휘할 수 있게 해주기 때문이지. 마치 운동을 열심히 하면 근력이 길러져서 힘든 일을 더 잘할 수 있는 것과 같은 이치지.

문제 해결의 EOS Kick

김 교사가 수학 공부가 당장 쓸모가 없어도 논리력과 같은 능력, 즉 정신능력을 길러주며, 이는 마치 운동을 통해 근력을 기르는 것과 같다고 보는 이론은 '형식도야(formal discipline)설'이다. 형식도야이론에 의하면 교과는 지각·기억·추리·감정 등과 같은 몇 가지의 기본적인 정신기능을 개발하는 수단이며 이러한 정신기능을 개발하는 데 적합한 것이 교과임을 강조하는 이론이다.

5

다음과 같이 주장하는 교육과정 유형의 특징 2가지, 장점 및 단점 2가지를 설명하시오.

> 아동은 출발점이며, 중심이고, 목적입니다. 우리가 추구하는 이상은 아동의 발달이요, 아동의 성장입니다. 교육의 모든 기준은 아동에게서 찾아야 합니다. 모든 교과는 궁극적으로 아동의 성장을 돕기 위한 수단입니다. 따라서 교과는 아동의 성장에 공헌할 때에 비로소 가치 있는 것이 됩니다. 개성과 인격은 아주 중요한 교재가 됩니다.

___

___

___

___

 문제 해결의 EOS Kick

이 주장은 진보주의에 근거해서 교과는 아동의 성장을 돕기 위한 수단이고 아동의 성장에 공헌할 때 가치 있다고 보는 것은 '경험중심 교육과정'이다.

경험중심 교육과정의 특징은 첫째, 생활의 문제를 종합적으로 처리하는 능력을 기르고자 한다. 둘째, 교재를 체계적으로 전달하기보다는 학생의 원만한 성장을 강조한다.

경험중심 교육과정의 장점으로는 학습에서 학생의 자발적인 참여를 강조하고(동기유발이 높고), 문제해결능력을 신장시킬 수 있다는 점이고, 단점으로는 문화유산의 체계적 전달에 불리(기초학습 능력이 저하)하다는 점과 구체적인 교육과정의 설계·실행·평가가 곤란하다는 점을 들 수 있다.

All In One

6

다음의 진술문에서 문제로 삼는 교육과정 유형과 이를 극복하기 위한 교육과정 유형을 설명하시오.

> 학교의 교과는 이론적, 학문적 지식 위주로 되어 있으며, 실제적 문제를 해결하는 데 별로 도움이 되지 않는다. 그러므로 그러한 학교의 교과는 별로 쓸모가 없다.

문제 해결의 EOS Kick

학교의 교과가 이론적, 학문적 지식 위주로 되어 있다는 것은 '교과중심 교육과정'을 말하는 것이고 실제적 문제를 해결하는 데 도움이 되어야 한다는 것은 생활적응 교육을 강조한 '경험중심 혹은 생활중심 교육과정'을 말하고 있다.

경험중심 교육과정이 본격적으로 대두된 시기는 1920년대부터이다. 이들은 교육의 무게중심을 교과에서 아동으로, 즉 교과의 논리에서 아동의 심리로 전환할 것을 주장하는 진보주의 교육을 배경으로 한다.

이들의 가장 중요한 개념은 아동의 적극적이고 능동적인 경험(성장)이다. 아동은 구체적인 경험을 통하여 민주시민이 갖추어야 할 기본적인 자질과 일상생활에서 부딪히는 제반문제들을 효과적으로 해결할 수 있는 능력을 함양해야 한다고 주장한다.

7

브너(Bruner)가 주장한 '지식의 구조'의 개념을 설명하시오.

___

___

 문제 해결의 EOS Kick

　브루너는 모든 교과나 지식은 구조를 가지고 있으며(실제로는 수학, 과학 중심), 구조란 그 교과 혹은 지식을 구성하는 기본 개념, 법칙과 원리, 주제 또는 요소들 간의 상호관련성을 의미한다.
　구조는 그 학문을 가장 잘 아는 학자들에 의해 잘 가르쳐질 수 있고, 학생들이 교과를 공부할 때 교과의 구조를 파악할 수 있도록 교육과정이나 교수 방법을 조직하는 일이 중요하다.
　브루너는 학생들이 구조를 학습하는 것은 사물이나 현상이 어떻게 관련되어 있는가를 학습하는 일이며, 이를 통해 학생들은 지적 수월성(excellence)을 함양할 수 있다고 보았다.

8

다음과 같은 특징을 지닌 교육과정의 명칭과 이 교육과정에서 강조하는 내용조직 원리를 설명하시오.

- 경제 단원에서 자원의 희소성, 수요와 공급 등의 기본 개념과 원리를 교과 구조 속에서 강조한다.
- 과학 교과에서는 초등학교에서 배운 광합성의 원리를 중등학교에서도 심화·반복한다.
- 교사가 결과적 지식을 먼저 제시하기보다 학생들로 하여금 탐구과정을 통해 일반화된 원리를 발견하게 한다.

문제 해결의 EOS Kick

　기본개념이나 원리를 교과의 구조 속에서 강조하고, 교과의 조직 원리를 나선적으로 조직하며, 중간언어가 아닌 기본언어를 중심으로 학생들이 스스로 탐구과정을 통해 일반적인 원리를 발견하도록 하는 교육과정은 정확히 '학문중심 교육과정'을 말한다.

　학문중심 교육과정에서 강조하는 내용조직 원리는 〈보기〉에서 강조하고 있는 바와 같이 과학 교과에서 초등학교에서 배운 광합성의 원리를 중등학교에서 심화·반복하도록 조직하는 '계열성을 살린 나선형 조직'의 원리이다.

9

다음과 같이 비판받고 있는 교육과정 유형의 명칭과 문제점 2가지를 설명하시오.

- 사회가 당면한 문제나 학생이 흥미를 갖는 주제에 관심이 적다.
- 교육과정 개발에서 교사의 실천적 지식을 잘 반영하고 있지 않다.
- 학년이 올라감에 따라 동일 주제가 심화확대되면서 교과 내용이 지나치게 어려워질 가능성이 있다.

 문제 해결의 EOS Kick

이 내용에서 사회적 문제나 학생의 흥미와는 관심이 적고 교육과정 개발에서 교사의 실천적 지식을 반영하지 못하였거나 교과조직에서 동일 주제를 심화·확대되도록 하는 것을 강조하는 것은 '학문중심 교육과정'이다.

학문중심 교육과정을 운영하기 위해서는 교사들에게 가르칠 교과의 학문 및 탐구 방법에 상당한 정도의 전문성(특별 훈련)이 필요하다. 학문중심 교육과정이 교육과정 자체로는 높은 수준의 완성도를 지니지만 그것은 학생의 형편이나 교사들이 실제 처한 조건을 미처 고려하지 못하였다.

즉 교육과정 개발과정에서 학생의 특성이나 교사의 경험·실천적 예지(叡智)를 반영하지 않은 교육과정(Teacher-proof curriculum)을 산출하였고, 교사들은 학자(개발자)들과의 거리로 인해 점차 교육과정에 무관심해지고 자신이 항상 써 오던 학습 자료와 교수방식만을 고수(Curriculum-proof teacher)하는 교사의 교육과정에 대한 무관심과 외면을 초래하기도 하였다.

학문중심 교육과정이 지닌 또 다른 문제점으로 나선형 조직방법은 잘못 사용하면 내용의 반복이 심하게 되어 학년이 올라갈수록 내용이 늘어나고 어려워지는 폐단이 있다. 이는 시대변화나 학생의 요구와 관계없이 교과의 독특성만을 우선시하는 것이 되어 버렸다. 이는 결국 교과에 담을 내용 항목만 늘어나 결국은 교과중심 교육과정으로 회귀하는 결과가 되고 말았다.

10

다음에 제시된 특징을 지니고 있는 교육과정의 명칭과 장·단점을 각각 2가지씩 제시하시오.

- 자아실현을 목표로 함
- 학습 선택권의 최대한 보장
- 학교환경의 인간화
- 잠재적 교육과정의 중시

 문제 해결의 EOS Kick

자아실현, 인간화, 학습 선택권의 보장 등을 강조하는 교육과정 유형은 '인본주의 교육과정'이다. 인본주의 교육과정은 학교의 비인간화 현상이 고조되었던 1970년대에 주로 등장하였다.

인본주의 교육과정의 장점은 첫째, 학습활동에서 학습자의 자유와 자아실현 등을 강조한다. 둘째, 개별화 및 발견학습의 실천 등이 가능하다는 점 등이다.

하지만 이 교육과정은 명확한 개념이나 원리를 제시하지 못하였다는 점과 학습에서 지나친 개인주의를 강조한 점 등이 단점으로 지적되고 있다.

11

다음 (가)와 (나)의 내용에 가장 부합하는 교육과정의 유형의 명칭과 개념을 간단히 설명하시오.

(가) 학생은 학교에서 교사의 희망 때문에 자기 자신의 욕망을 억누르고 또 공동선 때문에 자신의 행동을 조심하는 것을 배운다. 그들을 둘러싸고 있는 규칙·규정 및 관례에 따르는 것을 배운다. 그들은 사소한 좌절감을 극복하고, 권위를 가지고 있는 사람의 계획과 정책이 비합리적이고 불분명할지라도 그것에 따르는 것을 배운다. 다른 사회적 기관의 구성원들과 마찬가지로 학생들도 '세상이 다 그런 거야.'라고 말하는 것을 배운다.
– 잭슨(Jackson), 『아동의 교실생활』 –

(나) 왜 대부분의 중등학교에서 영어를 4년, 수학을 2년, 과학을 1~2년, 역사와 사회를 2~3년 동안 의무적으로 가르치는가? 왜 중등학교에서 법학, 경제학, 인류학, 심리학, 무용, 시각예술, 음악은 자주 가르치지 않거나 필수교과로 지정하지 않는가?

(중략) 나는 우리가 학교에서 몇몇 교과를 다른 대안적인 교과에 대한 면밀한 검토 없이 그저 전통적으로 가르쳐 온 교과이므로 계속해서 가르치고 있다고 생각한다. 그 과정에서 우리는 종종 학생들에게 매우 유용하다고 입증된 교과를 가르치지 않는다.
– 아이즈너(Eisner), 『교육적 상상력』 –

___

 문제 해결의 **EOS Kick**

　(가)는 잭슨에 의해 제시된 '잠재적 교육과정'이다. 잠재적 교육과정이란 학교에서 사전에 의도되었거나 계획되지는 않았지만 학교생활을 통해 학습되는 모든 경험을 말한다.
　(나) 아이즈너가 『교육적 상상력』에서 제시한 교육과정은 '영 교육과정'이다. 영 교육과정은 학교에서 소홀히 하거나 공식적으로 가르치지 않는 교과나 지식, 사고 양식을 말한다.

12

다음의 내용과 가장 관련이 깊은 교육과정 유형의 명칭과 특징을 설명하시오.

> 교사의 인격은 알게 모르게 학생들에게 계속적인 영향을 미친다. 세상을 부정적, 비관적으로 보는 교사 밑에서 배우는 학생들은 자신도 모르는 사이에 세상에 대한 부정적 견해를 가지게 되기 쉬우며, 교사로부터 사랑과 관심을 많이 받은 학생은 따뜻한 마음의 소지자가 될 가능성이 높다. 만약 한 학교의 여러 교사들이 공통적으로 어떤 인간적 특징을 나타낼 때 그렇게 집단화된 교사의 인격적 특징은 학생의 인성 발달에 더욱 강력한 영향을 미치게 될 것이다.

___
___
___

문제 해결의 EOS Kick

교사의 인격적 특징이 학생의 인성발달 등에 영향을 주는 것은 '잠재적 교육과정'을 말한다. 잠재적 교육과정(hidden curriculum)이란 학교교육을 통하여 학생들이 가지는 경험 가운데 교과에서 의도되지 않은 경험을 말한다.

잭슨(Jackson)은 학교교육의 결과를 1차적인 것과 2차적인 것으로 구분하고, 1차적인 것은 정규 수업에서 이루어지는 지식, 기술 등의 학습으로서 주로 아동의 머릿속에 남아 기억되는 것을, 2차적인 것은 단순하게 기억될 수 없는 학교와 관련된 아동의 유의미한 변화로 규정하였다.

2차적인 것의 예로는 학생 자신의 여러 가지 능력에 대한 인식의 변화, 자아에 대한 평가나 세계관의 평가들을 포함하는 태도, 감정, 가치, 애증, 취미 등이 있다. 잠재적 교육과정에 대한 관점을 잭슨은 교실의 생활, 라이머(Reimer)나 일리치(Illich)는 학교의 제도적 모순점, 실버만(Silberman)은 학교나 교실에서의 권위관계 등에 초점을 두었다.

잠재적 교육과정의 특징으로는 첫째, 학교에서 의도되지 않았지만 학교생활을 하는 가운데 은연중에 배운다. 둘째, 주로 비(非) 지적인 감정적 영역과 관련이 깊다. 셋째, 학교의 문화 풍토와 관련이 있다. 넷째, 장기적, 반복적으로 배우며 보다 항구성을 지닌다. 다섯째, 교사의 인격적 감화를 받는다. 여섯째, 바람직한 것과 바람직하지 못한 것 모두 포함한다. 일곱째, 의도적인 것과 갈등이 존재할 경우 잠재적인 것이 학생 행동에 더 큰 영향을 미친다.

13

다음에 제시된 A교사의 생각을 가장 잘 설명해 주는 교육과정 유형의 명칭과 개념을 설명하시오.

> A 교사는 평소 학교교육에서 예능 교과가 그 중요성에 비해 소홀히 다루어지고 있다고 생각한다. 지적 기능 못지않게 중요한 감성은 음악이나 미술 교과를 통해서 잘 계발될 수 있으나, 학교에서는 수업시수가 적어 많은 내용이 가르쳐지지 않고 배제되고 있다는 것이다.

 문제 해결의 EOS Kick

A 교사의 주장은 학교에서 교육목적에 부합되고 학생들이 배워야 할 가치가 있음에도 불구하고 가르치지 않는 교육과정을 말하고 있다. 이를 아이즈너(Eisner)는 '영 교육과정'이라고 명명한 바 있다. 아이즈너는 1960년대까지의 행동적 교육목표와 전통적 학문교과를 지나치게 강조하였던 학교 교육과정의 풍토를 비판하고 교육과정에서 질적 연구양식의 개발을 강조하였다. 『교육적 상상력』(The Educational Imagination)에서 교육에 대한 예술적 접근을 제시하였다.

그는 교육과정에 대한 의사결정을 하는 사람은 실재에 대한 다양한 시각을 표현하는 예술가와 같은 사람이라고 말하였다. 또한 교육과정 내용의 선정과정에서 고려되어야 할 요소는 대중문화와 같은 아주 중요하면서도 학교교육과정에서 전통적으로 배제되어 왔던 내용, 즉 영 교육과정(null curriculum)도 신중하게 고려해야 한다고 주장한다.

예를 들면 다음과 같은 것이 있다. 첫째, 공식적 교육과정에서는 논리적 사고를 강조하나 직관적 사고, 상상력은 소홀히 취급한다. 둘째, 산업혁명 직후 학교에서 읽기와 쓰기는 가르쳤으나 셈하기는 가르치지 않았다. 셋째, 과학교과에서 진화론을 가르쳤으나 창조론은 제외시켰다. 넷째, 1960년대 북한이 남한보다 경제력이 앞섰던 시기에 북한의 실정을 가르치지 않았다. 다섯째, 일본의 역사교과서에서 한국 침략 내용을 의도적으로 배제하였다. 여섯째, 사회나 도덕 교과에서 사회적 약자에 대한 논의는 배제하였다.

14

다음 각각의 수업 사례에 부합하는 교육과정 명칭(유형)을 제시하시오.

① 냉전 시대 공산주의 국가에서는 시장 경제 체제의 장점을 제대로 가르치지 않았다.
② 수업시간에 배운 한자를 30번씩 써 오라는 숙제 때문에 한문을 싫어하게 되었다.
③ 국어시간에 일제 강점기 독립운동에 기여한 문학 작품을 조사하고 각각의 특징을 기술하였다.

문제 해결의 EOS Kick

① 냉전 시대 공산주의 국가에서 자본주의의 시장 경제 체제의 장점을 제대로 가르치지 않았다는 것은 '영 교육과정'
② 수업 시간에 배운 한자를 30번 써 오라는 숙제 때문에 한문을 싫어하게 되었다는 것은 의도하지 않은 경험을 의미하기 때문에 '잠재적 교육과정'
③ 국어 시간에 일제 강점기 독립운동에 기여한 문학 작품을 각각의 특징을 기술한 것은 수업에서 의도한 경험이므로 '표면적' 혹은 '형식적 교육과정'을 말한다.

15

김 교사가 고려하고 있는 내용조직 원리와 최 교사가 고려하고자 하는 통합 교육과정의 형태를 설명하시오.

> 김 교사 : 저는 지리과목을 담당하고 있는데 매 단원마다 같은 내용이 반복되어 제시되다 보니 학생들이 지루해하는 것 같아요. 학생들에게 제시되는 학습내용을 시간이 지날수록 좀 더 심화·발전시켜야 하는데 말이죠. 그렇게 하면 학생들의 지루함도 덜고 학습내용도 심화될 수 있을 것 같은데, 어떤 좋은 방법이 없을까요?
> 최 교사 : 저는 사회 시간에 나오는 내용을 역사적 사실과 그것을 배경으로 하는 문학 작품을 함께 가르치고 싶은데, 어떻게 하면 좋을까요? 물론 사회 과목의 내용을 무너뜨리지 않고 국어과목의 내용을 서로 관련시키고 싶은데 그러려면 국어선생님과 협의를 해야 할 것 같은데요? 그게 가능할지 어떨지 모르겠네요.

문제 해결의 EOS Kick

김 교사는 교육과정 내용조직 방법 가운데 계속성을 넘어서는 방법을 도입하고자 하는 것으로, 즉 학습내용을 시간이 지날수록 좀 더 심화·발전시키도록 하는 것은 '계열성'이다. 계열성은 학습경험을 조직할 때 동일한 경험요인이 반복되는 수준을 넘어 계속적인 줄기는 있되, 동시에 그 줄기에 좀 더 넓고 깊은 의미가 붙어 나갈 수 있도록 조직하는 원리이다.

최 교사는 교육과정 통합형태 가운데 사회 과목의 내용을 무너뜨리지 않고 국어과목의 내용을 서로 관련시키고 싶다고 하는 것은 교과중심 통합 형태인 '상관형'을 주장하고 있다. 상관형이란 교과내용을 무너뜨리지 않으면서 두 개 또는 그 이상의 교과나 과목을 서로 관련시켜 내용을 조직하는 교육과정이다.

16
중핵교육과정(core curriculum)의 개념을 설명하시오.

 문제 해결의 EOS Kick

　중핵교육과정이란 경험중심 교육과정의 대표적인 유형으로 중핵과정과 주변과정이 동심원적으로 조직된 형태로 특정 주제나, 활동을 중심으로 여러 교과의 내용이나 활동을 결합시켜 통합적인 학습과 협동적 태도, 비판적 사고를 함양할 수 있도록 한 교육과정을 말한다.

17

학교수준 교육과정 개발(SBCD) 모형의 특징을 설명하시오.

 문제 해결의 **EOS Kick**

학교수준교육과정 개발(SBCD)이란 학생이 구성원인 교육기관(학교)에 의한 학습 프로그램의 계획, 설계, 실행 그리고 평가하는 것을 말한다.

SBCD는 각 학교의 특성을 고려한 교육과정 개발로 현장적합성이 높고, 개발자의 부담을 덜어줄 수 있다는 특성이자 장점을 지닌다. 이를 주장한 대표적인 인물로는 스킬벡(Skilbeck)과 해리슨(Harrison) 등이 있다.

18

스킬벡(M. Skilbeck)의 교육과정 개발 모형이다. 이 개발모형의 명칭과 (가)와 (나)에 들어갈 용어와 구체적인 활동 2가지를 쓰시오.

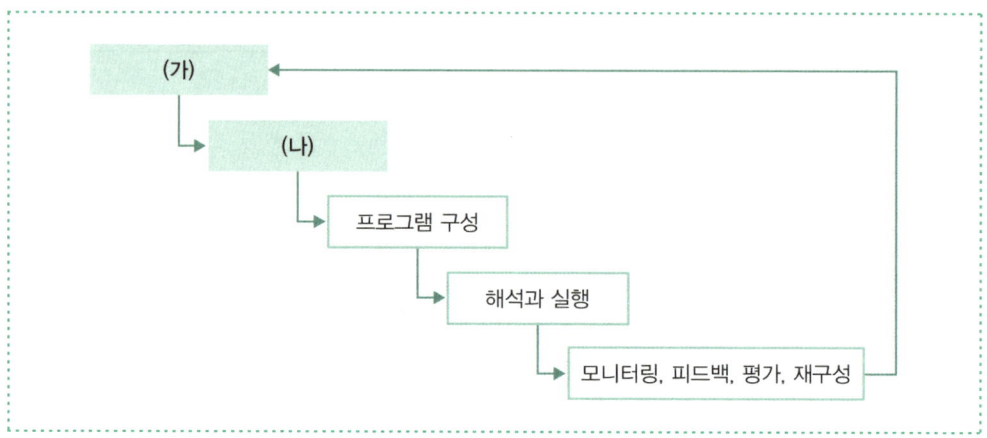

문제 해결의 EOS Kick

스킬벡(Skilbeck)이 주장한 SBCD 모형에서 (가)에 들어갈 용어는 '상황분석'이고, 구체적인 활동으로는 내적 요인에 교사의 가치관, 태도, 경험 등을 확인하고, 외적 요인으로 학부모의 기대나 지역사회의 가치와 변화하는 인간관계 등을 조사하는 것을 들 수 있다. (나)는 '수업목표 설정'이고 구체적인 활동으로는 교육 활동의 방향성을 설정하고 기대되는 학습 성과를 진술하는 일이다.

19

다음은 위긴스와 맥타이(G. Wiggins & J. McTighe)의 백워드 설계(Backward Design)에서 학교교육의 목표가 되는 6가지 이해에 관한 진술이다. 가장 낮은 수준의 이해에서 가장 높은 수준의 이해를 바르게 나열하시오.

① 비판적이고 통찰력 있는 견해 (관점)
② 의미를 제공하는 서술이나 번역 (해석)
③ 타인의 감정과 세계관을 수용할 수 있는 능력 (공감)
④ 지식을 새로운 상황이나 다양한 맥락에 효과적으로 사용하는 능력 (적용)
⑤ 사건과 아이디어를 '왜' 그리고 '어떻게'를 중심으로 서술하는 능력 (설명)
⑥ 자신의 무지를 아는 지혜 혹은 자신의 사고와 행위를 반성할 수 있는 능력 (자기지식)

문제 해결의 EOS Kick

백워드 교육과정 설계 모형은 1990년대 말 성취기준 중심의 교육개혁 운동에서 비롯되었다. 이 모형은 제1단계가 단원목적과 질문 개발, 제2단계가 평가계획, 제3단계가 학습경험과 수업계획으로 이루어진다.

제1단계인 단원목적에서 첫 번째 단계가 "영속적 이해"(enduring understanding)이다. '영속적'이란 학문의 중심부에 있는 기본적이고 중요한 아이디어, 개념 혹은 원리로 시간이 지나도 그 가치가 그대로 있는 불변의 지식을 말하고, '이해'란 어떤 실질적이고 응용적인 수행을 학습자가 직접 보여줄 수 있게 되는 것을 말한다.

이러한 이해의 종류에는 설명, 해석, 적용, 관점, 공감, 자기지식 등이 있다. <보기>에서 ①은 관점, ②는 해석, ③은 공감, ④는 적용, ⑤는 설명, ⑥은 자기지식이다. 따라서 이해의 올바른 순서는 ⑤→②→④→①→③→⑥의 순서이다.

20

파이너(W. Pinar)의 자서전적 모형에서 쿠레레(currere) 방법 4단계는 회귀-전진-분석-종합으로 이루어진다. 파이너가 제시한 쿠레레의 의미와 쿠레레의 4단계를 순서대로 제시하시오.

---

① 자유연상을 통해 아직 현실화되지 않은 미래의 모습을 상상한다. (전진)
② 내면의 목소리에 귀를 기울이고, 자기에게 주어진 현재의 의미를 자문한다. (종합)
③ 과거·미래·현재라는 세 장의 사진을 놓고, 이들 간의 복잡한 관계를 탐구한다. (분석)
④ 자신의 실존적 경험을 회상하면서 기억을 확장하고, 과거 경험을 상세히 묘사한다. (회귀)

문제 해결의 EOS Kick

파이너는 'currere'에 대해 목표 또는 학습결과를 기술하거나 규정하는 활동으로서가 아니라 '코스에서 학생이 달리면서 갖게 되는 교육적 경험'으로 재해석하였다.

학습에서 지식은 습득하는 것이 아니라 학습자가 자신의 경험을 바탕으로 재구성하는 과정으로 보고 회귀-전진-분석-종합의 4단계를 거쳐 학습하는 동안 자신의 삶을 드러내면서 현재의 교육적 경험과 개념을 가치화하고 내면화하여 지적, 정서적, 행동적 측면의 통합을 실현하는 데 교육적 의의를 둔다.

현재 자신의 지적 경험은 과거의 경험과 미래의 상상적 경험 속에서 해석할 때 이해가 가능하며, 자기 존재의 통찰을 통해 변화를 경험할 수 있다고 보았다. 즉 아는 것과 살아간다는 것의 관련성을 강조하는 것이다.

<쿠레레 방법론 4단계의 실천>

단계		활동유형	학습자 활동
1단계	회귀	• 과거경험 회상하기 • 자유로운 연상을 통한 기억 확장하기	• 회상하는 글쓰기 • 인생연보 그리기
2단계	전진	• 자유연상을 통한 미래 회상하기	• 자서전적 글쓰기 • 마인드맵 • 앙케트/질문표
3단계	분석	• 1, 2단계를 통해 회상한 것에 비평적으로 반성 • 과거·미래·현재라는 세 장의 사진을 놓고, 이들 간의 복잡한 관계 탐구	• 집단토의, 토론 • 테이블 대화
4단계	종합	• 새로운 해석 정리, 느낌 말하기 • 새롭게 발견한 모습, 변화 찾기	• 한 문장 정리 • 자전적 에세이 쓰기

21

다음은 교육목표에 관한 타일러(R. Tyler)와 블룸(B. Bloom)의 견해를 대화 형식으로 구성한 것이다. (가)~(다)에 들어갈 말을 쓰시오.

타일러 : 저는 일찍이 ☐(가)☐ 의 입장에서 교육목표를 진술해야 한다고 말한 바 있습니다.

블 룸 : 예, 잘 알고 있습니다. 선생님께서는 또한 ☐(나)☐ 으로 이루어진 이원적 목표 진술을 강조하셨죠?

타일러 : 물론입니다. 그런데 선생님이 동료들과 함께 분류하려고 한 것은 그 중의 어느 것입니까?

블 룸 : 저희들은 그 두 차원 중에서 ☐(다)☐ 의 차원을 분류했습니다.

(가) _____

(나) _____

(다) _____

문제 해결의 EOS Kick

타일러는 수업목표 진술은

(가) '학생'의 입장으로 도착점 행동으로 명확히 진술해야 한다.

(나) 학생의 '행동'뿐만 아니라 그 행동이 나타내어지는 '내용'도 함께 진술해야 한다.

(다) 블룸은 '행동영역'을 인지적 영역, 정의적 영역, 심동적 영역으로 분류하였다.

22

다음에 나타난 타일러(R. Tyler)의 학습 활동 선정 원리의 명칭과 그 외의 원리 2가지를 제시하시오.

- 멜로디언으로 "학교 종"을 연주할 수 있도록 하기 위해서, 멜로디언 연주법을 배우는 시간을 마련한다.
- 식물 세포의 구조를 그릴 수 있도록 하기 위해서 현미경으로 양파의 속껍질을 관찰하는 시간을 계획한다.

 문제 해결의 **EOS Kick**

멜로디언으로 학교 종을 연주할 수 있도록 하기 위해 멜로디언 연주법을 배울 시간을 마련한다는 등의 의미는 수업목표에서 노리는 행동을 직접 할 수 있는 기회를 제공한다는 의미이므로 타일러의 학습경험의 선정 원리 가운데 '기회의 원리'이다.

학습경험의 선정 의미 가운데 그 외에는 수업목표에서 의도하는 학습경험을 선정하는 과정에서 만족감을 느껴야 한다는 '만족의 원리' 그리고 학습경험에서 바라는 학생의 반응이 학생 자신의 능력 범위 내에 있어야 한다는 '가능성의 원리' 등이 있다.

23

다음은 중학교 1~3학년 과학과 교육과정의 일부를 예시한 것이다. 이에 관한 세 교사의 대화를 참고로 각 교사가 말하는 교육내용 조직 원리의 명칭과 개념을 설명하시오.

박 교사 : 1~3학년에는 식물이라는 주제가 반복적으로 등장하도록 조직되어 있네요.
이 교사 : 1학년은 식물의 겉모습에 초점을 두고 있는데, 2학년은 식물의 구조와 기능으로 심화되는 내용으로 조직되어 있네요.
노 교사 : 2학년의 식물이라는 주제를 기술교과 재배단원의 '꽃 가꾸기'와 하나로 묶어 조직하는 것도 좋을 것 같네요.

 문제 해결의 EOS Kick

박 교사는 주제가 반복되도록 조직한다고 보아 이를 내용 조직 원리로는 '계속성'이라고 볼 수 있다. 계속성(continuity)이란 하나의 교육과정 요소가 동일한 수준에서 반복되는 것을 말한다. 즉 이는 어떤 교육목표가 학습자의 행동 속에 실현되기 위해서는, 즉 망각되지 않을 정도까지 학습되기 위해서는 그 목표가 지시하는 지식이나, 과정이나, 행동양식이 어느 기간 동안은 계속 반복되어야 한다는 것이다.

이 교사가 말한 1학년의 내용을 2학년에서 심화되도록 조직한다는 것은 '계열성'을 말한다. 계열성(sequence)이란 선행경험 혹은 내용을 기초로 하여 다음 경험 혹은 내용이 전개되어 점차적으로 깊이와 넓이를 더해 가는 것을 말한다. 즉 단순하고 구체적인 것으로부터 복잡하고 추상적인 것과, 가까운 주변에서 먼 것으로 등의 계열이 각 교과의 특성과 채택하는 교수방법에 따라 각각 다른 가치를 가질 수 있게 된다.

노 교사는 식물이라는 주제를 기술교과의 꽃 가꾸기와 묶어 조직한다는 점에서 '통합성'을 의미한다. 통합성(scope, integrity)이란 선정된 여러 분야, 여러 수준의 내용이 학생들의 경험 속에서 의미 있게 통합될 수 있도록 조직하는 것이다. 이는 여러 학습장면에서 얻어진 학습 경험들이 서로 상호 연결되고 통합됨으로써 보다 효과적인 학습과 성장을 촉진할 수 있음을 나타낸다. 예를 들면 사회과에서의 학습경험을 통하여 학습된 이해나 태도가 다른 교과 영역에서의 경험과 관련되고 거기서 반복·활용·보강될 수 있도록 하는 것이다.

그동안 학습경험의 통합을 용이하게 해 주기 위한 시도로 상관형·융합형·광역형·중핵형 등의 조직방법이 강조되어 왔다.

24

다음은 4명의 교사들이 교육과정 설계에 관하여 제기한 문제의식들이다. 각각을 극복하기 위한 가장 적합한 해결방안을 제시하시오.

> 김 교사 : 제가 담당하고 있는 국어과의 경우, 시(詩) 수업에서의 행동목표는 너무 구체적이고 명세적이기 때문에 문학의 의미를 가르치는 데 많은 한계가 있습니다.
> 이 교사 : 제가 생각하기에 중학교 3년 동안 배워야 할 교과목 수가 너무 많아 학생들의 학습 부담이 너무 크다고 생각합니다.
> 박 교사 : 어떤 교과목은 중학교 3학년과 고등학교 1학년 간의 교육내용 수준의 차가 커서 학생들이 어려움을 느끼게 됩니다.
> 최 교사 : 내가 가르치고 있는 교과목의 경우 내용이 너무 분과적이고 중복이 심해서 수업하기에 부담이 큽니다.

김 교사 관련 :

이 교사 관련 :

박 교사 관련 :

최 교사 관련 :

문제 해결의 EOS Kick

김 교사는 '표출목표' 설정과 같은 다양한 목표의 수립을 고려한다.
이 교사는 '범위'(scope)의 조정, 집중이수제 등으로 학습량의 경감을 꾀한다.
박 교사는 '연계적 조직' 특히 수직적 연계성을 고려하여 학년 간 난이도를 맞춘다.
최 교사는 '내용 통합' 등의 교육과정 재구성의 다양한 전략을 활용한다.

표출목표(표현적 결과)는 구체적 목표의 설정 없이 수업을 시작하여 수업활동 중 혹은 종료 후 결과적으로 얻게 되는 것이다.

범위(scope)는 특정시점에서 학생들이 배우게 될 내용의 폭과 깊이를 가리키는 용어이다.

통합은 교육내용들의 관련성을 바탕으로 이들을 하나의 교과나 과목 또는 단원으로 묶는 것, 또는 수업의 효과를 높이기 위하여 관련 있는 내용들을 동시에 혹은 비슷한 시간대에 배열하는 것을 말한다. 이러한 통합을 통해 교육내용의 논리적 관련성, 사회적 적합성, 개인적 유의미성을 높이고 내용의 중복·누락·상극 등의 모순을 피할 수 있다.

25

다음과 같은 교사의 교육활동의 명칭을 제시하시오.

- 교과 간 연관된 내용의 통합을 시도한다.
- 단위 수업 시간의 길이를 교과의 특성에 맞게 조절한다.
- 아동의 이해 수준에 맞게 교과 내용의 난이도를 조정한다.

문제 해결의 EOS Kick

교사가 교과 간 연관된 내용을 통합적으로 운영하거나, 수업시간을 교과 특성에 맞도록 탄력적으로 조절하는 등의 활동을 '교육과정 재구성 활동'이라고 한다.

26

교사 수준의 교과 내 교육과정 재구성활동 2가지를 제시하시오.

문제 해결의 EOS Kick

교사 수준의 교육과정 재구성활동에는

첫째, 교과내용의 재구성으로 교과서에 제시된 순서대로 내용을 가르치기보다는 교육과정 상에 있는 내용 요소를 중심으로 교사가 그 순서와 내용의 양을 재조정하는 것이다.

둘째, 수업시간표를 작성할 때 특정 요일에 특정 과목의 시간을 1시간씩 고정하여 배당하기보다는 필요에 따라 교과목의 수업시간을 융통성 있게 운영하는 방법으로 이를 블록 타임제라고 한다.

27

다음 대화에서 추론할 수 있는 교사와 교장의 교육과정 실행에 대한 관점의 명칭과 개념을 설명하시오.

> 김 교사 : 국가가 정한 교육과정에 얽매이기보다는 교사가 창의적으로 교육내용을 만들어서 가르치는 것이 중요하다고 봐요. 교육과정은 교사와 학생이 함께 만들어 가는 교육경험이라 할 수 있잖아요.
> 이 교장 : 글쎄요. 국가 교육과정은 전국적인 교육의 질을 보장하기 위하여 공통된 내용을 정하여 실시하는 교육계획이지요. 그렇다면 교사가 수업을 임의로 해서는 안 되고, 당초 국가 교육과정에서 정한 목표와 내용을 중심으로 가르쳐야지요.
> 박 교사 : 두 분 말씀은 알겠는데요. 교육과정을 실제로 운영하는 것은 복잡한 일입니다. 국가 교육과정뿐만 아니라 교실 상황, 학습자 수준, 교사의 요구도 함께 고려해야죠. 교육과정 개발자와 사용자 간의 의견 조정도 중요하다고 봐요.

___

___

___

문제 해결의 EOS Kick

교육과정의 실행이란 교육과정의 구성 및 개발과정에서 만들어진 교육과정을 효과적으로 전개하는 것을 말하는 것으로 충실도·상호적응적·생성적 관점으로 구분된다.

김 교사는 국가 교육과정에 얽매이지 않고 교사와 학생이 함께 만들어 가는 것을 강조한다는 점에서 '생성적(혹은 형성적) 관점'을 말하고, 이 교장은 국가 교육과정에서 정한 목표와 내용을 중심으로 가르쳐야 한다는 점을 강조하기 때문에 '충실도 관점', 박 교사는 교실 상황, 학습자 수준, 교사의 요구를 반영해야 한다는 점에서 '상호 적응적 관점'을 말하고 있다. 이 세 관점을 구체적으로 설명하면 다음과 같다.

첫째, **충실성 관점**은 계획된 교육과정과 실행된 교육과정 사이에 존재하는 정확성의 정도에 관련된다(시행된 교육과정과 의도했던 목표 간의 유사성 정도에 따라 평가됨).

둘째, **상호적응 관점**은 교육과정 개발은 교육과정 설계와 교육과정 간의 상호작용이며, 수업의 특수한 환경과 상황에 따라 교육과정을 수정하거나 재구성하여 실제에 적합하게 한다.

셋째, **형성(생성) 관점**은 만들어진 교육과정의 실행이 아닌 교사와 학습자들이 점진적으로 만들어 가는 과정을 강조한다.

교수·학습방법 및 교육공학 파트 메타 분석 30문항

1

설명적 교수이론과 처방적 교수이론의 개념을 설명하시오.

 문제 해결의 EOS Kick

　설명적 교수이론은 "만약 ~이면 ~이다"로 표현되고, 처방적 교수이론은 "~을 하기 위해서는 ~한 것을 수행하라"라는 구조를 가진 명제이다. '설명적 교수이론'은 주어진 특정 교수조건에서 특정 교수전략 및 방법을 적용하면 그 결과로서 어떤 교수결과를 얻을 수 있는가를 기술하는 이론이다. 반면 '처방적 교수이론'은 교사들에게 '무엇을 어떻게 해야 한다'는 구체적인 조건과 방법을 제시해 준다.

2

라이겔루스(Reigeluth)가 제시한 교수의 3대 변인과 각각의 요소를 설명하시오.

___

 문제 해결의 EOS Kick

교수의 3대 변인에 대해 라이겔루스는 '교수의 조건변인', '교수의 방법변인', '교수의 성과변인'으로 밝혔다.

① 교수의 조건변인 : 교과내용 특성, 교과 목표, 학습자 특성, 제약조건으로 구성된다.
② 교수의 방법변인 : 조직전략, 전달전략, 관리전략으로 구성된다.
③ 교수의 성과변인 : 효과성, 효율성, 매력성 등으로 구성된다.

3

다음 A, B 두 교사가 강조하는 수업(방법) 원리를 설명하시오.

> A 교사 : 오늘날 학교는 대부분 집단교육이며 학습자 하나하나의 개성에 맞는 교육을 충분히 하고 있다고 볼 수 없을 것입니다. 가능한 한 학습자의 개성에 맞는 교육을 해야 합니다. 각 개인은 지능, 특성, 흥미, 가정적 배경 등 모든 면에서 차이가 있기 때문에 먼저 학습자의 이와 같은 차이를 이해하고 이것을 교육목표 달성에 유기적으로 통합하여 가능한 한 그 능력을 충분히 발전시켜 나가야 합니다.
>
> B 교사 : 물론 학습자의 개별적 차이를 존중해 주는 것은 필요합니다. 거기에 더해서 수업에서 학습자의 활동은 소극적이고 교사의 활동만 적극적인 것은 문제가 있습니다. 과거에는 모든 교육활동이 교사중심이었다면 현대 교육사조는 학습자 중심의 입장을 강조하고 있습니다. 학습자가 중심에 서게 될 때 학습자 그 자체가 갖고 있는 본래의 특성을 발견하여 그 특성을 최대한으로 발달할 수 있도록 지도하는 일은 매우 중요합니다.

 문제 해결의 **EOS Kick**

　A 교사는 학습자 개개인의 개성, 흥미, 가정 배경 등을 고려해야 한다는 점을 강조하고 있다. 이는 수업의 원리 가운데 '개별화의 원리'를 말하는 것이다. 개별화의 원리는 학습자마다 학습 능력에 있어 그 차이가 있기 때문에 수준별 지도와 개별화를 강화해야 한다는 것이다.

　B 교사는 수업에서 학습자의 적극적 자발적 참여활동을 강조하고 있다. 이는 수업의 원리 가운데 '자발성의 원리'를 말하는 것이다. 자발성이란 인간 내부에서 일어나는 충동과 가능성으로 교사는 이 자발성을 이해하고 최대한 표출되도록 도와야 한다.

4

글레이저(Glaser)가 제시한 수업의 4단계를 제시하시오.

___

___

 문제 해결의 EOS Kick

글레이저는 체제이론에 근거하여 수업의 과정을 ① 수업목표의 설정, ② 출발점 행동의 진단, ③ 수업의 실시, ④ 학습 성과의 평가(& 피드백)의 4단계로 제시하였다.

5

다음 공식은 완전학습 모형의 이론적 근거인 캐롤(Carroll)의 학교학습 모형이다. 이 공식에서 학습에 사용한 시간과 학습에 필요한 시간을 결정하는 요인을 제시하시오.

$$\text{학습의 정도} = f \left(\frac{\text{학습에 사용한 시간}}{\text{학습에 필요한 시간}} \right) \times 100$$

문제 해결의 EOS Kick

완전학습의 이론적 근거가 된 Carroll의 학교학습 모형은 학습자가 어느 정도의 학습을 할 수 있는가는 자기가 필요로 하는 학습 시간의 양에 비해서 실제로 얼마만큼의 시간을 학습을 위해 투입했느냐에 의해 결정된다고 보았다.

① 학습에 사용한 시간을 결정하는 요인 : 학습기회, 학습지속력
② 학습에 필요한 시간을 결정하는 요인 : 수업의 질, 적성, 수업이해력

6

다음에 제시된 특성을 가장 잘 나타내고 있는 수업 방법의 명칭과 장점 및 단점을 설명하시오.

- 학습자 간 경쟁 심리를 자극한다.
- 흥미를 유발할 수 있는 실제적 환경을 제공한다.
- 개별 학습과 소집단 학습에 모두 적용 가능하다.

___

___

___

 문제 해결의 EOS Kick

　지문과 관계된 요소들 즉 학습자 간 경쟁 심리 자극이나 흥미를 유발할 수 있는 실제적 환경을 제공하는 대표적인 수업방법은 '게임'으로 볼 수 있다. 게임(game)은 학습자가 흥미로운 환경을 제공받고, 그 안에서 정해진 규칙에 따라 열심히 노력하면서 목적을 달성할 수 있는 경쟁적이고 도전적인 요소를 첨가한 학습 환경이다.
　게임의 장점은 수업 환경이 흥미롭고, 새로우며, 공부가 아닌 놀이라는 느낌이 들어 학습자들이 게임에 열중하다 보면 학습내용을 자연히 습득하게 된다. 반면 단점은 지나친 경쟁심을 유발할 수 있고, 너무 흥분한 나머지 재미에만 몰두하여 본래의 목적인 학습이 이루어지지 못하는 경우가 종종 있다는 것이다.

7

다음과 관련된 수업방식의 명칭과 장점 및 단점을 설명하시오.

- 헤르바르트(Herbart)에 의해 체계화되었다.
- 준비, 제시, 결합, 체계화, 적용과 같이 다섯 단계로 진행된다.
- 짧은 시간에 다양한 지식과 내용을 학습한다.

_____

_____

_____

 문제 해결의 EOS Kick

　지문과 관련하여 헤르바르트에 의해 체계화되었고, 짧은 시간에 다양한 지식과 내용을 학습하기에 용이한 방법은 '강의법'이다. 강의법은 일반적으로 지식이나 기능을 교사 중심의 설명을 통해 학습자에게 이해시키는 교수방법을 말한다.

　이 방법은 중세 대학에서 주된 교수법으로 활용되었고, 근대에 와서 헤르바르트가 표상심리학에 기초해서 교수 4단계로 체계화하여 오늘날에 이르기까지 다양한 방법으로 개량되고 있다.

　강의법은 교사중심의 방법이기 때문에 학습자가 능동적으로 학습활동에 참여할 수 없고 학습자의 주의집중을 이끌기가 어렵다는 단점이 있지만,

　짧은 시간에 여러 다양한 지식을 많은 학습자들에게 동시에 전달할 수 있고, 학습자들의 이해력을 높일 수 있으며, 교사의 의지에 따라 학습 환경을 자유롭게 바꿀 수 있고, 학습 경제성 면에서 유리하다는 점에 있어 많은 장점을 지닌 방법이기도 하다.

　강의법은 학습자에게 개념, 원리, 법칙 등을 해설 혹은 설명을 통해 학습시키는 교사 중심적 수업방법의 하나로 앤드루스(Andrews)와 제이콥슨(Jacobsen)의 설명식 수업모형, 오수벨(Ausubel)의 선행조직자 모형 등이 대표적이다.

8

다음과 같은 교사의 경험을 가장 잘 설명하는 개별화 교수법의 명칭과 기본 가정(입장)을 3가지로 설명하시오.

> 여보게 친구. 지난해 소집단 토론 수업을 실시한 결과 학생들의 학습 참여도와 학업 성취도가 설명식 수업 방법에 비해 크게 향상되어, 소집단 토론 수업 방법이 설명식 수업 방법보다 효과적이라는 확신을 갖게 되었다네. 이런 확신 때문에 새로운 학교로 전근을 와서도 소집단 토론을 중심으로 수업을 진행하였는데, 기대와는 달리 학생들의 학습 참여도와 학업 성취도가 설명식 수업을 실시하고 있는 다른 반 학생들보다 오히려 떨어져 고심 끝에 다시 설명식 수업 방법으로 전환하였다네! ㅠㅠ

〈유사 기출 문제〉

> 학습능력이 높은 학생에게는 토의법이 효과적이었으나 학습능력이 낮은 학생에게는 강의법이 효과적이었다면, 이 현상을 설명하는 데 적합한 수업모형의 명칭은?

_____
_____
_____

 문제 해결의 EOS Kick

　A 교사의 경험은 소집단 토론 수업과 설명식 수업 방법을 학습자의 참여도에 따라 달리 적용함으로써 학습 성취도에 미치는 효과가 달라졌다는 것이 핵심이다. 이와 같이 학습자의 학습능력에 따라 주어지는 처치(수업방법)에 대한 학생의 반응양식을 고려하는 것은 '적성-처치 상호 작용'모형과 관계된다.

　일명 ATI(적성-처치 상호작용. Aptitude Treatment Interaction)모형은 크론백(Cronback)과 스노우(Snow)에 의해 제시된 것으로 학습자의 학습 능력에 따라 주어지는 처치에 대한 학생의 반응양식이 다르게 나타나는 현상을 고려하여 학습지도의 최적화를 기하려는 방법이다.

　이 방법의 기본 가정은
　① 학습자의 능력은 개인차를 지니므로 그에 알맞은 방법이 적용되면 효과가 커진다.
　② 개인차의 특성에 따라 능력별로 프로그램을 적용한다면 학습을 극대화할 수 있다.
　③ 모든 학습자의 성적이 극대화되도록 학습자의 특성과 교수방법을 연결할 수 있고, 학습자의 특성과 투입되는 교수방법 사이에는 긴밀한 상호작용이 성립될 수 있다.

9

다음과 가장 관련이 있는 교수·학습이론의 명칭과 기본 가정(입장)을 설명하시오.

- 새로운 지식이나 정보와 선행 학습내용의 통합을 강조한다.
- 학습자의 인지구조에 알맞게 포섭·동화되도록 학습과제를 제시한다.
- 일반적이고 포괄적인 지식을 먼저 제시하고, 그 다음에 세부적이고 상세한 지식을 제시한다.

___

___

___

문제 해결의 EOS Kick

새로운 지식이나 정보를 기존의 학습자의 인지구조에 맞도록 포섭 등을 강조하는 교수방법은 오수벨(D. Ausubel)의 '설명적 교수'에 해당한다. 이 방법은 학습자가 새로운 지식을 자기가 이미 알고 있는 것에 결부시켜 기억하려고 한다면 결과적으로 의미 있는 학습이 일어난다는 기본적인 가정을 한다. 구체적으로 살펴보면

① 오수벨은 학습을 새로운 학습과제가 학습자의 기존 인지구조와 상호작용하여 인지구조 안으로 포섭되도록 하는 것으로 설명한다.

② 학교에서 교수하는 대부분의 학습과제들은 상호 계열성이 있으므로 먼저 학습된 지식들은 다음에 학습될 지식의 포섭자 역할을 한다고 보았다. 즉 새로운 지식을 이해하고 해석하는 데에는 이 지식과 관련된 선행조직체제를 이용해야 함을 강조하였다.

③ 인간의 인지구조는 위계적 관계로 이루어져 있어서 가장 위에는 포괄적이고 추상적인 개념이 차지하고 있고, 그 밑으로 차차 덜 포괄적인 하위개념과 지식이 연결되어 있기 때문에 교사는 학습자들에게 일반적이고 포괄적인 지식을 먼저 제시하고, 그 다음에 세부적이고 상세한 지식을 제시하는 것이 손쉬운 이해를 돕는 최적의 방법으로 보았다.

10

박 교사는 오수벨(D. Ausubel)의 유의미 수용학습 이론에 따라 수업을 전개하였다. (가), (나), (다)에 들어갈 명칭과 개념을 설명하시오.

박 교사는 학생들에게 먼저 수업목표를 명확히 제시하고, 수업내용을 쉽게 이해하도록 하기 위해 수업내용을 포괄하는 예를 (가) 로 제시하였다. 박 교사는 (가) 가 학생들의 인지구조 내에서 새로운 학습내용을 (나) 하여 의미 있는 수용학습이 이루어지도록 촉진할 것이라고 기대하였다. 그 이유는 수업내용을 학습하기 전에 수업내용에 관한 포괄적인 예를 제시하면 그것이 (다) 의 역할을 수행하여 학습의 정교화를 촉진할 것이기 때문이다.

___

___

___

 문제 해결의 **EOS Kick**

오수벨의 이론에 따라 (가)는 선행 조직자 유형 가운데 '설명 조직자', (나)는 '포섭', (다)는 '관련정착 의미'에 해당한다.

① 선행조직자는 학습과제를 제시하기 전에 제시되는 일종의 도입자료로서, 학습과제보다 포괄성과 추상성 및 일반성의 수준이 높아야 한다. 선행조직자는 다시 비교조직자와 설명조직자로 나눌 수 있는데, 설명조직자란 학생들에게 친숙하지 않은 학습과제를 제시할 때 그에 대한 개념적 근거를 제공해 주는 것이다.

② 포섭은 인지구조의 포괄적이고 일반적인 개념들이 보다 하위의 덜 포괄적이고 덜 일반적인 개념을 흡수하면서 이루어진다. 포섭은 하위의 개념을 포함하는 것뿐만 아니라, 기존의 인지구조에 있는 개념이 새로운 개념이나 아이디어로 접근하여 그것들을 흡수하는 관계를 의미한다. 학습자가 이미 가지고 있는 기존의 인지구조와 새로운 개념이 관련될 때 학습자에게 의미를 부여하게 되어 유의미 학습이 이루어질 수 있다.

③ 관련 정착 의미(아이디어)는 학습자의 인지구조 속에 이미 존재하는 기존지식을 의미한다. 학습자의 인지구조 속에 마련된 정착 아이디어가 새로운 학습과제와 관련을 맺을 때 학습의 정교화가 촉진된다.

11

다음은 마시알라스(Massialas)가 어떤 개념을 설명한 말이다. ( )에 들어갈 올바른 명칭을 제시하시오.

> ( )란 사실과 가치의 문제를 인식하고 그들을 그들의 기초가 되는 가설에 비추어 평가하고 어떤 평가기준에 입각하여 이를 입증하는 과정이다.
> 그 과정은 교육의 실용주의적, 과학적 전통에 뿌리를 둔 것이며 … 근본적으로는 어떤 아이디어들을 지지하는 기초에 비추어 그 아이디어들을 판단, 평가하고 그로부터 입증될 결론을 도출해 내는 것이라고 정의된 Dewey의 반성적 사고에 기초를 둔 것이다."

문제 해결의 EOS Kick

( )에 들어갈 말은 '탐구'에 해당한다. '탐구'란 중요한 아이디어를 발견, 명세화, 시험하고 인간과 그의 환경을 판단하는 과정이다. 탐구의 심리학적 근거는 Gestalt 심리학에서 연유한 장(場, field) 이론으로 볼 수 있다.

〈탐구학습 기출 문제〉

> 탐구교수의 장점과 단점을 설명하시오.

① 탐구교수의 장점은 학생들이 학습에 능동적으로 참여하게 됨으로써 긍정적인 자아개념이 형성될 수 있으며, 학생들은 자기 능력으로 문제를 해결할 수 있음을 믿게 되고, 이를 성취할 수 있음을 깨닫게 된다.
② 탐구교수의 단점은 학습지도를 하는 데 시간이 많이 소요되고, 단순한 개념을 많이 전달하는 데는 비효율적이다.

12

다음은 가네(R. Gagné)가 어떠한 학습영역을 설명한 것이다. 어떤 영역인지 제시하시오.

- 학습이나 사고에 대한 통제 및 관리 능력이다.
- 다양한 상황에서의 문제해결 경험을 통해 개발된다.
- 비교적 오랜 기간에 걸쳐 습득되는 창조적 능력이다.

문제 해결의 EOS Kick

가네(R. Gagné)의 학습된 능력은 인지적 영역으로 언어정보, 지적 기능, 인지전략, 정의적 영역으로 태도, 그리고 운동적 영역인 운동기능이다.

학습자의 사고에 대한 통제 및 관리 능력이나 창의적 능력과 관련된 영역은 인지적 영역 가운데 가장 상위 능력인 '인지전략'이다. 인지전략(cognitive strategies)은 우리가 어떻게 정보에 주의집중하고, 기호화해서, 저장, 재생하고, 통제, 조정하며, 수정하는지의 정신적 기술을 의미한다.

13

박 교사가 다음과 같은 수업활동을 시도한 경우를 가네(Gagné)의 교수사태에 적용한다면 어느 단계에 해당하는지 제시하시오.

학습결과	수업기법
지적기능	개념이나 규칙의 여러 가지 구체적인 예를 제공한다.
인지전략	전략을 언어로 기술한 다음 예를 제시한다.
언어정보	더 큰 지식체와 관련시킴으로써 내용을 정교화한다. 즉 심상이나 기억술을 사용한다.
태 도	인간 모델이 행동선택을 설명하거나 시범을 보여준 다음, 모델의 행동에 대한 강화를 관찰하도록 한다.
운동기능	연습을 계속하도록 한다.

문제 해결의 EOS Kick

박 교사는 수업활동에서 가르치려는 내용(학습결과)을 이전 정보와 새로운 정보를 적절히 통합시키고, 그 결과를 장기기억에 저장할 수 있도록 하는 다양한 방법(수업기법)을 활용하고 있다.

이는 가네의 9가지 교수 사태 가운데 '학습안내 제공'의 단계로 볼 수 있다. 이 단계는 학습할 과제의 모든 요소들을 통합시키는 데 필요한 방법을 제시하는 단계에 해당한다.

14

다음의 지문에 해당하는 토의학습 유형의 명칭을 제시하고, 개념을 설명하시오.

> 김 교사는 토의학습을 위해 7~8명의 학생을 학습 집단으로 편성하였다. 토의학습에 참여한 모든 학생이 상호 대등한 관계 속에서 자유롭게 의견을 교환하도록 하였다. 각 집단은 주제에 관련된 사전 지식이 있는 학생을 사회자로 선출하고 기록자도 선정하였다. 김 교사는 구성원 모두가 발언할 수 있는 기회를 가질 수 있도록 안내하였다.

문제 해결의 EOS Kick

토의법 가운데 토의에 참여한 모든 학생들이 상호 대등한 관계 속에서 의견을 나누고, 사회자와 기록자를 선출하도록 하는 등의 방법을 활용하는 형태는 '원탁토의'이다.

원탁토의(round table discussion)란 토의의 가장 기본적인 형태로 참가인원은 5~10명 정도로 소규모 집단 구성을 이룬다. 참가자 전원이 상호 대등한 관계 속에서 정해진 주제에 대해 자유롭게 서로의 의견을 교환하는 좌담형식으로 이루어진다.

15

다음 지문의 김 교사가 활용한 토의식 수업의 명칭을 제시하고, 진행절차를 설명하시오.

> 김 교사는 환경오염에 대한 수업시간에 환경전문가인 강 박사를 초청하였다. 김 교사는 수업방식 및 주제에 대하여 간단히 안내하였다. 강 박사는 학생들에게 약 15분간 지역의 환경오염 방지 방안을 설명하였다. 이후 김 교사의 사회로 학생들은 설명 내용에 대하여 30분간 강 박사와 질의응답 시간을 가졌다.

___

___

___

 문제 해결의 EOS Kick

토의법 가운데 김 교사가 시도한 것은 강 박사와 같은 자원인사나 전문가의 강의 후에 자유롭게 청중들과 질의하는 방법인 '포럼'에 해당한다.

포럼(Forum)은 원래 공개집회라고도 하며 절차는 다음과 같다.
① 적절한 기법에 의해 주제가 소개되고 논의가 전개된 후에 사회자는 청중으로 하여금 의견을 발표하거나 자원인사에게 질문하도록 한다.
② 의견이 있는 청중은 질문을 반복하여 말한 다음 특정 연사나 패널 구성원의 특정인을 지적하며 답변을 요구한다.
③ 지적 받은 사람은 자신의 견해를 요약하여 피력한다.

포럼은 강의식 포럼(Lecture Forum), 심포지엄식 포럼(Symposium Forum), 패널식 포럼(Pnael Forum) 등도 응용되는데, 이는 포럼의 개념이 일정한 형식을 갖춘 연단발표회로서 패널의 변형이기 때문이다.

16

켈러가 밝힌 동기화 요소 4가지를 설명하고, 아래의 지문에서 정 교사가 활용한 학습동기 유발 기법을 제시하시오.

정 교사는 평소 학생들에게 새로운 사례를 제시하여 지적 호기심을 유발한다. 또한 수업 내용이 장래 사회생활에 꼭 필요한 것이고, 선생님의 지도에 따라 열심히 노력하면 좋은 성적을 받을 수 있다고 강조한다.

문제 해결의 EOS Kick

Keller는 동기유발을 위한 수업설계인 'ARCS'모형을 제시하였다. ARCS는 각각 주의집중, 관련성, 자신감 및 만족감을 활용한 동기유발 방법이다.

지문의 정 교사는 새로운 사례를 제시해서 주의집중을 높이거나 수업내용이 장래 사회생활에 필요한 것으로 학생들이 느끼도록 관련성을 높여 동기를 유발하는 전략을 활용하고 있다.

All In One

17

최 교사는 공기를 주제로 과학 수업을 하면서 풍선에 공기를 서서히 불어 넣어 학생들 앞에서 터뜨리기도 하고, 판서할 때 중요한 개념 밑에 노란색으로 밑줄을 그어 그 개념을 강조하기도 하였다. 최 교사의 이런 행동을 가장 잘 설명할 수 있는 학습전략의 명칭을 제시하시오.

 문제 해결의 EOS Kick

학습전략으로서 '주의집중'(attention)이란 환경적 투입 가운데서 어떤 것을 선택하도록 하는 것으로 주의집중은 학습과 기억에 중요한 역할을 한다. 주의집중에 영향을 주는 요소로는 크기, 강도, 신기성, 부조화, 감정, 개인적 중요성 등이 있다.

18

다음은 3가지 학습방법에 적합한 수업활동의 유형, 목표의 중요성에 대한 지각을 설명한 것이다. ㉮, ㉯, ㉰에 해당하는 학습방법을 제시하시오.

	㉮	㉯	㉰
수업활동 유형	• 문제해결력 • 확산적 사고, 창의적 과제	• 구체적 기능이나 지식획득 • 학습과제는 명확하고 특별한 도움이나 혼동이 없도록 구체화된 행동	• 기능의 연습 • 지식 상기와 개관 • 학습과제는 구체화된 법칙으로 명확하게 규정되어 있다.
목표의 중요성에 대한 지각	• 목표는 각 학생들에게 중요한 것으로 지각되므로 자기 집단이 목표를 성취하기를 기대한다.	• 목표는 각 학생들에게 중요한 것으로 지각된다. 그러나 궁극적으로는 자기 자신의 목표를 성취하기를 기대하게 된다.	• 목표는 각 학생들에게 그다지 중요한 것으로 지각되지 않는다. 승리, 패배 중 한 가지를 받아들이게 된다.

_____

_____

 문제 해결의 EOS Kick

㉮는 문제해결력과 창의적 과제학습에 적합하며 학습목표는 각 학생들에게 중요한 것으로 지각되고 자기 집단이 목표를 성취하기를 기대한다는 점에서 '협동학습'에 해당한다.

㉯는 구체적 기능이나 지식을 습득하고 수업목표는 자기 자신이 목표를 성취하기를 기대하는 것은 '개별학습'에 해당한다.

㉰는 학습활동은 기능의 연습이나 지식의 상기와 개관, 목표는 승리, 패배 중 한 가지를 받아들이게 되는 것은 '경쟁학습'이다.

19

개방형 질문의 2가지 유형을 예시와 함께 제시하시오.

 문제 해결의 **EOS Kick**

개방형 질문은 학습자의 다양한 반응을 기대하는 것으로 정답을 설정할 수 없는 즉 학습자의 사고과정을 촉진하기 위한 질문이다. 개방형 질문에는 '발산적 사고를 다루는 질문'과 '평가적 사고를 다루는 질문' 유형이 대표적이다.

① 발산적 사고를 다루는 질문은 어떠한 상황에 대한 이해를 위한 추론의 과정을 드러나게 하는 것으로, 예를 들면 "한강 유역의 환경오염을 방지하기 위해서 정부 혹은 지방자치단체에서는 어떠한 노력을 해야 하는가?"와 같이 문제의 원인에 대한 다양한 가설과 해결책을 탐색하게 하는 질문이 있다.

② 평가적 사고를 다루는 질문은 가장 고차원적인 사고를 드러나게 하는 것으로 인지·기억 사고, 수렴적 사고, 발산적 사고의 과정을 포함하여 자신의 판단, 가치 선택에 대한 입장을 분명히 하는 것을 요구한다. 예를 들면, "정보화 사회가 도래하면 학교교육의 목적을 어떻게 재설정해야 하는가?"와 같은 질문이 그것이다.

20

다음과 같은 특징을 모두 가지고 있는 교수방법의 명칭을 제시하고, 개념을 설명하시오.

- 교사들의 전문성을 최대로 살릴 수 있다.
- 학생 개개인의 능력에 맞추어 다양한 학습 집단에 다양한 교수방법을 제공할 수 있다.
- 교사들이 반복적인 집단수업에서 벗어날 수 있어 학생 개개인에게 많은 시간을 할애할 수 있다.

문제 해결의 EOS Kick

교사들이 전문성을 발휘할 수 있고, 학습 집단에 따라 다양한 교수방법을 활용할 수 있는 방법은 '협동교수'이다.

협동교수(Team Teaching)란 주어진 수업환경에서 학습 집단을 위해 여러 명의 교사가 협동적으로 가르치는 것으로 협동교수의 목적은 교수 인원의 재조직을 통해 교수의 효율성을 제고하는 데 있다.

협동교수 하에서의 교수집단 편성은 Team의 책임자를 정하고 책임자 밑에 상급교사, 교사, 실습교사, 사무보조원 등으로 구성하고 책임자가 전 과정을 책임진다. 학습 집단은 정규의 학급정원을 초과하는 대규모 학습 집단, 동일학년에서 학습영역별, 2-3개 학년을 대상으로 한 교과별 수업집단 등으로 편성한다.

21

교수-학습이론 중 아래에서 설명하고 있는 이론의 명칭과 특징을 설명하시오.

> 먼저 광각렌즈를 통해 사물의 전체적인 모습을 관찰함으로써 각 부분들이 서로 어떠한 관계를 형성하고 있는지 파악할 수 있을 것이다.
> 그 다음 각 부분별로 확대해 들어가 세부사항들을 관찰할 수 있을 것이다. 한 단계 줌인(zoom-in)해서 세부사항들을 관찰한 다음 다시 줌아웃(zoom-out)해서 전체와 부분 간의 관계를 다시 반복적으로 검토할 수도 있다.

_____

_____

문제 해결의 EOS Kick

학습과제를 줌인(zoom-in)과 줌아웃(zoom-out)해서 전체와 부분 간의 관계를 정교하게 조직하는 방법은 '정교화 이론'에 해당한다.

정교화 이론(Elaboration Theory)은 교수설계에 관한 거시적 수준의 이론으로서 여러 개의 아이디어를 어떻게 연결, 계열화하는가에 대한 교수전략이다.

정교화는 교과내용의 특성에 따라 개념적 정교화, 절차적 정교화, 이론적 정교화로 구분된다. 개념적 정교화는 가르쳐야 할 개념을 어떻게 유의미하게 인지구조에 동화시키는가 하는 과정과 관련된다. 절차적 정교화는 목표로 하고 있는 절차적 기술, 즉 "어떻게"라고 하는 기술을 획득하는 최적의 과정을 계열화하는 것이다. 이론적 정교화는 교수내용이 사회, 경제 교과와 같이 "왜"라고 하는 이론적인 것에 기초하고 있는 경우에 사용되는 것을 말한다.

22

다음은 토의법과 협동학습에 대한 세 교사들의 대화이다. 각 교사의 요구에 가장 부합하는 토의법이나 협동학습 방법의 명칭과 특징을 제시하시오.

> 이 교사 : 발표자 중심의 교실 전체 토의수업에서는 나머지 학생들의 참여와 상호작용이 저조한 경우가 많아요. 소집단 토의처럼 학생들이 청중이 아닌 토론의 주체가 되어 활발하게 상호작용하면 좋겠습니다.
> 장 교사 : 저는 협동학습에서 무임승차하는 학생들이 더 문제라고 봅니다. 집단 보상 시에 개인의 성취 결과를 집단 점수에 반영하여 모든 학생들이 책무성을 갖도록 하면 좋겠습니다.
> 김 교사 : 토의법이나 협동학습에서 학생들은 무엇을 어떻게 해야 할지 몰라서 시간을 낭비하는 경우가 종종 있지요. 토의나 협동학습의 주제, 형식과 절차 및 구성원의 역할 분담이 명확하게 제시되면 좋겠습니다.

___

문제 해결의 EOS Kick

이 교사의 요구에 부합하는 것은 '버즈토의'(buzz discussion), 장 교사의 요구에 부합하는 것은 '성취-과제분담(STAD) 학습', 김 교사의 요구에 부합하는 것은 '과제분담학습Ⅱ'(Jigsaw Ⅱ)이다.

① 버즈토의는 3~6명으로 편성된 집단이 주어진 주제에 대해 6분 정도 토의하고, 다른 토의 집단을 만나 토의한 후 전체 집단이 모여 토의 결과를 집결하고 결론을 맺는 방법으로 다인수 학급에서 우수 학습자만이 수업활동을 좌우하고 대다수 학생들은 발표 기회를 갖지 못하는 결함을 제거함으로써 전체 학급 구성원이 적극적인 태도로 학습에 참여하게 한다.

② 성취-과제분담학습은 협동학습 후 개인이 각자 자신의 시험점수를 받고, 과거 시험점수를 초과한 만큼 팀 점수에 기여하게 하는 방법이다.

③ 과제분담학습Ⅱ는 모든 학생이 전체 학습 자료와 과제 전체를 읽고, 자신들이 좋아하거나 원하는 주제를 할당받을 수 있도록 하는 방법으로 과제분담학습Ⅰ과 달리 개별보상에 집단보상을 추가하였다.

23

다음과 같이 사회과에서 아시아 6개국의 문화, 언어, 역사, 경제 정치에 관해 1주간 4시간 수업을 다음과 같이 진행하였다면 이 수업에서 활용한 방법을 제시하시오.

- 30명의 학생을 6명씩 5개의 기본조로 나눈다.
- 기본조의 각 조원은 한 국가씩 책임을 맡아 조사를 한다.
- 맡은 국가가 같은 학생끼리 연구조로 모여 조사해 온 것을 비교·검토·숙지한다.

문제 해결의 EOS Kick

협동학습 모형 가운데 모둠을 2번 구성하는 형태가 '과제분담 학습'(Jigsaw)이다. 과제분담 학습Ⅰ(JigsawⅠ)은 수업 팀 구성 → 개인별 전문과제 부과 → 과제별 모임(전문가팀) → 전문가집단 협동학습 → 원 집단 협동학습 → 개별평가 → 개별점수 산출로 이루어진다.

과제분담학습 Ⅱ(JigsawⅡ)의 수업절차는

① 4-6명의 이질적인 학생들로 구성한다.
② 교재는 팀 구성원 수와 같게 사전에 분절로 만들어 분절된 교재를 각 팀에게 주며 학생들은 자신 있는 주제를 하나씩 맡는다.
③ 주제를 맡은 학생들은 각자 팀에서 나와 동일한 소주제를 지닌 다른 팀 구성원과 합류하여 전문가 집단을 형성한다.
④ 학습이 끝나면 자기 팀으로 돌아와 팀 동료들에게 전문가 집단에서 학습한 내용을 가르친다.
⑤ 학생들은 개인별 형성평가를 받게 되며 향상점수와 팀 점수가 계산되고 보상을 받게 된다.

24

다음과 같은 상황에서 학생들의 불만을 해소하면서, 김 교사가 추구했던 목적도 달성할 수 있는 교수-학습 방법의 명칭과 특징을 제시하시오.

> 경쟁의식이 지나쳐 학생들이 학습에 필요한 정보도 서로 교환하지 않는 교실문화에서 김 교사는 학생들의 협동심을 길러주기 위해 소집단 학습을 시도하였다. 그러나 몇몇 성적이 우수한 학생들이 자기 분단에서 열심히 참여하지 않은 학생들이 있음에도 모두 같은 점수를 받는 것이 공정하지 않다고 불만을 털어놓았다.

___

 문제 해결의 **EOS Kick**

김 교사는 협동학습 정신에 가장 가까운 모형을 활용할 필요성이 있다. 이에 가장 가까운 모형이 '자율적 협동학습'이다. 자율적 협동학습(Co-op Co-op)은 도우미 학습의 형태로 다른 협동 학습과 마찬가지로 주어진 학습 과제를 그룹 구성원들이 협동하여 해결하는 방법이다. 구체적인 절차는 다음과 같다.

① 주어진 주제나 문제에 대해 관심을 촉진하기 위해 학생들끼리 토론을 시작한다.
② 토론이 끝나면 능력과 성별 등이 다양한 학생들로 구성된 팀을 만든다.
③ Jigsaw에서처럼 팀 활동이 이루어진다. 각 팀은 단원의 여러 학습 주제 중에서 각각 하나씩을 선택하여 그에 대해 책임을 지고 해결한다.
④ 각 팀에서는 먼저 선택한 주제를 작은 단위의 학습 주제로 나누고, 그룹 구성원들이 분담하여 연구해서 그 과제에 대한 전문가가 된다. 학생들은 개별적으로 자신들의 주제에 대해 준비한다.
⑤ 다시 팀으로 복귀하여 팀 전체가 학습에 발표할 내용을 준비한다.
⑥ 학급 전체 앞에서 각각의 팀들은 발표를 한다. 발표 방법도 팀에 따라 다르게 할 수 있도록 장려한다.
⑦ 다각적인 평가가 이루어진다. 먼저 각 팀의 측면에서 팀 내 구성원들의 활동에 대한 평가가 이루어지고, 이어 반 전체적인 측면에서 각 팀에 대한 평가가 이루어진다. 일반적으로 교사는 팀보다는 각 개인별로 평가를 실시한다.

25

(가)와 (나)에 해당하는 협동학습 모형의 명칭을 제시하시오.

(가) 교사는 단원을 몇 개의 소주제로 나누어 원 집단에 질문의 형식으로 제시한다. 원 집단의 구성원들은 소주제를 하나씩 나누어 맡는다. 각 구성원은 원 집단에서 나와, 같은 소주제를 맡은 다른 집단의 구성원들과 전문가 집단을 형성하여 맡은 과제를 집중적으로 학습한다. 학습이 끝나면 원 집단으로 돌아가 습득한 전문 지식을 다른 구성원에게 가르친다. 마지막으로 단원 전체에 대해 개별 시험을 치른 후, 집단 보상을 받는다.

(나) 교사와 학생들이 토의를 통해서 학습과제를 선택한 후, 이것을 다시 소주제로 분류한다. 학생들은 각자 학습하고 싶은 소주제를 선택하고, 같은 소주제를 선택한 학생들끼리 팀을 구성한다. 팀 구성원들은 소주제를 더 작은 미니 주제들(mini-topics)로 나누어 개별 학습한 후, 그 결과를 팀 내에서 발표한다. 팀별로 보고서를 작성한 후, 학급 전체에서 발표한다.

___

 문제 해결의 EOS Kick

(가)는 '과제분담학습Ⅱ'(JigsawⅡ), (나)는 '자율적 협동학습'(Co-op Co-op)에 대한 설명이다. 각각의 수업방법은 다음과 같다.

1) 과제분담학습Ⅱ(JigsawⅡ) : 과제분담학습Ⅱ는 '집단 구성 → 개인별 전문 과제 부과 → 전문 과제별 모임 및 전문가 집단에서의 협동학습 → 소속집단에서의 협동학습 → 개별평가 → 개인점수, 향상점수, 집단점수 산출 → 개별보상 및 집단보상'의 절차로 이루어진다. 이 방법은 개별보상에 집단보상을 추가하여 직소 Ⅰ모형보다 보상의 상호의존성을 높인다.

2) 자율적 협동학습(Co-op Co-op)은 24번 문제 참고

26

다음에 제시된 이론에서 강조하는 구성주의 수업의 명칭과 학생과 교사의 역할 2가지를 설명하시오.

- H. Barrows, J. Savery 등에 의해 제안되었다.
- 학습자들은 문제를 협력적이고 자기 주도적으로 해결해 간다.
- 과제에 대한 학습은 물론, 비판적 사고력과 협력기능을 기른다.
- 교수·학습 과정은 실제 발생하는 문제와 상황을 중심으로 전개된다.

___

___

___

 문제 해결의 EOS Kick

바로우즈(Barrows) 등에 의해 제시되고 실제 문제를 중심으로 이루어지는 구성주의 수업방법은 '문제중심학습'(Problem-Based Learning : PBL)이다. PBL의 구조는 'Team학습'과 '자기주도적 학습(SDL)으로 이루어진다. 즉 과제(문제)가 주어지면 Team으로 나누어 각 팀에서 그 과제를 통해 자신들이 학습하게 될 학습목표를 결정하도록 한다. PBL의 목표는 "학습자로 하여금 어떤 문제나 과제에 대한 해결안 혹은 자신의 견해나 입장을 전개하여, 제시하고 설명하며, 나아가 옹호할 수 있도록 하는 것"이다. 즉 첫째, 문제해결능력 둘째, 관련분야의 지식 및 기술의 습득 셋째, 자신의 견해를 분명히 제시, 옹호, 반박할 수 있는 능력 넷째, 협동학습 능력의 배양 등이다.

이 모형에서 학생의 역할은 첫째, 수업에 적극적인 참여와 문제해결자의 역할을 수행하며, 둘째, 실제 맥락 속에서 지식을 구성한다.

반면 교사의 역할은 첫째, 인지적 및 초인지적 조력을 제공하며, 둘째, 학습과정 및 결과를 평가한다.

27

다음은 인터넷을 이용한 원격교육 사례이다. 적용된 학습 유형의 명칭과 개념을 간단히 설명하시오.

> 학생들은 스스로 탐구할 주제를 찾는다(A). 학생들은 이메일이나 인터넷 토론방을 통해 과학자들로부터 과제에 대한 피드백과 지도를 지속적으로 받으면서 실제적인 과학 탐구 경험을 점차적으로 쌓는다(B). 학생들은 과학자들의 도움을 받아 학습결과물을 산출하며, 과학자들은 그 결과물을 연구 자료로 활용한다(C).

문제 해결의 EOS Kick

(A)는 '탐구학습', (B)구성주의 학습방법인 '인지적 도제학습', (C)는 '협동학습'이다.

① 탐구학습이란 학습자들 스스로 탐구기능을 계발하고 교과에 대한 이해를 증진시키며 체계화된 문제해결과정을 강조하는 학습이다.

② 인지적 도제학습이란 학습자 스스로 문제를 해결할 수 없는 영역과 교사나 동료 학습자들의 도움을 받아 해결할 수 있는 영역 즉 근접발달영역이 전제된 구성주의 학습이다.

③ 협동학습(혹은 협력학습)이란 성, 능력, 인종 등에서 이질적인 학생들이 소집단을 구성하여 공통 과제를 서로 돕고, 책임을 공유하면서 다 같이 학습목표를 달성하도록 하는 방법으로 협동학습에서는 팀 구성원들은 서로의 학습과 팀의 성공에 대해서 책임을 지게 되며 집단보상을 공유하는 태도가 요구된다.

28

다음은 데일(Dale)의 경험의 원추모형이다. ㉮, ㉯, ㉰에 들어갈 경험의 명칭과 이 모형의 특징 3가지를 제시하시오.

문제 해결의 EOS Kick

데일의 경험의 원추모형에서 ㉮는 '작동(행동)적 경험', ㉯는 '영상(시청각)적 경험', ㉰는 '상징적 경험'이다.

이 모형의 특징은 학습자에게 제공되는 경험이 구체적인가 추상적인가에 따라 교재의 성격을 규정하며, 다음의 특징들을 나타낸다.

① 학습에서는 직접적인 경험과 추상적인 경험 모두가 필요하다.
② 학습경험을 직접적·목적적 경험, 영상을 통한 경험, 상징적 경험으로 분류하였다.
③ 교재는 학습자의 지적 능력이나 경험에 맞추어 선택한다.

29

교수설계에 대한 대표적인 모형이 딕과 캐리(W. Dick & L. Carey & J. Carey) 모형이다. 다음의 내용을 참고로 이 모형의 각 구성요소 가운데 ㉠~㉣에 들어갈 절차의 명칭과 내용을 제시하시오.

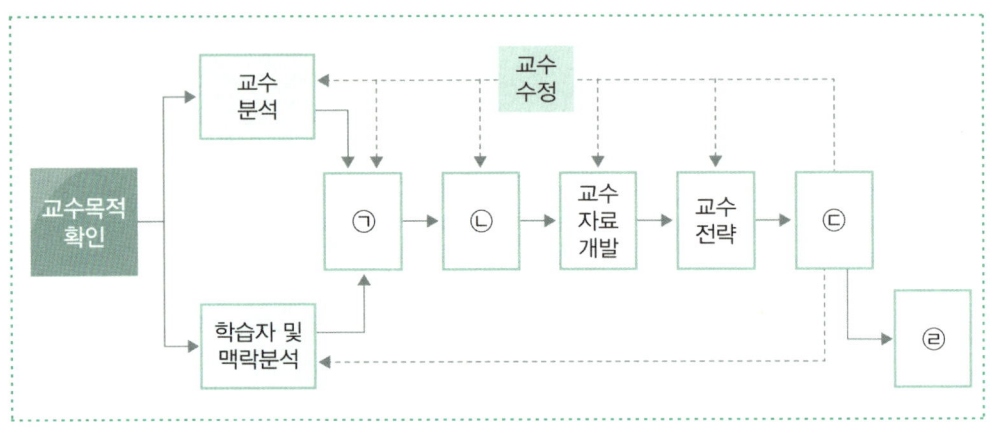

___

___

___

___

 문제 해결의 EOS Kick

　이 모형은 체제적 수업설계모형 중 심화모형으로 ㉠~㉣에 해당하는 명칭과 내용은 다음과 같다.
　㉠은 '수행목표 진술'이다. 수행목표는 학습될 '성취행동', 그 성취행동이 실행될 '조건', 그 수행의 성공 여부를 판단하는 '준거'의 3요소로 구성된다.
　㉡은 '평가도구개발'이다. 목표에서 가르치고자 했던 기능을 학습자가 성취했는가를 알아볼 수 있는 검사문항을 개발하는 것이다.
　㉢은 '형성평가'이다. 교수프로그램의 초안이 완성된 후, 프로그램의 질을 개선하는 데 필요한 자료를 수집하는 평가이다. 형성평가방법으로는 일대일평가, 소집단평가, 현장평가 등이 있다.
　㉣은 '총괄평가'이다. 교수프로그램의 절대적 혹은 상대적 가치를 평가하기 위한 것으로, 형성평가가 완료되고 충분한 수정이 이루어진 후에 실시된다. 보통 외부의 평가자에게 의뢰한다.

30

다음은 하이니히(R. Heinich)가 제안한 ASSURE모형이다. (가)와 (나)의 단계에 해당하는 명칭과 교사가 수행해야 할 일을 설명하시오.

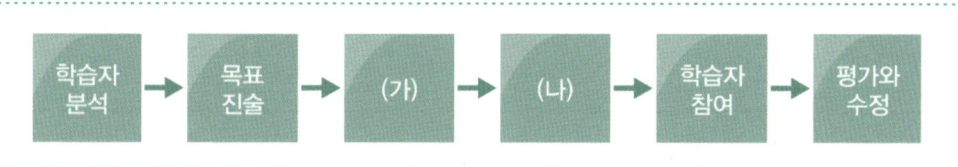

 문제 해결의 EOS Kick

ASSURE 모형은 교실 상황에서 매체를 효과적으로 활용하기 위한 계획에 초점을 둔 절차 모형이다. 이 모형에서

(가)에 해당하는 단계는 '매체의 선정 및 제작'이다. 이때 교사는 적절한 교수매체를 찾아야 하는데 구체적인 방법으로는 첫째, 이미 만들어진 기존의 자료 중에서 적합한 것을 골라서 사용하거나, 둘째, 기존의 자료가 적합하지 않을 때에는 녹음 내용이나 캡션 등을 수정하거나 재편집해서 사용하거나, 셋째, 적절한 교재가 없는 경우는 학습목표 성취에 적합한 것을 새로 제작한다.

(나)에 해당하는 단계는 '매체와 자료의 활용'이다. 이때는 수업 전에 교사는 자료를 면밀히 검토하여 친숙해져 있어야 한다. 이를 통해 교사는 보다 여유 있고 익숙한 태도로 수업을 진행해 나갈 수 있다.

교육평가 & 연구 및 통계 파트 메타 분석 35문항

1

검사의 3가지 기능을 설명하시오.

 문제 해결의 **EOS Kick**

검사는 교수적 기능, 행정적 기능, 상담적 기능을 담당한다.
① 교수적 기능은 교사들에게 교과의 목표를 확인시켜 주고 학생과 교사들에게 피드백을 제공하고 학습동기를 유발하고 학습태도를 수정하도록 하는 것을 말한다.
② 행정적 기능은 검사를 통해 입학, 입사, 자격증 부여, 선발 및 배치 등을 담당하는 것을 말한다.
③ 상담적 기능은 적성검사, 흥미검사, 성격검사 등을 통해 피험자가 지니고 있는 문제점을 발견하는 것을 말한다.

2 다음에서 강조하는 평가관의 명칭과 특징을 설명하시오.

- 인간의 특성을 하나의 검사나 도구로 평가하는 것이 아니라 다양한 방법을 동원하여 종합적으로 평가한다. 머레이(Murray)가 처음 사용하였다.
- 개인에 관한 증거와 환경에 관한 증거 사이에 존재하리라고 상정되는 가능한 관계를 분석함으로써 상호작용을 분석하고, 예언, 실험, 분류에 활용된다.
- 원래 군사첩보 요원 양성을 위해 첩보요원으로서의 적성을 알기 위해 평가요원들이 계속적인 관찰 속에 소집단으로 구성하여 생활하게 하며, 상황검사, 적성검사, 투사적 방법, 집중 면담 등을 실시한 데서 비롯되었다.

문제 해결의 EOS Kick

Murray가 처음 사용하였고, 인간의 특성을 다양한 방법으로 종합적으로 평가하는 것은 '총평'을 말한다. 총평은 전인적인 평가로 개인의 행동특성을 특별한 환경, 특별한 과정, 특별한 준거 상황에 관련시켜 의사를 결정하는 일이다.

3

㉮, ㉯, ㉰에 해당하는 평가관의 명칭을 제시하시오.

	㉮	㉯	㉰
환경에 대한 관점	• 환경의 불변성에 대한 신념 • 환경 변인의 통제 및 영향의 극소화 노력 • 환경을 오차변인으로 간주	• 환경의 변화에 대한 신념 • 환경 변인의 이용 • 환경을 행동변화의 자원으로 간주	• 환경의 변화에 대한 신념 • 환경과 학습자의 상호작용을 활용 • 환경을 학습자 변화의 한 변인으로 간주
인간 행동관	• 항구적이고 불변적인 것으로 간주 • 개인의 정적(靜的) 특징	• 안정성이 없고 가변적인 것으로 간주 • 개인의 변화하는 특성	• 환경과의 상호작용에 의해 가변적인 것으로 간주 • 환경과 개인의 역동적 관계에서 변화하는 특성

㉮   ㉯   ㉰

 문제 해결의 **EOS Kick**

㉮는 '측정관', ㉯는 '평가관', ㉰는 '총평관'을 말한다.

측정은 환경의 불변성에 대한 신념을 기초로 환경을 오차를 발생시키는 변인으로 보며, 평가란 인간의 행동은 환경에 따라 변화하는 것으로 간주한다. 총평은 인간 행동은 환경과의 역동적 관계 속에서 변화하는 것으로 본다.

4

다음 세 명의 교사들이 주장하는 교육평가 모형의 명칭을 각각 제시하시오.

김 교사 : 목표 달성 여부를 확인하기 위해 프로그램에 참여한 학생들의 학업성취도를 평가하는 것이 좋겠습니다.
이 교사 : 제 생각에는 평가의 주된 목적은 프로그램 개선을 위한 의사결정을 돕는 데 있다고 봅니다. 이를 위해서는 상황, 투입, 과정, 산출의 네 가지 측면에서 프로그램을 평가하는 것이 좋다고 생각합니다.
박 교사 : 저는 프로그램의 부수적인 효과까지 평가 항목에 포함해 분석하는 것이 더 좋다고 생각합니다. 목표달성에는 실패했지만 부수적인 효과가 큰 경우 그 프로그램을 계속 채택할 수 있기 때문입니다.

김 교사 :   이 교사 :   박 교사 :

문제 해결의 EOS Kick

김 교사는 목표달성 여부를 강조하는 타일러(Tyler)의 '목표중심 모형', 이 교사는 상황, 투입, 과정, 산출이라는 4가지 측면을 반영한 스터플빔(Stufflebeam)의 'CIPP 모형', 박 교사는 스크리븐(Scriven)의 '탈목표 모형'을 주장하고 있다.

Tyler의 모형에서는 목표가 핵심적인 위치를 차지한다. 목표는 과정 계획, 수업자료 선정, 수업 절차 개발, 검사제작의 지침과 준거의 역할을 수행한다.

CIPP모형은 평가를 운영자에게 필요한 정보를 기술·획득·제공하는 과정으로 보고, 평가의 목적을 달성하기 위해서는 해결해야 할 질문의 결정, 필요한 정보를 획득하는 방법의 결정, 수집한 정보를 보고하는 방법의 결정 등의 절차를 중시한다.

탈목표 평가에서는 목표가 달성되었느냐에 관심을 둘뿐만 아니라 목표의 질도 고려해야 한다는 점을 강조한다.

All In One

5

아래 A교사가 지닌 교육관과 선호하는 평가유형을 지문에 근거하여 제시하시오. 또한 B교사가 말하는 평가의 유형을 제시하고 그 평가가 지니는 장점을 설명하시오.

> A교사는 어떤 학생이건 자기 수준에 맞는 적절한 학습경험이 제공되면 올바른 학습 습관과 지적 성장을 이루어 갈 것이라고 생각한다. 따라서 A 교사는 학생들이 교육과정을 통해 얼마나 성장하고 있는가에 관심을 둔다. 최종 성취수준에 대한 관심보다는 초기 성취수준에 비추어 얼마나 능력의 향상을 보이고 있는가를 중시한다.
> B교사는 해당 학년에서 성취해야 할 교육과정상의 목표가 있으며 그 성취정도를 평가해 성취목표 달성수준에 대한 정보를 제공하고, 학습자가 성취목표를 달성할 수 있도록 효과적으로 돕는 것이 중요하다고 생각한다.

 문제 해결의 EOS Kick

　A 교사가 어떤 학생이건 자기 수준에 맞는 적절한 학습경험이 제공되면 올바른 학습습관과 지적 성장을 이루어 갈 것이라고 주장하는 것은 '발달적 교육관'을 지닌 것으로 파악되고, 지문에서는 학생들이 교육과정을 통해 얼마나 성장하고 있는가에 관심을 둔 평가 유형인 '성장참조 평가'를 나타내고 있다.

　B 교사는 해당 학년에서 성취해야 할 교육과정상의 목표가 있고 그 성취정도를 평가한다고 말하는 것으로 보아 '준거참조 평가'를 강조하고 있다.

　준거참조 평가의 장점은
　① 수업목표의 달성도를 파악하는 것이 가능하고,
　② 무엇을 알고 무엇을 모르는가에 대한 직접적인 정보를 제공해 줄 수 있다는 점이다.

6

다음에서 최 교사가 제시한 평가유형의 명칭을 제시하고 단점 2가지를 설명하시오. 또한 학부모가 원하는 정보를 제공하는 데 가장 적합한 평가 유형의 명칭을 제시하고 장점 2가지를 설명하시오.

학부모 : 우리 은주의 수학시험 성적은 어떤가요?
최교사 : 반에서 10등쯤 합니다.
학부모 : 그런가요? 그런데 저는 등수보다 우리 아이가 무엇을 할 줄 아는지, 어느 부분에서 어려움을 나타내고 있는지 등을 알고 싶어요.

문제 해결의 EOS Kick

최 교사가 성적을 발한 것은 은주의 성적을 반에서 10등에 해당한다고 말한 것은 상대적 위치를 말하는 상대평가 혹은 '규준참조 평가'를 말하고 있는 것이다. 규준참조 평가란 한 학생의 학업성취도를 학생상호 간의 상대적 비교를 통해서 성적을 결정하는 방법이다. 규준참조 평가의 단점은
   ① 수업목표의 달성도를 파악하기 어렵다는 점
   ② 서로 다른 두 집단의 비교가 곤란하다는 점 등이 있다.
지문에서 학부모가 알기를 원하는 것은 아이의 등수보다는 무엇을 할 줄 아는지 혹은 무엇에 어려움을 겪고 있는지에 대한 것이다. 이에 관한 정보를 제공해 주기 위한 평가는 준거참조 평가이다.
준거참조 평가란 교수목표의 달성도에 따라 한 개인의 성적을 결정하는 평가방법으로 한 학생이 '무엇을 성취했는가'에 더 관심을 갖는다. 이러한 준거참조 평가의 장점은
   ① 수업목표의 달성도 파악이 가능하다는 점
   ② 능력이 서로 다른 두 집단의 비교가 가능하다는 점 등이 있다.

7

다음 4명의 교사들이 관심을 두는 평가 유형의 명칭을 제시하고 개념을 설명하시오.

A 교사는 학생들의 상대적 서열에 초점을 맞춰 능력의 변별에 관심을 둔다.
B 교사는 학생들의 성장단계를 고려해 학년별 성취목표의 달성여부에 관심을 둔다.
C 교사는 학생들이 자신의 능력수준에서 그 능력을 얼마나 발휘하느냐에 관심을 둔다.
D 교사는 교수·학습 과정을 통한 변화에 관심을 두며 초기 능력수준에 비해 얼마만큼 능력의 향상을 보였느냐를 강조한다.

 문제 해결의 EOS Kick

A 교사와 같이 상대적 서열에 관심을 둔 것은 '규준참조 평가'이다. 규준참조 평가는 한 학생의 학업성취도를 학생 상호 간의 상대적 비교를 통해서 성적을 결정하는 평가방법이다.

B 교사는 성취목표의 달성여부에 관심을 둔다. 이것은 '준거참조 평가'이다. 준거참조 평가는 어떤 기준 또는 교수목표의 달성도에 따라 한 개인의 성적을 결정하는 평가방법이다.

C 교사는 능력의 발휘에 관심을 둔다. 이를 '능력참조 평가'라고 한다. 능력참조 평가는 학생이 지니고 있는 능력에 비추어 얼마나 최선을 다했느냐에 초점을 두는 평가로 학생 개인이 지니고 있는 능력을 얼마나 발휘하였느냐에 관심을 두는 평가이다.

D 교사의 관심은 '성장참조 평가'이다. 성장참조 평가는 교육과정을 통해 얼마나 성장하였느냐에 관심을 두는 평가방법으로 초기 능력수준에 비추어 얼마만큼 능력의 향상을 보였느냐를 강조하는 평가이다.

8

지문의 박 교사, 최 교사, 김 교사가 중점을 두고 실시하고 있는 평가유형의 명칭을 제시하고 개념을 설명하시오.

푸른 중학교는 소규모 학교로 2학년 담임교사가 세 명이다. 이들은 교육과정을 운영해 가는 방식에서 차이를 보인다.

박 교사는 학생의 지적 능력은 일반적인 단일 능력이기 때문에 지능이 높은 학생은 전 교과에서 높은 성취를 보일 것이라고 생각한다. 박 교사는 모든 영역에서 고른 성취를 강조하고 열심히 공부하는 학급분위기를 조성하기 위해 학생 간 상호경쟁을 유도하고 있다. 또한 우수한 학생과 열등한 학생을 변별하여 개인의 상대적 위치를 확인시켜 주기 위해 평가활동을 활용하고 있다.

최 교사는 어떤 학생이건 자기 수준에 맞는 적절한 학습경험이 제공되면 올바른 학습습관과 지적 성장을 이루어 갈 것이라고 생각한다. 따라서 최 교사는 학생들이 교육과정을 통해 얼마나 성장하고 있는가에 관심을 둔다. 최종 성취수준에 대한 관심보다는 초기 성취수준에 비추어 얼마나 능력의 향상을 보이고 있는가를 중시한다. 최 교사는 학생들의 학습을 돕고, 학생의 노력과 성취의 변화과정을 확인하기 위한 목적으로 평가를 한다.

김 교사는 해당 학년에서 성취해야 할 교육과정상의 목표가 있으며 그 성취정도를 평가해 성취목표 달성수준에 대한 정보를 제공하고, 학습자가 성취목표를 달성할 수 있도록 효과적으로 돕는 것이 중요하다고 생각한다. 이와 같은 생각에서 김 교사는 교육과정을 백워드(backward) 방식으로 설계하는 것이 적절하며, 이는 성취기준과 교육의 책무성이 강조되는 최근 상황에도 부합된다고 본다. 또한 김 교사는 학생들의 성취목표 도달 정도를 확인해 이미 학습목표를 성취한 학생들과는 학습계약을 맺어 별도의 학습과제를 부여해 수업시간을 낭비하지 않도록 하고 있다.

 문제 해결의 EOS Kick

박 교사는 학생들의 상대적 위치를 확인하기 위한 평가활동을 활용하고 있다. 이를 위한 평가 유형은 '규준참조 평가' 혹은 상대평가이다.

최 교사는 학생들이 교육과정을 통해 얼마나 성장하고 있는가에 관심을 두는 평가를 실시하고 있다. 이런 평가유형은 '성장참조평가'이다.

김 교사는 교육과정상의 목표달성도에 중점을 둔 평가방법을 활용하고 있다. 이런 평가 유형은 '준거참조 평가'이다.

9

강 교사는 학기 초에 다음과 같은 교육계획표를 작성하였다. 강 교사가 작성한 교육계획표에 나타난 평가 유형들의 명칭을 제시하고 개념을 설명하시오.

평가계획	• 평가시점에 따라 적절한 평가 전략을 구상할 것 • 교과나 단원의 학습을 위해 특정 출발점 행동을 확인할 것 • 교수-학습이 진행되는 중간에 학생의 학습 진전 상황에 관한 정보를 수집·분석할 것

문제 해결의 EOS Kick

수업의 진행을 준거로 평가의 시점에 따라 진단-형성-총괄평가로 나눌 수 있다. 위의 계획표에서는 교과나 단원의 학습을 위해 출발점 행동을 확인하는 '진단평가'와 교수-학습이 진행되는 중간에 학생의 학습 진전 상황에 관한 정보를 수집 및 분석하는 것을 목적으로 하는 '형성평가'를 말하고 있다.

진단평가는 특정한 수업을 시작하기에 앞서 학생들의 적성, 선수학습 정도, 경험 배경 등을 파악해서 학업성취를 높이기 위해 실시하는 평가이다.

형성평가는 교수학습이 진행되는 중간에 학생에게 피드백을 주고, 수업을 점검하며 개선하기 위해 실시하는 평가이다.

10

다음의 ㉠~㉣에 들어갈 평가유형을 제시하시오.

① 수업 시작 전에 학생의 학습 준비도를 확인하기 위해 (㉠)를 실시하였다.
② 수업을 진행하면서 수업 내용과 관련된 학생들의 오류와 문제점을 확인해서 피드백하기 위해 (㉡)를 실시하였다.
③ 학생들 간의 상대적 서열보다는 학생이 무엇을 성취하였는가를 확인하기 위해 (㉢)를 실시하였다.
④ 실시된 평가의 장단점을 평가관련자에게 알려주고 평가의 질적 개선을 도모하기 위해 (㉣)를 실시하였다.

문제 해결의 EOS Kick

㉠은 수업 시작 전에 학생의 학습 준비도를 확인하기 위한 평가는 '진단평가',
㉡은 수업 진행 과정에서 수업내용이나 학생들의 오류와 문제점을 확인하기 위한 평가는 '형성평가',
㉢은 상대적 서열보다는 수업목표 달성도를 확인하기 위한 평가는 '준거참조 평가'
㉣은 평가의 장단점을 평가관련자에게 알려주고 평가의 질적 개선을 목적으로 하는 평가는 '메타평가'에 해당한다.

11

다음의 D 교사가 말하는 과정중심 평가방법의 목적 2가지와 정의적 영역을 평가하는 방법 2가지를 제시하시오.

> D 교사는 교사 워크숍에서 아래와 같이 학생중심의 평가가 필요하다고 주장하고 있다.
> "평가는 학습의 결과뿐만 아니라 학습의 과정을 평가하여 모든 학생이 교육 목표에 성공적으로 도달할 수 있도록 해야 합니다. 또한 학교는 학생의 인지적 능력과 정의적 능력에 대한 평가가 균형 있게 이루어질 수 있도록 해야 한다고 생각합니다."

문제 해결의 EOS Kick

D 교사는 평가방법의 변화를 강조하고 있다. D 교사가 주장하고 있는 교육의 과정중심 평가의 대표적인 방법은 '형성평가'에 해당한다.

형성평가는 1967년 스크리븐(Scriven)에 의해 제시된 것으로, 수업과정에서 학생들에게 피드백을 주고, 교사의 수업방법 등을 개선하기 위한 평가방법이다.

형성평가의 목적은 첫째, 학습속도를 조절함으로써 학습의 개별화를 추구하며, 둘째, 학습곤란의 진단과 교사의 교수법을 개선하고자 함이다.

정의적 영역을 평가하는 방법으로는 관찰법, 질문지법, 평정법, 체크리스트법, 의미분석법, 투사법 등 매우 다양하다.

이 가운데 의미 분석법은 인간의 태도나 감정, 느낌이나 어떤 대상에 대한 개념의 인식을 심리적 의미로 분석하여 의미 공간상의 위치로 표현하는 방법이다. 투사법은 인간의 심층에 자리 잡고 있는 정의적 특성을 불확실한 자극에 투사시켜 파악하는 방법으로 개인의 욕구, 감정, 동기 등을 밖으로 끌어내기 위해 비구조적 자극을 사용한다. TAT검사, 잉크반응검사, 그림좌절검사, 문장완성검사 등이 대표적인 방법들이다.

12

다음의 계획에 나타난 평가유형을 도입해야 할 필요성을 설명하고, 그러한 평가가 가져다주는 장점을 제시하시오.

평가 계획	• 표준화 검사 위주의 전통적 평가 방식에서 탈피함 • 학생 스스로 자신의 지식과 기능을 나타낼 수 있도록 산출물을 만들거나 행동으로 표현할 수 있는 기회를 허용함 • 교사는 학생평가를 통해 전통적 검사에서 보기 힘든 학력, 습관적 사고, 작업방법, 실세계에서 중요한 활동을 관찰할 수 있어야 함

_____

_____

_____

_____

문제 해결의 EOS Kick

평가 계획에서 표준화 검사 위주의 전통적 평가방식에서 탈피하려는 것은 '수행평가'의 도입과 맞물린다. 수행평가는 습득한 지식, 기능을 실제 생활에서 얼마나 잘 수행하는지를 다양한 방법으로 종합적인 판단을 하려는 것이다.

수행평가는 21세기 지식 정보사회가 요구하는 고등정신능력의 필요성과 앎과 행의 일치를 강조하는 분위기에서 등장하였다. 이와 연결하여 수행평가의 장점으로는

① 선다형의 지필평가에서 벗어나 수행평가를 실시함으로써 단편적이고 사실적 지식의 암기 능력보다는 정보의 탐색, 수집, 분석, 비판, 종합능력을 배양할 수 있다.

② 수행평가를 통해 인지적인 면과 함께 아는 것을 실제로 적용할 수 있는지의 여부를 파악할 수 있게 된다.

13

다음은 평정법(rating scale method)에 의해서 학생의 수행을 평가할 때, 평정자에 의해 발생할 수 있는 오류의 유형을 설명한 것이다. ㉮ ~ ㉰에 들어갈 오류의 명칭을 제시하시오.

- (㉮)는 전혀 다른 두 가지 행동 특성을 비슷한 것으로 생각해서 평정하는 경향을 말한다.
- (㉯)는 평정대상에 대해 가지고 있는 특정 인상을 토대로 또 다른 특성을 좋게 또는 나쁘게 평정하는 경향을 말한다.
- (㉰)는 아주 높은 점수나 낮은 점수는 피하고 평정이 중간 부분에 지나치게 자주 모이는 경향을 말한다.

___

___

문제 해결의 EOS Kick

평정법(rating method)을 사용함에 따라 발생할 수 있는 오류로는 집중경향의 오류(대부분의 평정이 평정척의 중앙부에 몰려 있는 경향), 논리적 오류(한 평정자가 2개 이상의 특성을 동시에 잴 때 각 특성 간의 논리적 구분을 하지 못해 비슷한 특성에 비슷한 평정을 주는 경우), 후광효과는 평정자의 편견이나 선입관이 작용하는 경우, 그 밖에 대비의 오류, 근접의 오류 등이 있다.

㉮는 '논리적 오류'(logical error), ㉯는 '후광 효과'(halo effect), ㉰는 '집중경향의 오류'(error of central tendency)이다.

14

다음의 대화에서 김 교사가 범하고 있는 평정 오류의 명칭을 제시하시오.

박 교사 : 이제 학생들의 실기평가 채점을 하도록 하지요. 오늘 학생들 중에서 제일 잘한 학생을 누구로 할까요?
이 교사 : 철수가 제일 연기를 잘한 것 같아요. 동작의 섬세함이나 대사의 표현력에서 다른 학생들보다 더 뛰어나게 연기한 것 같아요.
김 교사 : 그래요? 저는 철수가 평가장에 들어올 때부터 첫 느낌이 좋지 않았어요. 그래서 연기력도 별로인 것 같아 낮은 점수를 주었어요.

 문제 해결의 **EOS Kick**

  김 교사는 철수가 들어올 때부터 느낌이 좋지 않았다는 이유로 연기력 평가에서 낮은 점수를 주었는데 이는 '인상의 오류'(error of halo effect)와 관련된다.
  김 교사는 피평정자에 대한 일반적인 인상이 현재 평정하고 있는 특성의 평정에 영향을 주는 데서 범하는 오류인 인상의 오류를 범하고 있다.

15

교사가 교수법을 강의법, 소집단 학습법, 탐구법, 현장 조사법으로 분류하고, 각각의 교수법에 1, 2, 3, 4의 숫자를 부여하였다면, 부여된 숫자는 무슨 척도인지 제시하시오.

 문제 해결의 EOS Kick

'명명척도'(nominal scale)란 어떤 대상을 이름 대신에 일정한 숫자를 붙이는 것을 말한다. 자동차 번호, 선수의 등 번호, 좌석 번호, 성별, 직업, 거주 지역, 교수법, 최빈치 등이 대표적이다.

16

김 교사는 수학시험을 치른 후 학급학생들의 점수를 0점에서 100점까지 매기고, 학급학생들의 평균점수와 표준편차를 산출하였다. 이때의 수학점수는 무슨 척도인지 말하시오.

문제 해결의 EOS Kick

'동간척도'(interval scale)란 동간성이 보장된 척도로 가감의 연산이 가능하다. 절대영점(absolute zero)이 아닌 가상적 영점과 가상적 측정단위를 가지며 측정단위 간에 동간성이 유지된다. 온도계의 눈금, 원점수, IQ점수, 평균, 표준편차 등이 대표적이다.

17. 스테나인(stanine) 점수(척도)의 개념을 설명하시오.

 문제 해결의 EOS Kick

스테나인 점수란 정규분포상에서 1점부터 9점까지 한 자리 숫자로 크게 묶고자 할 때 적용되는 것으로 정규분포에 비추어 9개의 척도치로 원점수를 전환하여 표시한 점수이다. 스테나인 점수는 평균을 5, 표준편차를 2로 가정한다.

18

다음의 A 교사가 채점절차를 통해 확보하려는 평가도구의 구비조건을 설명하시오.

> A 교사는 논술 시험의 답안을 채점할 때 수험자의 이름을 가리고, 복수의 채점자가 채점한 결과를 합하여 평균을 내었다.

 문제 해결의 EOS Kick

A 교사가 채점을 할 때 수험자의 이름을 가리고 복수의 채점자가 채점한 결과를 합하여 평균을 낸 것은 채점의 신뢰도, 즉 '객관도'를 높이고자 한 방법이다.

객관도는 채점자에 의해 좌우되는 신뢰도로 평가자의 소양이나 다수가 공동으로 평가하는 경우와 같은 논술시험의 채점에서 논란의 소지가 될 수 있다.

19

다음은 수학시험이 끝난 후에 교사와 학생이 나눈 대화의 내용이다. 학생이 제기하고 있는 검사도구의 양호도의 명칭과 이에 영향을 주는 조건을 3가지 이상 제시하시오.

교사 : 이번 시험은 수업시간에 배운 공식만 알면 풀 수 있는 아주 쉬운 문제였지요?
학생 : 저도 그 공식은 잘 아는데, 시험에 나온 어휘들이 너무 어려워서 문제를 이해할 수 없었어요. 이번 시험은 수학보다 국어를 잘하는 학생한테 유리한 것 같아요.

문제 해결의 EOS Kick

검사도구의 양호도 가운데 수업목표에서 다룬 내용을 포함하거나 문항의 어휘가 학습자의 어휘 수준 등과 관련된 것은 타당도 가운데 '내용 타당도'와 관련된다. 내용 타당도에 영향을 주는 조건으로는
  ① 선정된 문항이 교육목표나 수업목표에 일치하는가?
  ② 문항이 교과내용을 골고루 포함하고 있는가?
  ③ 문항곤란도가 피험자의 수준에 적합한가?
  ④ 문항 표집이 모집단을 적절하게 대표하고 있는가? 등이 있다.

〈유사 출제지문〉

중학교에서 국어를 가르치고 있는 김 교사는 다음과 같은 방법으로 학기말 시험문제를 출제하였다. 우선 이원분류표에 근거하여 수업목표 및 교수·학습과정에서 중요하게 다루었던 내용들을 확인하였으며, 이것들을 중심으로 학기말 시험문제를 출제하였다. 시험문제를 출제한 후 국어 교과 전문가와 협의하여 자신이 출제한 문항들이 대표성을 가지고 있는 문항표집인지 점검하였다.

내용타당도는 검사가 측정하고자 하는 속성을 대체로 측정하였는지를 전문가가 주관적으로 판단하는 타당도로, 수업 목표가 준거가 되기 때문에 교육목표를 세분화하는 이원분류표를 활용함으로써 타당도를 높일 수 있다.

20

다음은 4명의 교사들이 각자 검사도구의 타당도를 확인하는 방법을 진술한 것이다. 각 교사들이 사용한 타당도의 명칭과 개념을 설명하시오.

- A 교사는 성격검사의 타당도를 검증하기 위해 성격심리학을 전공한 전문가 집단에게 성격검사 문항에 대한 내용 분석을 의뢰하였다.
- B 교사는 새로 개발한 지능검사의 타당도를 검증하기 위해 이미 타당성을 인정받고 있는 표준화된 지능검사와의 상관계수를 추정하였다.
- C 교사는 불안 수준 검사의 타당도를 검증하기 위해 불안 수준을 구성하는 3개 하위 요인(자신감, 도전성, 개방성) 간의 상관계수를 추정하였다.
- D 교사는 대학 수학능력 시험의 타당도를 검증하기 위해 대학 수학능력 시험 점수와 대학 학점 간의 상관계수를 추정하였다.

 문제 해결의 **EOS Kick**

　A 교사가 성격검사의 타당도를 검증하기 위해 전문가에게 문항에 대한 내용 분석을 의뢰한 것은 '내용 타당도'이다. 내용 타당도 추정 방법은 검사내용 전문가가 검사에서 측정하고자 하는 속성을 제대로 측정하였는가를 전문 지식에 의해 검증된다.

　B 교사가 새로운 검사의 타당도를 검증하기 위해 기존의 검사와 상관계수로 추정하는 것은 '공인 타당도'이다. 공인 타당도 검증은 새로운 검사를 제작하였을 때 기존에 타당성을 보장받고 있는 검사와의 유사성 혹은 연관성에 의해 타당성을 검증하는 방법이다.

　C 교사가 활용한 방법은 인간의 심리적 특성이나 성질을 심리적 구인으로 분석하여 조작적 정의를 내린 후, 규명한 심리적 구인들을 검사점수가 제대로 측정하였는가를 검증하는 '구인 타당도'를 확인한 사례이다.

　D 교사는 대학 수학능력 시험의 타당도를 검증하기 위해 대학 수학능력 시험 점수와 대학 학점 간의 상관계수를 추정하였다. 이것은 '예언 타당도'를 검증하는 방법이다.

21

검사 도구의 신뢰도를 높이는 방법을 3가지 이상 설명하시오.

___

 문제 해결의 EOS Kick

검사도구의 신뢰도를 높이는 일반적인 방법들은 다음과 같다.
① 검사의 길이를 늘린다. 검사의 문항들이 동질적인 것이면 문항의 수를 늘리면 신뢰도가 높아진다.
② 곤란도가 중간정도인 것을 많이 쓴다. 문항이 너무 어렵거나 너무 쉬운 문제는 신뢰도를 떨어뜨린다.
③ 변별도가 높은 문항을 보다 많이 사용한다. 내용의 범위를 좁힐 때 문항 간의 동질성을 유지하기 쉽기 때문에 신뢰도가 높아진다.

22. 문항분석의 의미와 문항분석의 고전적 방법 2가지를 제시하시오.

 문제 해결의 EOS Kick

  문항분석이란 검사의 각 문항이 본래의 기능을 제대로 수행하고 있는지를 확인하고 검토해 보는 작업을 말한다.
  문항분석의 고전적 방법으로는 대표적으로 '문항 곤란도'와 '문항 변별도'가 있다. 문항 곤란도란 문항이 쉽다 또는 어렵다 등을 검증하는 방법이고, 문항 변별도란 각 문항이 얼마만큼의 능력의 상·하를 변별해 내는가의 방법이다.

23

사회성 측정법을 실시하는 데 유의할 점들을 제시하시오.

 문제 해결의 EOS Kick

사회성 측정법(sociometric test)을 실시하는 데 있어 유의할 점들은 다음과 같다.
① 가급적 학생들의 이해도가 높은 학급담임이 하는 것이 좋다.
② 결과는 학생들에게 절대로 알리지 않는다.
③ 집단의 한계가 명시되어야 한다.
④ 한정된 집단 구성원 전원이 조사 대상이 되어야 한다.
⑤ 저학년 아동들은 개별면접으로 하는 것이 좋다.

24

다음과 같은 특징을 갖는 검사법의 명칭과 개념을 설명하시오.

- 학생의 드러나지 않는 욕구, 충동, 감정, 상상, 갈등 등을 조사한다.
- 불분명한 장면을 담은 그림들을 제시하고, 학생이 그 그림을 보고 과거-현재-미래의 이야기를 꾸며 보도록 한다.
- 결과를 해석하기 위해서는 전문적 훈련과 경험이 요구된다.

문제 해결의 EOS Kick

학생의 욕구, 충동이나, 불분명한 장면을 담은 그림을 제시하고 이야기를 꾸며 보도록 하는 연구방법은 '투사법'에 해당한다. 이 중 지문은 TAT를 말하고 있다.

머레이(H.A. Murrray)의 주제통각 검사(TAT 검사)는 인간은 불명료한 사회장면을 해석할 때 무의식 속에 잠재해 있는 성격의 여러 측면을 드러낸다는 이론적 배경을 기초한다. 연구방법은 주제가 있는 30매의 불명료한 그림과 한 장의 백색카드로 구성된 그림을 보여 주고 그 반응을 분석한다. 분석방법은 주인공, 욕구, 압력, 결과, 주제, 관심 등에 관해서 성격 특성을 해석하는데 이 방법은 연구자의 주관적 해석에 의존하므로 연구의 객관도가 문제시된다.

25

지문과 같은 특징을 지닌 연구방법의 명칭과 특징 2가지를 제시하시오.

- 연구자들은 가능한 한 냉정하고 객관적이어야 한다.
- 어떠한 경우에 있어서도 자신들이 연구하고 있는 것을 측정할 수 있어야 한다.
- 실험조건을 통제해야만 한다.
- 보편적으로 적용될 수 있는 결과가 나오도록 연구절차를 수행해야 한다.
- 미래에 대해 예측할 수 있어야 한다.

 문제 해결의 EOS Kick

연구방법은 크게 양적 연구와 질적 연구로 구분된다. 그중 양적 연구는 실증주의에 기반을 두고, 질적 연구는 현상학 혹은 해석학에 기반을 둔 연구방법이다. 〈제시문〉에서 연구자들은 객관적인 태도를 취하거나 실험조건을 통제한다거나 예측 등을 강조하는 것은 '양적 연구' 방법에 해당한다. 양적 연구의 특징은

① 인간의 실재를 형성하는 인간의 특성과 본질이 존재한다고 가정하며,

② 행위 현상을 인과관계로 설명하며, 연구의 일반화가 가능하다는 점을 들 수 있다.

	양적 연구	질적 연구
실재의 본질	• 객관적 실재를 형성하는 인간의 특성과 본질이 존재한다고 가정한다. • 복잡한 paradigm에 관련된 변인들에 대한 연구가 가능하다.	• 객관적 실재라고 일반화시킬 수 있는 인간의 속성과 본성은 없다고 가정한다. • 단편적인 연구가 아닌 총체적 연구의 필요성을 주장한다.
인과 관계	• 결과에 시간적으로 선행하거나 동시에 일어나는 원인이 실재한다고 본다.	• 원인과 결과의 구분이 어렵다.
연구 목적	• 일반적 원리와 법칙을 발견한다. • 인과관계 혹은 상관관계를 파악한다.	• 특정 현상에 대한 이해를 목적으로 한다. • 특정 현상에 대한 해석이나 의미의 차이를 이해하려고 한다.

26

다음에서 설명하는 교육연구방법의 명칭을 제시하시오.

- 개별적 연구의 결과를 통합할 목적으로 다수의 관련 선행연구를 재분석한다.
- 통계적 방법을 활용하여 선행연구에서 밝힌 독립변인이 종속변인에 미치는 크기를 분석한다.

문제 해결의 EOS Kick

'메타분석'(Meta-Analysis)이란 동일한 연구 문제에 대한 누적된 연구결과들을 종합적으로 검토하는 계량적 연구방법으로 기존의 문헌연구에서 연구자의 주관적 견해에 따른 연구의 편파성을 극복하고 선행연구들의 결과를 객관적으로 요약하기 위한 통계적 방법이다.

27
일선교사들이 교육개선을 위해 실시하는 연구방법의 명칭과 특징을 제시하시오.

문제 해결의 EOS Kick

'현장연구'(action research, 실행연구)는 교육현장의 개선을 위해 교육실천가들이 수행하는 연구로, 교육이론과 실천 간의 차이를 감소시키기 위해 등장하였다. 현장연구의 방법은 양적 연구보다는 질적 연구가 적합하다. 현장연구의 특징으로는

① 연구문제를 교육현장에서 찾는다.
② 현장교사가 반드시 참여한다.
③ 교육실천의 개선에 초점을 둔다.
④ 연구결과의 일반화는 비슷한 학교 간에만 가능하다.
⑤ 현직 교사들에게 교육적 가치를 지녀야 한다.
⑥ 1회적으로 끝나기보다 반복 순환되는 과정이다 등을 들 수 있다.

28

학교 현장에서 학교의 규율에 반항하는 행동이 발생하는 경우가 종종 있다. 이러한 행동에 대해 교사와 학생이 부여하는 서로 다른 의미를 심층적으로 이해하는 데 가장 적합한 연구방법의 명칭과 개념을 제시하시오.

___

___

 문제 해결의 EOS Kick

'문화 기술적 연구'가 문제에 부합한다고 볼 수 있다. 이는 질적(質的) 연구의 대표적인 방법으로, 객관적 실재로 일반화시킬 수 있는 인간의 속성과 본성은 없다고 가정한다. 따라서 단편적인 연구가 아닌 총체적인 연구의 필요성을 강조한다.

29

학기 초 교사가 학습이 부진한 은주에게 관심을 가지고 연구를 하려고 한다. 은주의 문제를 파악하고 지도하는 과정을 통하여 은주의 학습부진 문제를 심층적으로 이해하고자 하는 경우에 적합한 연구방법을 제시하시오.

문제 해결의 EOS Kick

위의 경우 사례연구가 적절할 것으로 보인다. '사례연구'(case study)란 개인의 생활사, 가정환경 등을 종합적이고 체계적으로 연구하는 방법으로, 문제행동의 진단이나 치료방법을 모색하기 위한 자료수집 방법으로 사용한다. 사례연구는 개인을 포괄적, 총체적으로 파악함으로써 상담이나 연구의 기초를 제공하며, 특정 대상을 여러 측면에서 종합적으로 연구함으로써 문제해결을 위한 보다 의미 있는 자료를 얻을 수 있다.

30

학생의 성격, 적응양식 등을 이해하기 위해 관찰을 토대로 구체적인 사례를 상세하게 기록하는 연구방법의 명칭과 개념을 제시하시오.

문제 해결의 EOS Kick

'일화기록법'(anecdotal records)은 한 개인의 행동을 타인이 제3자의 입장에서 관찰하고 기록하는 방법이다. 일화기록법은 지적 특성을 연구하거나 평가할 때도 사용되지만, 주로 정의적 학습이나 사회적 행동을 연구하거나 평가할 때 활용된다. 예를 들어 국가관, 애향심, 효도 등과 같은 연구 내용들에 대하여 학생행동의 변화를 수량화할 수 없을 때 활용할 수 있다.

문제학생의 행동을 종단적으로 연구하는 데 유용하며, 그 학생 행동이 있을 때마다 상세하게 기록한다. 행동이 일어나는 시간과 장소 또는 조건의 사실적 기록이 되어야 하며, 해석과 처리방안은 사실과 구별되게 제시되어야 하며, 하나하나의 일화(逸話)는 각각 독립된 사건이 되도록 기록하는 것이 중요하다.

일화기록법은 특별한 준비나 계획이 없어도 쉽게 실시할 수 있으며, 다양한 상황에서 아동 행동에 관한 정보를 제공해 준다. 특히 누적된 정보를 통해서 아동의 우발적 행동을 잘 이해할 수 있다.

31

( )안에 들어가 말의 명칭을 제시하시오.

실험에서 독립변인 이외의 다른 변인들이 종속변인에 미치는 영향이 잘 통제되었다면, 실험결과의 ( )가 높은 것이다.

문제 해결의 EOS Kick

실험연구에서 독립변인 이외의 다른 변인들이 종속변인에 미치는 영향이 잘 통제되었다면 '내적 타당도'가 높다라고 볼 수 있다. 여기서 내적 타당성이란 어떤 실험결과의 해석에 있어서도 반드시 고려되고 갖추어 있어야 할 최소한의 요건이다. 내적 타당성이 높으면 그 해석은 실험결과를 그대로 믿어도 되지만 내적 타당성의 요인 중에서 몇 개의 요인이 문제가 되면 그것을 고려한 해석이 이루어져야 한다.

내적 타당도에 영향을 주는 요인으로는 역사, 성숙, 검사, 도구사용, 통계적 회귀, 선정, 선정-성숙 상호작용 등이 있다.

32

실험연구에서 내적타당도를 가장 크게 저해하는 요인은 다양하다. 다음과 같은 상황에서 내적 타당도를 저해한 요인의 명칭을 제시하시오.

> A박사는 최근 개발한 우울증 치료 프로그램의 효과를 검증하기 위해 우울증으로 진단된 피험자들을 대상으로 프로그램을 적용하였다. 프로그램 적용 후, 피험자들의 우울증세가 적용 전에 비하여 적용 후에 유의하게 감소한 것으로 나타났다.
> 그런데 예기치 않게 실험 과정에서 몇몇 피험자들이 공동 구매한 복권이 일등에 당첨되어, 그들의 우울증세 감소에 영향을 미쳤다는 사실을 알게 되었다.

문제 해결의 EOS Kick

실험연구의 내적 타당도에 영향을 주는 '역사'란 최초의 측정과 두 번째 측정 간에 나타나는 실험변인 이외의 사건을 말한다. 예를 들어 어떤 학교에서 작문력 향상을 위한 실험연구를 하고 있는데, 실험 기간 중에 그 학교 졸업생으로 유명한 소설가가 우연히 학교에 들러 실험집단 학생들에게 강한 자극을 준 경우이다.

33

아래의 상황에서 김 교사가 사용한 표집방법의 명칭을 제시하시오.

김 교사는 전국의 중등교사 중에서 1,000명을 표집하여 교실환경 개선방향에 대한 의견을 조사하고 있다. 김 교사는 전국의 중등교사가 근무하는 지역을 크게 대도시, 중·소도시, 읍·면 지역으로 나눈 다음, 각 지역에 근무하는 교사수의 비율을 2 : 1 : 1로 가정하여 대도시에 소재한 학교에 근무하는 교사 500명, 중·소도시에 소재한 학교에 근무하는 교사 250명, 읍·면 지역에 소재한 학교에 근무하는 교사 250명을 표집하였다.

 문제 해결의 EOS Kick

표집방법 가운데 전집을 구성하는 표집단위들을 다소 이질적이라고 생각되는 하위집단으로 나누어 각 하위집단 내에서 무선으로 표집하는 방법이 '유층표집'(stratified sampling)이다. 유층표집은 전집의 하위집단 간에는 이질성이 높고, 하위집단 내의 구성 요소 간에는 동질성이 높은 경우에 사용한다.

34

다음 특성을 모두 지니고 있는 점수의 명칭은?

- 원점수를 통계적 절차를 통해 비교 가능한 척도로 변환한 점수
- 기준점이 있어서 개인 간, 집단 간, 교과 간 비교가 가능한 점수
- 점수의 동간성이 있어서 가감승제를 할 수 있는 점수

 문제 해결의 EOS Kick

'표준점수'(standard score)란 한 개인의 점수(X)가 분포의 중심이 되는 평균(M)에서 얼마나 떨어져 있는가의 거리를 표준편차(SD)로 나눈(재어보는) 것이다. 표준점수는 가장 신뢰로운 점수이면서, 동간성과 상대적 위치를 파악할 수 있다. 표준점수의 종류로는 Z점수, T 점수, H 점수, C 점수, 스테나인 점수 등이 있다.

〈유사 출제지문〉

학급 담임을 맡은 김 교사는 학습 부진아의 구제를 위해 1년 동안 꾸준히 노력하여 왔다. 주관적 판단으로는 학급부진의 정도가 어느 정도 줄어든 것으로 생각되나 객관적으로 알아볼 방법을 고민하고 있다. 이를 위해 김 교사는 통계적 방법을 이용하여 몇 가지 통계치를 구하였다. 이 중에서 학급 내의 학습부진의 정도가 줄었다는 객관적 판단에 도움을 줄 수 있는 통계 기법의 명칭은?

 문제 해결의 EOS Kick

'표준편차'는 집단의 개인차 정도를 표시해 준다. 즉 표준편차의 값이 클수록 점수들의 분포가 넓게 퍼져 있고 분포의 곡선이 낮고 완만한 모양이며 구성 요소들이 이질적이다.

All In One

35

다음에서 김 교사가 활용한 통계적 방법을 모두 제시하시오.

김 교사는 중간고사를 실시하고 나서 각 반 학생들의 성적이 어떻게 분포되어 있는지 알아보고 싶었다. 그래서 각 반의 점수 분포를 하나의 값으로 요약 기술해 주는 방법을 사용하기로 하였다. 한 반의 학생 수를 2등분하는 척도상의 점수, 분포상에서 가장 많이 나타나는 점수 그리고 한 분포의 모든 점수의 합을 사례수로 나눈 값 등을 내보기로 하였다.

문제 해결의 EOS Kick

김 교사는 점수 분포를 하나의 값으로 요약 기술해 주는 방법과 이를 위한 학생 수를 2등분하는 척도상의 점수 그리고 가장 많이 나타나는 점수, 모든 점수의 합을 사례수로 나눈 값 등 3가지를 활용하고 있다. 점수 분포를 하나의 값으로 요약 기술해 주는 것을 '집중 경향치'라고 하고 여기에는 '중앙치', '최빈치' 그리고 '평균치' 등이 있다.

집중경향(central tendency)이란 한 집단의 점수분포를 하나의 값으로 요약 기술해 주는 지수로서, 한 집단의 어떤 특성을 측정하여 점수화하였을 때, 이 집단의 특징을 하나의 수치로서 대표하고자 하는 것이 목적이다. 한 전집의 추정치로서 표집을 통하여 그 값을 계산하는 경우 표집에 대한 변화가 가장 큰 것은 최빈치, 중앙치, 평균치의 순이다. 즉 '평균치'가 표집에 따른 변화가 가장 적은 신뢰로운 값이다.

교육행정 및 교육경영 파트 메타 분석 34문항

1

다음의 지문에 해당되는 교육행정을 바라보는 관점의 명칭과 특징을 설명하시오.

- 교육행정은 교육자와 학생 간에 이루어지는 교육활동을 지원하기 위한 보조적 활동이다.
- 교육행정은 근본적으로 교육의 기본 목표를 보다 능률적으로 달성토록 하기 위한 일련의 지원활동이다.
- 교육행정은 그 자체에 목적이 있는 것이 아니라 교수-학습을 통해 교육목표를 달성하도록 돕는 수단이다.

_____

_____

 문제 해결의 EOS Kick

　교육행정의 관점 가운데 교육활동을 지원하기 위한 보조적 활동으로 보는 것은 '조건정비설' 혹은 '기능설'이라고 한다. 이 관점은 최근 교육행정을 보는 관점이 "교육에 관한 행정"에서 "교육을 위한 행정"으로 변화되고 있는 입장을 반영하고 있다.

　"교육에 관한 행정"을 강조하는 방식은 일반 행정의 종합성 및 포괄성을 강조하는 국가 공권력설을 강조하며, "교육을 위한 행정"은 교육의 자주성, 독자성 및 특수성을 반영하는 관점으로 조건정비설 혹은 기능론적 관점이라고 한다.

　이런 관점에서 교육행정은 교육목표를 설정하고 이를 달성하기 위한 인적·물적 조건을 정비·확립하기 위한 수단적 봉사활동으로 본다.

2

교육행정의 원리 가운데 법제적 측면의 원리 2가지와 운영 측면의 원리 2가지를 설명하시오.

___

___

___

 문제 해결의 EOS Kick

　법제적 측면의 원리는 첫째, '법치행정의 원리'로, 교육행정은 법이 정하는 범위 내에서 이루어져야 한다는 원리이다. 둘째, '자주성 존중의 원리'는 교육은 교육 본래의 목적에 의해 운영 및 실시되어야 하며, 일반 행정으로부터의 분리 및 독립, 그리고 교육의 정치적 중립성 존중의 원리 등을 포함한다.
　운영 측면의 원리는 첫째, '합목적성의 원리'는 교육행정은 교육목적을 달성하는 수단이 되어야 한다는 원리이고, 둘째, '민주성의 원리'는 교육행정은 독단과 편견을 배제하고 광범한 주민의 참여를 통해야 한다는 원리이다.

3

다음과 같은 원칙을 제시하고 있는 교육행정이론의 명칭과 특징 및 장·단점을 설명하시오.

- 교육에서의 낭비 요소를 최대한 제거하여야 한다.
- 가능한 모든 시간에 모든 교육시설을 활용하여야 한다.
- 교직원의 작업 능률을 최대로 유지하며, 교직원의 수를 최소로 감축하여야 한다.
- 교사들에게 학교행정을 맡기기보다는 학생들을 가르치는 데에 전념하도록 한다.

* 명칭 :
* 특징 :
* 장점 :
* 단점 :

문제 해결의 EOS Kick

교육에서 낭비 요소를 제거하거나 모든 시간에 모든 시설을 활용해서 작업 능률을 높이고자 하는 점을 강조하는 교육행정 이론은 '과학적 관리론'이다.

과학적 관리론은 1900년대 초 미국의 산업사회에서 전개된 일련의 기업의 합리화, 과학화, 효율화 운동이다. 비능률과 저생산성의 원천이 노동자들의 주먹구구식 작업방법에 있다고 보고, 최소의 노동력과 비용으로 최대의 생산효과를 올리기 위한 최선의 방법을 발견하기 위해서 생산과정을 최소단위로 분해하여 가장 중요한 동작요소를 찾아내어 이를 토대로 작업의 형태, 순서, 시간 등을 표준화하고 하루의 적정한 작업량을 설정하여 관리의 과학화를 기하려고 하였다. 과학적 관리론의 창시자는 Taylor이며, 핵심사상은 '인간을 기계처럼'(man as machine) 다룰 수 있다는 것이다.

과학적 관리론에서는 노동자들은 경제적인 요인에 의해서 과업 동기가 유발되고 생리적인 요인에 의해서 성과가 제한 받는다고 주장하며, 이러한 입장은 노동자들을 계속적으로 감독해야 할 필요가 있다는 것을 믿게 하였다.

그러나 과학적 관리론은 인간의 창의성과 판단력이 기계의 자동화에 흡수되어 인간의 소외현상을 초래하였고, 기계의 대용품화 된 단조로운 분업은 의욕의 저하를 가져왔고, 규모의 확대에 따른 대량생산은 인간 상호 간의 교섭이 어려워 의사소통이 원활하지 못하여 사기 문제를 대두시키는 등의 문제점을 초래하였다.

4

교육에 대한 관료적 통제가 일으키는 다음과 같은 현상을 설명하시오.

- '열린교육'의 실적을 교육개혁 평가 항목에 포함시키면, '열린교육'의 효과적 실시보다는 평가 자료의 정리에 여념이 없게 되는 현상이 나타난다.
- 사회봉사활동 실적을 학교생활기록부에 기록하고 입시성적에 반영하도록 하면, 봉사활동 실적 쌓기에 집중하는 현상이 나타난다.

문제 해결의 EOS Kick

관료제의 역기능 가운데 하나가 지나치게 규칙과 규정을 강조하다 보면 안정성·일관성·계속성을 보장하기는 하나 조직의 경직성과 '목표전도(goal displacement/ 목표전치)' 혹은 역할왜곡 현상을 낳게 된다.

즉 규칙과 규정을 지나치게 준수하고 강조하게 되면 규칙과 규정이 조직의 목표를 달성하는 수단임에도 불구하고 그 자체가 목적인 것처럼 여기게 되고 그와 같은 역할 행동을 하게 된다. 예를 들면 학습지도안의 작성은 학습지도를 잘하기 위한 사전 계획임에도 학습지도를 포기한 채 결재용으로 수업시간 중에 학습지도안을 작성하는 경우이다.

5

다음은 어떤 교육행정이론에 대한 설명이다. 여기에서 강조하고 있는 교육행정 이론의 명칭과 특징을 설명하시오.

- 교육행정의 민주화에 공헌하였다.
- 비공식 집단의 중요성을 강조한다.
- 인간은 경제적 유인보다는 사회적·심리적 요인으로 동기 유발된다.

_____

_____

문제 해결의 EOS Kick

교육행정의 민주화에 기여하거나, 비공식 집단의 중요성 등을 강조한 것은 '인간관계론'이다. 인간관계론은 과학적 관리론에서 야기된 인간의 소외현상, 주체성 상실 등의 결함을 보완하고 인간의 정서적·비합리적인 면을 중시하여 작업능률을 향상하기 위해 대두된 이론이다.

이러한 인간관계론은 교육행정에 민주적인 원리를 제시해 주는 등 교육행정의 민주화와 발전에 크게 공헌하였으며, 진보주의 교육운동과 결합되면서 개성존중, 사기앙양, 학생과 교원의 상호 신뢰감 등을 강조하고 인간주의적 장학을 위한 방법적 원리로서도 크게 부각되었다.

6

지문 (가)와 (나)에 나타난 교육행정의 이론의 명칭과 특징을 설명하시오.

> (가) 보비트(F. Bobbitt)와 같은 초기 교육행정학자들은 직무분석에 대한 입장에서 조직행위를 분석하였다. 그들은 직장에서 행정가들을 관찰하고, 수행해야 할 직무요소를 명세화하고 직무를 수행하는 데 더 효과적인 방법을 결정하고, 능률을 최대화하도록 하였다.
>
> (나) 1940년대까지 호손 연구의 영향은 민주행정에 대한 장려와 저서에서 볼 수 있었다. 이 시기에 잘못 정의된 용어는 '민주'-민주적 행정, 민주적인 장학, 민주적 의사결정, 민주적인 교수법이다. 캠벨(Campbell)이 지적한 것과 같이, 인간관계와 민주적 관행의 강조는 흔히 조건이 어떠해야만 하며 조직에서 사람들은 어떻게 행동해야만 하는가 하는 일련의 규정과 같은 것을 의미한다. 때로는 이러한 규정은 원리의 형태를 취하기도 하였다.

문제 해결의 EOS Kick

보비트에 의해 확립된 이론은 고전적 조직이론 가운데 '과학적 관리론'이고, 호손공장 실험을 통해 확립된 교육행정 이론은 고전적 조직이론의 문제점을 지적한 이론인 '인간관계론'이다. 과학적 관리론은 인간을 효율적인 기계와 같이 프로그램화할 수 있으며 노동자들이란 단순해서 경제적 요인만으로도 과업동기가 유발되고 생리적 요인에 의해 성과가 크게 제한을 받는다는 것이다.

반면 인간관계론은 생산과정에서 인간을 기계로 취급하는 대신 사람답게 취급하는 것이며, 가능한 한 그들의 불행에 귀를 기울이고 작업 조건 등에 관한 결정에 그들을 참여시킴으로써 소속감과 자기존재의 중요성을 인식하는 전략이다.

7

다음의 내용은 여러 교육행정 이론에 관한 것이다. 각각의 교육행정이론의 명칭과 이 이론을 시대적 변천 순서로 나열하시오.

> (가) 효과적인 의사결정을 위해 제한된 합리성을 토대로 하는 행정적 인간형이 필요하다는 주장과 더불어 교육행정의 이론화에 크게 영향을 주었다.
> (나) 교직원들의 사회적·심리적 여건과 비공식 집단의 사회 규범이 생산성에 중요하게 영향을 미친다는 주장과 더불어 교육행정의 민주화에 크게 공헌하였다.
> (다) 작업 과정의 표준화를 통해 교직원의 작업 능률을 최대한 유지하면서 학교의 비효율과 낭비를 제거하여야 한다는 주장과 더불어 교육행정의 효율화를 극대화하였다.

문제 해결의 EOS Kick

(가)는 의사결정의 합리성을 토대로 행정적 인간형이 강조되고 교육행정의 이론화에 기여한 것은 1950년대 등장한 '행동과학이론'이다.

(나)는 교직원의 사회적 및 심리적 여건이나 비공식 집단의 중요성 등을 강조한 이론은 1940년대 대두된 '인간관계론'이다.

(다)는 작업과정의 표준화를 통해 작업능률을 최대한 향상하고자 한 이론은 1910~1930년대 등장한 '과학적 관리론'이다.

따라서 이를 발생한 시대순으로 제시하면 (다) 과학적 관리론 → (나) 인간관계론 → (가) 행동과학이론의 순서이다.

8

다음의 내용에 부합하는 교육행정이론의 명칭과 개념을 설명하시오.

- 학교 구성원들은 역할과 인성의 상호작용을 통해 행동한다.
- 학교는 지역사회의 가치, 정치 및 역사 등에 의해 영향을 받는다.
- 학교의 주요 목적은 학생들에게 성인의 역할을 하도록 준비시키는 것이다.
- 학교 구성원들의 적절한 행동은 공식적 규칙과 비공식적 규범에 의해 이루어진다.

문제 해결의 EOS Kick

구성원의 역할과 인성의 상호작용, 지역사회와 같은 환경 등을 강조하는 교육행정의 관점은 '체제이론'이다.

체제이론은 1960년대 이후 학교 조직을 이해하는 방법으로 활용되기 시작하였다. 체제이론은 조직을 전체적으로 연구하고 조직의 구성요소들 간의 상호관계 그리고 조직과 외부환경과의 관계를 탐구한다.

특히 겟젤스와 구바(Getzels & Guba)의 사회체제이론에서는 학교조직을 사회체제로 보고 그 안에서 이루어지는 사회적 행동을 규명하고자 하였다. 이들은 조직 내의 사회적 행동이 유발되는 경로를 규범적 차원과 개인적 차원으로 보고 인간의 사회적 행동은 조직에서의 역할(role) 기대와 개인의 인성(personality), 욕구의 함수관계로 설명하였다.

9

학교조직을 보는 관점 가운데 최 교장과 박 교사가 주장하는 관점의 명칭과 각각의 관점이 나타내는 특징을 설명하시오.

> 최 교장 : 학교조직도 다른 조직과 마찬가지로 일정한 목적을 달성하기 위해 협동하는 사람들의 집단입니다. 따라서 구성원들은 학교의 교육 목표를 효과적으로 달성하기 위해 정해진 직무분장에 맞춰 일사분란하게 움직여야 합니다. 선생님들은 어떻게 생각하시죠?
> 박 교사 : 저는 교직원의 잦은 인사이동, 학생들의 졸업과 입학, 학부모와 지역사회 관계자의 유동적 참여 등의 학교조직의 특성을 고려해 볼 때, 학교구성원 모두가 동의하는 학교 경영목표가 명확하게 설정되기도 어렵고 그 해설 또한 서로 상이하여 일사분란하게 실행되기도 어렵다고 생각합니다.

문제 해결의 EOS Kick

최 교장은 학교조직을 다른 일반조직과의 유사성을 강조하는 관점으로 예를 들면 학교의 교육목표를 달성하기 위해 정해진 업무분장에 맞춰 일사분란하게 움직여야 한다는 것은 '관료제적 관점'을 나타낸다. 이러한 관료제의 특징은 첫째, 노동의 분화와 책임의 배분차원에서 학교는 초등 및 중등학교로, 교과별로 구분되며, 둘째, 비인간지향적 측면에서 학교조직은 구성원 간 상호작용이 기능적으로 분산되어 있다기보다는 전문화되어 있다는 점이다.

박 교사는 학교조직만의 특수성을 관점으로 교직원의 잦은 인사이동, 학교 관계자의 유동적 참여 등과 같은 점을 강조하는 것은 '조직화된 무질서적 관점'을 나타낸다. 이러한 조직화된 무질서적 관점의 특징은 첫째, 학교조직의 목적은 구체적이지 못하고 애매모호하며 때로는 일관성이 없고 서로 충돌하며, 둘째, 학교조직에의 참여가 유동적이라는 점이다.

10

다음과 같은 특징에 초점을 맞춰 민츠버그(Mintzberg)가 강조한 학교조직의 개념과 특징을 설명하시오.

> 학교장은 민주적인 방식으로 학교를 운영하고 있으며, 교직원들은 교육과정 운영 및 제반 학교운영 관련 업무를 권한과 책임을 가지고 처리하고 있다.

문제 해결의 EOS Kick

민츠버그는 학교조직이 전통적인 관료조직의 특징을 가지고 있기는 하지만 거기에 더하여 학교구성원들의 전문성을 포함해서 설명되어야 한다는 관점을 제시하였다.

민츠버그는 조직을 5가지 주요 부분(전략적 고위층, 기술구조층, 지원부서, 중간관료층, 운영핵심층)으로 나누고, 경영상의 핵심 조정기제(직접 감독, 작업공정의 표준화, 상호 적응, 산출의 표준화, 기술의 표준화)를 제시하였다.

이를 기준으로 조직의 형태를 다양하게 구분(단순 구조, 기계적 관료제, 분할된 형태, 전문적 관료제, 특별위원회)하였다.

이 중에서 '전문적 관료제'는 운영핵심층이 조직의 주요 부분을 이루며, 기술의 표준화가 주된 조정기제로 사용된다. 이를 학교조직에 대입해 보면 교사의 자율성 중시와 전문성 발휘, 교사들끼리의 민주적이고 수평적 관계 형성, 학생들에 대한 폭넓은 재량권을 행사하면서 밀접한 관계를 이루는 측면으로 나타난다.

11

다음의 지문에서 최 교장, 김 교사, 박 교사가 각각 주장하는 학교조직을 보는 관점의 명칭과 특징을 설명하시오.

최 교장 : 학교조직도 다른 조직과 마찬가지로 일정한 목적을 달성하기 위해 협동하는 사람들의 집단입니다. 따라서 구성원들은 학교의 교육 목표를 효과적으로 달성하기 위해 정해진 직무분장에 맞춰 일사분란하게 움직여야 합니다. 선생님들은 어떻게 생각하시죠?

박 교사 : 저는 교직원의 잦은 인사이동, 학생들의 졸업과 입학, 학부모와 지역사회 관계자의 유동적 참여 등의 학교조직의 특성을 고려해 볼 때, 학교구성원 모두가 동의하는 학교 경영목표가 명확하게 설정되기도 어렵고 그 해설 또한 서로 상이하여 일사분란하게 실행되기도 어렵다고 생각합니다.

김 교사 : 저도 학교는 위계적인 조직이어야 한다고 생각합니다. 다른 한편으로 교사는 개별 교실에서 각기 다른 배경의 학생들을 가르치면서 교육과정, 교수방법, 교육평가 등에서 상당한 자유재량권을 행사하는 전문가이기도 하죠. 따라서 직무수행의 통일된 표준을 찾기는 어렵다고 생각되는데요.

최 교장 : _____

김 교사 : _____

박 교사 : _____

 문제 해결의 EOS Kick

　최 교장은 학교 조직도 다른 조직과 마찬가지로 교육 목표를 효과적으로 달성하기 위해 정해진 직무분장에 맞춰 일사분란하게 움직여야 한다는 점에서 '관료조직'을 말하고 있다. 박 교사는 교직원의 잦은 인사이동, 학교 목표의 모호성 등을 강조하는 '조직화된 무질서'로서의 학교조직을 말하고 있다. 특징은 앞서 설명한 내용 참고^^

　김 교사는 학교가 위계조직의 특징과 자유재량권의 전문성을 동시에 지닌 '전문적 관료제'를 말하고 있다. 김 교사가 주장하는 전문적 관료제적 관점은 학교조직의 특성이 관료제와 전문직제의 혼합적인 조직형태인 전문적 관료제로 설명하는 것이 바람직하다는 관점을 반영한다. 전문적 관료제의 특징으로는 첫째, 교사들은 독립적인 교실에서 각기 다른 배경의 학생들을 가르치면서 상당한 자유재량권을 행사하며, 둘째, 교사들은 감독이나 직무수행의 통일된 표준을 갖기 어렵고, 셋째, 교사의 자질을 나타내는 지표로서 교사자격증이 요구되며, 넷째, 표준화된 교육과정과 교과서를 사용하며, 다섯째, 의사결정에서 교사들의 보다 많은 참여를 보장하고 있다는 것이다.

12

최근 학교조직은 다른 일반조직과는 다른 관점에서 보려는 경향이 대두되고 있다. 다음의 지문에 해당하는 학교조직에 대한 관점의 명칭과 특징을 설명하시오.

- 학교 구성원들에게 더 많은 자유재량과 자기결정권을 부여한다.
- 각 부서 및 학년 조직의 국지적(局地的) 적응을 허용하고 인정한다.
- 환경 변화에 적응하기 위해 학교조직에서 이질적인 요소들이 공존하는 것을 허용한다.

문제 해결의 EOS Kick

구성원들에게 자유재량권이 부여되어 있고, 각 부서나 학년 조직의 국지적 적응을 허용하고 인정하는 관점은 학교조직을 '이완조직'(loosely coupled system)으로 바라보는 관점이다.

이런 관점은 1976년 웨이크(Weick)가 주장한 것으로 학교조직이 다른 체제보다는 느슨하게 결합된 특징을 보인다는 것을 강조한다.

이러한 학교체제의 느슨함은 교사와 교장으로 하여금 비교적 광범한 자율성을 행사하도록 해 준다. 예를 들어 교실은 학교행정가들이 교사를 통제하는 데 한계를 지니며, 단위 부서들은 분리되어 독자적인 역할과 기능을 수행하게 된다. 또한 한 부분의 성공이나 실패가 다른 부분의 성공이나 실패와 별개로 연결됨을 보여준다.

13

대입제도 개선에 있어 다음과 같은 접근을 취하였다면 이에 해당하는 정책결정 모형의 명칭과 특징을 설명하시오.

- 대입제도의 지엽적 문제보다 중요하고 근본적인 문제부터 접근해 나간다.
- 대입제도 본연의 기능을 지향하여 이상적인 대안을 선택한다.
- 전문가로 하여금 장기적이고 체계적인 정책연구를 수행하게 한다.
- 대입제도와 관련된 모든 가능한 대안을 비교·분석·검토한다.

문제 해결의 EOS Kick

지문에서 강조하고 있는 의사결정 방식은 대입제도 개선을 위해 장기적이고 체계적이며 모든 가능한 대안을 검토하고 근본적인 문제부터 접근한다는 것은 합리적 모형과 점증 모형을 포함한 '혼합모형'에 해당한다. 혼합모형(mixed scanning model)은 에치오니(Etzioni)가 제안한 것으로 합리성 모형과 점증모형을 혼합한 모형이다.

혼합모형은 기본적이고 종합적인 결정과 세부적인 점증적 결정의 지속적인 상호 작용에 의한 정책결정이 필요한 경우 이러한 입장을 강조하는 모형이다. 이 모형은 합리적 모형의 비현실적인 합리성을 감소시키는 동시에, 점증모형이 가지고 있는 보수성을 극복하여 장기적인 안목을 갖추기 위한 것이다.

혼합모형은 이러한 특성을 지니기 때문에 상황에 따라 융통성 있게 적용될 수 있다. 즉 혼합모형을 적용할 때 상황이 안정되어 있고, 처음의 결정이 옳은 방향으로 이루어졌을 때는 점증적 방법이 강조되는 반면, 상황이 급격히 변화하고 있고 시초의 결정이 원하지 않는 방향으로 나갈 때에는 합리적 방법이 강조된다. 혼합모형은 능동적 사회체제에 적합한 모형이다.

14

지문의 내용에 부합하는 교육정책 결정 모형의 명칭과 이 모형의 공헌점과 한계점을 설명하시오.

- 정책 결정이 항상 합리적으로 이루어지는 것은 아니다.
- 부족한 자원, 불충분한 정보, 불확실한 상황 등이 정책의 합리성을 제약한다.
- 때때로 직관이나 초합리적인 생각도 정책을 결정하는 데 중요한 요인이 된다.
- 창의적인 정책 결정에 도움을 주지만, 너무 이상에만 치우칠 수 있다는 비판을 받는다.

문제 해결의 EOS Kick

의사결정 모형 가운데 의사결정자의 직관이나 초합리적인 생각 등을 고려하는 것은 '최적모형'에 해당한다.

최적모형(optimal model)은 점증모형의 타성적이고 현실안주적인 성격을 비판하면서 그 대안으로 드로어(Dror)가 제안한 것이다. 최적모형에서는 의사결정 시 합리적 요소뿐만 아니라 직관적 판단이나 상상력과 같은 초합리성도 고려하여 모든 가능성을 검토한다. 즉, 여기서 '최적'이란 모든 것을 고려하되 가장 합리적인 것이 아니라 주어진 목표에 도움이 되는 가장 바람직한 상태를 의미한다. 최적모형은 다음과 같은 공헌점과 한계점을 가진다.

최적 모형의 공헌점은 첫째, '초합리성'의 개념을 도입함으로써 합리모형을 더 한층 체계적으로 발전시키는 데 큰 공헌을 하였다는 점과 둘째, 사회적 변동 상황하에서의 혁신적 정책결정이 거시적으로 정당화될 수 있는 이론적 근거를 제시해 주었다는 점이다.

반면 한계점으로는 첫째, 정책결정에 있어 사회적 과정에 대한 고찰이 불충분하다는 점과 둘째, '초합리성'의 구체적인 달성방법이 명확하지 않으며, 지나치게 유토피아적이라는 점이다.

15

토마스(Thomas)는 상황에 따라 유용한 갈등관리 전략이 존재한다는 상황적 응론적 갈등관리론을 주장했다. 그의 이론에 비추어 볼 때 다음과 같은 상황에 적절한 갈등관리 전략의 명칭과 특징을 설명하시오.

- 다른 사람의 관심을 이해할 시간적 여유가 없을 때
- 해당 문제가 다른 문제들의 해결로부터 자연스럽게 해결될 수 있을 때
- 갈등해소에 따른 부작용이 너무 클 때

 문제 해결의 EOS Kick

토마스의 갈등관리 전략 가운데 시간적 여유가 없거나 갈등에 따른 부작용이 너무 클 경우에는 '회피' 전략을 사용한다. 회피는 갈등이 존재하지만 이를 억누른다. 개인적 목적과 인간관계 양 측면을 모두 포기한다. 갈등 자체를 무시함으로써 아무런 결정을 내리지 않는 가장 소극적인 방법이다.

이 밖에도 갈등 처리 모형에는 경쟁, 수용(동조), 협동, 타협의 형태가 있다.

16

다음은 박 교사와 최 교사 교장과 의사소통에 곤란을 겪고 있는 교사들의 대화내용이다. 각각의 경우에 교사들이 교장에게 기대하는 교육조직에서의 의사소통 원리의 명칭과 개념을 설명하시오.

> 박 교사 : 교장 선생님은 부장 선생님에게만 말씀하시면 그것으로 다 됐다고 생각하시나 봐요. 어제는 나를 보자마자 지난번에 말한 일은 어떻게 됐냐고 하시지 뭐예요. 글쎄 알아보니 부장 선생님께만 말씀하셨던 모양이에요. 그렇게 중요한 일이면 저에게도 알려주셨어야죠.
>
> 최 교사 : 그랬어요? 저도 지난주 운동회 진행하느라 정신없이 바쁜데, 운동장에서 다음 달에 있을 학교평가를 앞두고 준비할 일을 자세하게 말씀하셔서 힘들었어요. 그런 일이면 조용할 때 교장실에서 말씀하시면 좋잖아요.

 문제 해결의 EOS Kick

의사소통의 주요 원리로는 명료성, 일관성, 적시성, 적정성, 분포성(배포성), 수용성 등이 있다.

박 교사가 주장하는 바와 같이 의사소통에서 지나치게 비밀을 중시하고 있는 것은 '분포성(혹은 배포성)의 원리'를 무시하고 있는 것이다. 분포성이란 전달하는 내용이 비밀을 요하는 특별한 경우를 제외하고는 모든 사람들이 알 수 있도록 공개되어야 한다는 원리이다. 공식적인 의사소통에서 중시되는 원리라 할 수 있다.

최 교사는 의사소통의 원리 가운데 '적응성의 원리'를 문제로 삼고 있다. 적응성이란 의사소통의 내용이 환경에 적절히 적응해야 한다는 원리이다. 내용이 지나치게 세밀하게 규정되어 있을 경우 환경에 적응하기에 어려움이 따르므로 상황에 따라 융통성과 신축성이 있어야 함을 강조하는 원리이다.

1. 명료성	의사소통에 있어서 전달하는 내용이 보다 분명하고 정확하게 이해될 수 있도록 표시되어야 한다는 원리이다. 그러기 위해서는 그 내용이 체계적이어야 하고 과거와 현재 그리고 미래가 명료하게 비교될 수 있어야 한다.	
2. 일관성	의사소통에 있어서 전달내용은 전후가 일치되어야 한다는 원리이다. 즉 명령이나 지시에 있어서 1차와 2차의 모순이 있을 수 없으며 고위 관리층의 명령이나 지시에 위배되는 중간 관리층으로부터의 명령이나 지시는 있을 수 없다.	
3. 적시성	의사소통은 적시에 이루어져야 한다는 원리이다. 즉 필요한 정보는 필요한 시기에 적절히 입수되어야 한다는 것이다.	
4. 적정성	전달하고자 하는 정보의 양과 규모는 적당해야 한다는 원리이다. 즉 정보의 양이 너무 많거나 빈약해서는 안 된다는 것이다. 정보의 양이 너무 많을 경우에는 복잡하여 이해하기가 곤란하며, 반면에 너무 빈약할 경우에는 자료로서의 가치를 상실하게 된다.	
5. 분포성 (배포성)	의사전달의 내용은 비밀을 요하는 특별한 경우를 제외하고는 모든 사람들이 알 수 있도록 공개해야 한다는 원리이다. 특히 공식적인 의사소통에서는 이 원리가 중요시된다.	
6. 적응성	의사소통의 내용이 환경에 적절히 적응해야 한다는 원리이다. 그 내용이 지나치게 세밀하게 규정되어 있을 경우에는 환경에 적응하기가 곤란하다. 그러므로 의사소통의 내용은 구체적인 상황에 따라 융통성과 신축성이 있어야 한다.	
7. 수용성	의사소통은 피전달자가 수용할 수 있어야 한다. 즉 수용성은 의사소통의 최종목표가 된다. 그러므로 피전달자가 적극적인 반응을 보일 수 있도록 수용성이 있어야 한다.	

All In One

17 다음의 연구 결과를 참고로 만족 요인 3가지와 불만족 요인을 설명하시오.

> 직무 만족과 불만족은 연속선상의 양극단에 위치하는 일차원적인 개념이 아니라, 별개로 존재하는 상호 독립적인 개념이다. 그래서 조직생활에서 만족 요인이 많으면 만족감이 커지지만, 그것이 없다고 해서 불만족감이 높아지는 것은 아니다. 또한 불만족 요인이 많으면 불만족감이 높아지지만, 그것이 없다고 해서 만족감이 높아지는 것은 아니다.

___

___

___

 문제 해결의 EOS Kick

  이 연구는 허즈버그(Herzberg)에 의해 이루어진 것으로 불만족을 주는 요인을 위생요인, 만족을 주는 요인을 동기요인으로 보았다. 이 이론을 흔히 동기위생이론이라고 불렀다.

  허즈버그는 불만족을 주는 요인으로는 보수, 작업조건, 동료관계 등이 있고, 만족을 주는 요인으로는 성취감, 인정, 승진, 일 자체 등으로 제시하였다.

18

다음에서 권 교사에게 해당하는 직무설계 방법의 명칭과 구성요소 3가지를 설명하시오.

> EOS 중학교 정보부장인 권 교사는 할당된 업무를 충실하게 수행한다고 인정받고 있었다. 최근 학교장은 그동안 자신이 수행하던 정보 관련 대외 업무를 권 교사에게 일임하고 정기적으로 보고 받는 방식으로 직무를 재설계하였다.
> 권 교사는 자신에게 위임된 업무에 대해 책임감을 갖고 자율적으로 수행하게 되었으며, 이로 인해 직무 만족도가 높아지고 교직 전문성도 향상되었다.

문제 해결의 EOS Kick

EOS 중학교의 교장이 권 교사에게 일을 책임 있게 수행할 수 있도록 자유재량권을 부여해서 직무 만족을 높이고자 하는 동기화 전략은 '직무 풍요화'(job enrichment)라 할 수 있다.

직무풍요화란 허즈버그(Herzberg)의 동기화 전략에서 동기요인을 자극할 수 있도록 직무수행상의 책임을 증가시키고, 권한과 자유 재량권을 부여하며 구성원들로 하여금 자신의 능력을 발휘할 수 있는 기회를 가지도록 함으로써 직무 속에서 도전감, 흥미, 보람, 심리적 보상을 얻을 수 있도록 하는 것을 말한다.

직무풍요화의 구성요소는 첫째, 고객중심, 둘째, 새로운 학습, 셋째, 자유재량권의 발휘 등이다. 즉 직무는 고객들에게 서비스를 제공해야 하며, 직무는 개인들에게 새롭고 의미 있는 전문지식에 다가서는 접근 경로를 제시해야 하며, 직무는 과업 완수를 촉진하기 위해 어떤 자원에 대한 일하는 사람들과의 통제력을 허용해야 한다는 것이다.

All In One

19
다음 내용에 부합하는 동기이론의 명칭과 특징을 제시하시오.

- 최 교장은 교사들이 노력만 하면 성과를 얻을 수 있다는 믿음을 주기 위해서 교사를 위한 훈련프로그램, 안내, 지원, 후원, 참여 등을 강화하였다.
- 최 교장은 교사들의 성과와 보상의 연결 정도를 분명히 하였다.
- 최 교장은 교사들이 생각하는 보상에 대한 유인가를 증진시키기 위해 교사들이 더 매력적으로 생각하는 보상내용을 파악하고 그들이 바라는 보상을 적절히 제공하였다.

 문제 해결의 **EOS Kick**

최 교장이 수행한 동기화 방법은 노력-보상-유인가 등을 연결하는 방법으로 동기이론 가운데 유인가(목표 매력성)-성과기대(노력과 성과의 연계)-보상기대(성과와 보상의 연계)를 강조하는 브룸(Vroom)의 '기대이론'에 해당한다.

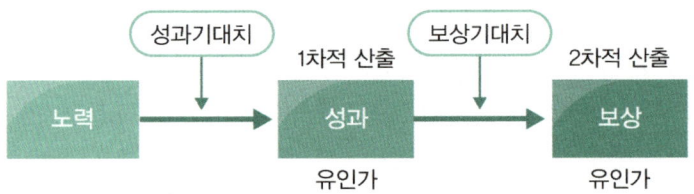

이 이론에 의하면 피고용자의 일에 대한 동기적 힘은 노력을 쏟은 결과 얻게 될 성과수준에 대해 인지된 성과기대와 일정한 수준의 성과로부터 얻게 될 보상에 대한 보상기대 간의 함수로 결정된다.

20

다음의 대화에서 추론할 수 있는 전임교장과 신임교장의 학교경영 관점을 맥그리거(McGegor)의 이론에 근거해서 제시하고 각각의 경영전략을 제시하시오.

장교사 : 새로 오신 교장 선생님 정말 좋지?
송교사 : 그래. 전임 교장 선생님은 일방적인 지시만 해서 싫었는데, 새 교장 선생님은 모든 일을 자율적으로 할 수 있도록 하니까 참 좋아.
최교사 : 그렇지만, 나는 전임 교장 선생님의 경영방식이 더 효과적이라고 생각해. 그러지 않으면 편하려고만 하는 게 사람 생리인데, 누가 알아서 일 하겠어.

문제 해결의 EOS Kick

송 교사의 주장처럼 전임 교장은 일방적인 지시를 강조한다는 점에서 맥거리거의 X-Y 이론에 비춰 본다면 'X이론'에 해당되고, 신임 교장은 모든 일을 교사 자율에 맡긴다는 점에서 'Y이론'으로 볼 수 있다.

X이론은 보통 인간은 선천적으로 일하기를 싫어하며 조직목표 달성을 위해 적절한 강제, 통제를 지시해야 한다고 가정한다.

X이론에 기초한 관리전략은 관리자는 조직원을 지도하고 통제하며 생산성 향상을 위해 작업량에 대한 적정한 보상 등을 강조한다. 또한 조직의 목표달성을 위해 강제, 통제, 지시 등의 수단을 전략으로 사용할 수 있다.

Y이론은 일하는 것은 놀거나 휴식처럼 자연스러운 것이며, 인간은 자신의 일을 스스로 하며 목표에 대한 헌신의 정도는 성취에 대한 보상과의 함수관계로 가정한다.

Y이론에 기초한 관리전략은 조직원 스스로 일할 수 있는 분위기를 조성한다거나 외적 위협이나 통제를 제거하며 소속감, 책임감 등을 느낄 수 있는 기회를 부여한다.

21

다음의 지문에 등장하는 두 교장선생님이 공통적으로 적용하고 있는 교육지도성 이론의 명칭과 특징을 설명하시오.

> 김 교장 : 요즘 우리 학교 선생님들은 인화를 강조하는 저의 지도방식에 대해 불만을 가지고 있습니다. 때문에 저는 선생님들에게 교사로서의 과업을 강조하는 지도성을 발휘하려 애쓰고 있습니다.
> 박 교장 : 우리 학교 선생님들은 전반적으로 성숙도 수준이 매우 높은 것으로 판단됩니다. 그래서 저는 요즘 위임적인 지도성을 발휘하려고 노력하고 있습니다.

문제 해결의 EOS Kick

김 교장은 인화를 강조하는 지도성에 불만이 있어 과업을 더 강조하려고 하고, 박 교장은 교사들의 성숙도에 따라 지도성을 융통 있게 적용하고 있다. 이와 같이 상황에 따라 적절한 지도성을 발휘하는 것은 '상황적 지도성'에 해당한다.

상황적 지도성(contingency leadership)은 지도자의 특성이나 행위의 중요성을 부정하지는 않지만 지도자의 특성이나 행위는 지도자가 지도성을 발휘하는 상황적 맥락 속에서 고려되어야 함을 강조한다. 상황적 지도성에 속하는 이론들로는 피들러(Fiedler)의 상황이론, 레딘(Reddin)의 3차원 지도성 유형, 허쉬와 블랜차드(Hersey & Blanchard)의 상황적 지도성 유형이 있다.

특히 허쉬와 블랜차드는 지도성 행위를 과업행위(지도자는 부하직원들에게 무슨 과업은 언제, 어떻게 수행해야 할 것인가를 설명함으로써 일방적인 의사소통에 전념)와 관계성 행위(지도자는 사회·정서적 지원, 즉 '심리적 위로'를 제공하고 일을 촉진하는 행동을 함으로써 쌍방 의사소통에 전념)를 구분하고 구성원의 성숙도를 주요한 상황적 변인으로 보고 이를 통합시켰다. 성숙도에는 직무성숙도(교육과 경험에 의하여 영향을 받게 되는 개인적 직무수행 능력)와 심리적 성숙도(성취욕구와 책임을 수용하려는 의지를 반영한 개인적 동기수준)의 두 가지를 포함한다.

22

다음 내용을 참고로 김 교장이 발휘한 지도성의 명칭과 이 지도성을 발휘하는 핵심 요인 3가지를 설명하시오.

EOS 중학교는 저소득층이 밀집된 지역에 위치하고 있는 공립학교이다. 낮은 학업성취도, 경제적·문화적 결핍 등으로 인해 학생들의 분위기는 가라앉아 있었다. 교사들은 이것을 어쩔 수 없는 것으로 받아들였고, 학생교육에 대한 열의도 부족하였다. 그런데 김 교장이 부임하면서 학교 분위기는 크게 변화하기 시작하였다.

우선 김 교장과 교사들은 계속적인 대화를 통해 서로 인식의 차이를 인정하고 학교를 발전시킬 비전을 공동으로 설정하였다. 학교문제 해결을 위해 여러 팀을 구성하여 교사들이 전체 상황과 연계시켜 체제적으로 사고할 수 있도록 하였으며, 이 과정에서 교사 상호 간에 존중하면서 배우는 문화가 정착되었다. 김 교장은 교사들을 개별적으로 배려하면서 참신하고 비판적인 사고를 할 수 있는 개인적 역량을 고취했다. 그 결과 교사들로부터 신뢰와 존경을 얻었으며, 전반적인 학생들의 학업 분위기가 개선되었다.

_____

_____

 문제 해결의 EOS Kick

　김 교장은 침체된 학교 분위기를 개선하고자 교사들과의 대화를 통해 학교를 발전시킬 비전을 설정하고 교사들을 배려하면서 개인적 역량을 고취하도록 하는 지도성을 발휘하고 있다. 이런 지도성은 '변혁적 지도성'에 해당한다.

　이 지도성의 요인은 첫째, 부하들에게 신뢰와 존경심을 형성하고 변화를 이끌 이상화된 감화력, 둘째, 조직의 목표를 이끌 비전을 제시하는 영감적 동기, 셋째, 부하들의 잠재력을 높은 수준으로 발전시키고 자기 발전에 대한 책임을 갖도록 하는 개인적 배려 등이다.

All In One

[유사 기출 지문]

새 학교로 부임한 장 교장은 우선 교사들과 계속적인 대화를 통해 서로 인식의 차이를 인정하고 학교를 발전시킬 비전을 공동으로 설정하였다. 학교문제 해결을 위해 여러 팀을 구성하여 교사들이 전체 상황과 연계시켜 체제적으로 사고할 수 있도록 하였으며, 이 과정에서 교사 상호 간에 존중하면서 배우는 문화가 정착되었다. 장 교장은 교사들을 개별적으로 배려하면서 참신하고 비판적인 사고를 할 수 있는 개인적 역량을 고취했다.

23

다음과 같이 학교장이 발휘한 지도성의 명칭과 이러한 지도성의 기본전제 3가지를 설명하시오.

- 학교조직 내의 모든 교원을 각각 지도자로 성장시킨다.
- 교원들이 자신을 스스로 이끌 수 있는 능력을 개발하도록 한다.
- 교원들이 자율적으로 팀을 형성하고 협력적으로 직무를 수행할 수 있는 조직문화를 만든다.

문제 해결의 EOS Kick

지문은 '초우량(super) 지도성'에 대한 설명들이다. 초우량 지도성이론은 만즈와 심스(Manz & Sims)에 의해 제안된 것으로, 추종자들로 하여금 스스로를 규율하는 자율적 지도자가 되도록 이끄는 방법을 개발하고 실행하는 것을 의미한다. 초우량 지도성의 기본전제는 다음과 같다.

첫째, 추종자들은 자기 지시적이다. 즉, 추종자는 그 자신을 스스로 통제할 수 있다.

둘째, 관리 및 조직에 대한 통제는 추종자들에 의해 지각되고, 평가되며, 수용되는 방식에 따라 그 효과가 달라진다.

셋째, 효과적인 지도자는 추종자들이 스스로를 이끄는 방식에 영향을 줄 수 있는 사람이다.

24

다음에서 설명하고 있는 장학의 명칭과 특징을 설명하시오.

- 코간(Cogan)이 개발한 방법이다.
- 교사와 장학담당자 간의 관계가 상하관계라기보다는 상호 간에 같이 일한다는 동료적 인간관계에 기초를 두고 있다.
- 장학의 과정 중 수업 → 협의회 → 새로운 계획의 재수립 등의 순환적 과정을 거친다.

___

___

 문제 해결의 **EOS Kick**

　코간이 개발하였고, 교사와 장학담당자 간에 동료적 인간관계를 바탕으로 한 것은 '임상장학'에 해당한다. 임상장학은 학급 내에서 일어나는 교사와 학생 간의 상호 작용 및 수업과 관련된 교사의 지각·신념·태도·지식에 대한 정보를 중심으로 수업의 개선을 도모하고자 하는 장학이다.

　임상장학의 특징은 장학담당자와 교사의 관계가 상하관계라기보다는 쌍방적 동료관계를 지향한다는 점이다. 장학담당자는 교사와 사전에 수업계획에 대해 충분한 협의를 한 후 수업을 관찰·분석하고 분석된 자료를 토대로 교사의 수업활동을 평가하며 이에 기초하여 교수활동을 개선한다. 또한 임상장학은 교사의 전문적 성장과 교실수업의 개선에 근본적인 목적을 둔다.

All In One

25

다음과 같은 특성을 가진 장학의 명칭과 특징을 설명하시오.

- 대상 교사 및 대상 학생들의 장·단점을 잘 알고, 실제적 경험을 바탕으로 지도·조언할 수 있다.
- 장학 인력의 부족 문제와 장학담당자의 방문평가에 대한 교사의 거부감 문제를 어느 정도 해결할 수 있다.

문제 해결의 EOS Kick

대상 교사 및 학생들의 장점과 단점을 잘 알고, 실제적 경험을 바탕으로 지도 및 조언할 수 있는 장학은 '동료장학'이다. 동료장학(Collegial Supervision)은 동료 교사들이 팀을 이루어 상호지도·조언해 줌으로써 교수의 질을 향상하고자 하는 장학활동을 말한다.

동료장학은 특별한 형식이나 절차를 요하지 않고 내용도 전문적인 교수기술이나 학습의 내용에서부터 개개인의 가치관이나 성격의 문제에 이르기까지 매우 포괄적이고 다양하다. 동료장학은 부담 없이 교사 상호 간 수업참관과 협의 위주로 이루어지며 학습지도 자료를 공동으로 개발할 수도 있다. 실시방법은 학년 부장교사나 교과 부장교사를 중심으로 교과별, 학년별로 계획을 수립하여 실시할 수 있다.

26

다음에서 박 교사와 강 교사가 주장하는 장학의 명칭과 개념을 설명하시오.

> 박 교사 : 이 장학은 대상 교사 및 대상 학생들의 장·단점을 잘 알고, 실제적 경험을 바탕으로 지도·조언할 수 있다고 봅니다. 장학 인력의 부족 문제와 장학담당자의 방문평가에 대한 교사의 거부감 문제를 어느 정도 해결할 수 있다고 생각합니다. 나아가 적극적인 동료관계를 증진시킬 수도 있다고 봅니다.
>
> 강 교사 : 이번 학기에 제가 근무하는 중학교는 신규 교사인 김 교사가 발령을 받았습니다. 교장 선생님은 김 교사가 수업에 어려움을 느끼지 않는지 교감에게 수업을 참관하도록 지시하였습니다. 교감은 김 교사의 교실을 잠시 방문하여 수업을 참관하고, 그 결과를 교장에게 보고한 후, 김 교사를 만나 간단한 조언을 해주었습니다.

 문제 해결의 EOS Kick

　박 교사는 동료들을 장학활동에 활용할 수 있는 '동료장학'을 말하고 있다. 동료장학은 둘 이상의 교사가 서로 수업을 관찰하고 관찰 사항에 대해 상호 조언하며, 서로의 전문적 관심사에 대해 토의함으로써 자신들의 전문적 성장을 위해 함께 연구하는 장학을 말한다.

　강 교사는 교장과 교감이 중심이 된 '전통적 장학'에 대해 말하고 있다. 전통적 장학은 교장이나 교감이 비공식적으로 학급을 순시하거나 수업을 관찰하는 불시 방문을 통해 교사들에게 지도 및 조언을 제공하는 장학의 일종이다.

27

다음에 나타나 있는 장학의 유형의 명칭과 이 장학을 적용하는 데 있어서 유의할 사항을 설명하시오.

> 이번 학기에 EOS 중학교에는 신규 교사인 김 교사가 부임하였다. 교장은 김 교사가 수업에 어려움을 느끼지 않는지 교감에게 수업을 참관하도록 지시하였다. 교감은 김 교사의 교실을 잠시 방문하여 수업을 참관하고, 그 결과를 교장에게 보고한 후, 김 교사를 만나 간단한 조언을 해주었다.

문제 해결의 EOS Kick

　교장 혹은 교감이 잠시 교실을 방문하는 형태로 진행되는 장학을 '약식 장학'이라고 한다. 약식장학은 '전통적 장학' 혹은 '확인 장학'(administrative monitoring)이라고도 하며 교장이나 교감이 비공식적으로 학급을 순시하거나 수업을 관찰하는 불시 방문을 통해 교사들에게 지도, 조언을 제공하는 방법이다.

　'약식 장학'을 적용함에 있어 유의할 사항으로는 첫째, 공개적이어야 한다. 둘째, 계획적이고 정해진 일정에 의해 이루어져야 한다. 셋째, 학습 중심적이어야 한다. 넷째, 교장이나 교감 등 행정가는 교사에게 피드백을 주고, 또한 교수 프로그램과 학교풍토의 현상에 대한 평가의 부분으로 관찰 자료를 사용해야 한다.

28

지문의 김 교사가 최 교사로부터 지도받은 장학의 명칭과 이 장학이 기존의 장학과 다른 차이점을 3가지로 설명하시오.

> 김 교사는 부유한 지역에 위치한 중학교에서 사회·경제적으로 열악한 지역의 학교로 옮기게 되었다. 김 교사는 이 학교에 오면서부터 유난히 수업진행에 어려움을 느꼈다. 김 교사는 무엇이 문제인지 혼란스러웠다.
> 그러던 중에 교육지원청에서 홈페이지에 장학코너를 개설했다는 이야기를 듣고 접속하여, 수업상 애로점을 올리고 도움을 요청했다. 교육청에서 장학위원으로 선발되어 있던 샛별중학교의 경력 12년차인 최 교사가 장학을 맡게 되었다. 최 교사는 학습동기를 유발하기 위한 전략과 학생들이 학습내용을 잘 이해할 수 있도록 하는 전략이 필요하다고 지적했다.

 문제 해결의 EOS Kick

김 교사가 최 교사로부터 받은 장학의 유형은 '컨설팅 장학'이다. 원래 컨설팅이란 일정한 전문성을 갖춘 전문가들이 의뢰인의 요청에 따라 조직의 문제와 기회를 조사, 확인, 발견하며, 이것의 해결, 변화, 발전을 위한 방안과 대안들을 제시하고, 필요한 경우 시행을 돕는 활동을 말한다. 이러한 컨설팅의 의미와 원리를 장학에 적용한 것이 컨설팅 장학이다. 한 마디로 컨설팅 장학은 교원들의 전문성 계발을 위해 교원들의 요청과 의뢰에 의해 전문성을 갖춘 사람들이 제공하는 자문활동이다.

컨설팅 장학과 기존 장학과의 차이점은 첫째, 장학이 단위학교나 교육청이 상급의 위치에서 주도한 계획에 의해 타율적으로 시행되는 반면 컨설팅 장학은 의뢰인인 교사가 주최가 되고 동등한 위치에서 그들의 필요와 욕구를 충족하기 위한 자발적 활동이다. 둘째, 장학이 상급 기관으로서 학교 및 교사에 대한 감독, 평가를 포함한 지도 차원이라면 컨설팅 장학은 순수하게 교원들에게 부딪친 문제해결 중심의 다양한 전문성 제공으로 과업 수행을 돕고 지원하는 차원이다. 셋째, 장학이 교육행정기관이 설정한 제한적인 영역이고 감독의 책임인 반면 컨설팅 장학의 영역은 의뢰인이 필요로 하는 모든 영역이 된다.

29

다음의 내용을 모두 포함하고 있는 장학이론의 명칭과 이 장학이 인간관계론적 장학과 다른 점을 설명하시오.

- 대다수의 교사는 주어진 직무 이상으로 책임감을 발휘할 수 있다.
- 학교의사결정에 교사가 참여함으로써 학교효과성이 증대되고, 그 결과 교사의 직무만족이 증대된다.
- 학교경영자의 기본 과제는 교사들이 학교의 목표달성에 능력을 최대한 발휘할 수 있는 환경을 조성하는 일이다.

문제 해결의 EOS Kick

의사결정에 교사의 참여를 통해 학교 효과성이 증대되고 그 결과 교사의 직무만족이 증대된다고 보는 장학이론은 '인간자원론적 장학'에 해당한다. 인간자원론적 장학은 과학적 관리론, 인간관계론, 조직의 과업과 조직 구성원인 인간의 관심을 통하여 새로운 이론을 형성하려는 수정주의적 관점을 반영한 장학이론이다.

인간자원론적 장학은 1979년 서지오반니와 스타래트(Sergiovanni & Starratt)에 의해서 주장된 것으로, 이 장학은 교사의 사기나 만족이 유지될 수 있도록 조직을 조작하는 것이 아니라 개인의 욕구와 잠재능력, 수행 가능성, 사명감, 자아 존중감을 가지고 능동적으로 충분히 기능할 수 있는 경쟁력 있고 활력이 넘치는 조직이 되도록 하는 데 보다 큰 관심을 가진다.

인간자원론적 장학은 학교의 목표달성도 자체보다는 학교의 목표실현을 통해서 교사로 하여금 인간적 자질을 함양하고 욕구를 충족시키거나 만족을 증대하는 데 관심을 갖는다. 교사를 의사결정에 참여시키면 과업을 성공적으로 수행하여 학교의 효과성이 증대되고, 그 결과 교사의 만족감이 증대된다고 본다(의사결정에 교사의 참여 → 학교의 효과성 증대 → 교사의 만족 증대).

이 점에서 인간관계론적 장학과 차이가 있다. 인간관계론적 장학에서는 교사를 의사결정에 참여시키면 만족하게 되어 그 결과 학교의 목표 달성도가 증대된다고 본다(의사결정에 교사의 참여 → 교사의 만족 증대 → 학교의 효과성 증대).

30

다음의 대화에서 세 교사가 언급하고 있는 장학지도 유형의 명칭과 특징을 설명하시오.

> 김 교사 : 금년에 발령받은 최 교사는 수업의 질이 낮아 학생과 학부모의 불만이 많습니다. 그의 수업 전문성을 향상하기 위해서는 전문성을 갖춘 교내 교원의 개별적 도움이 필요합니다. 최 교사의 수업을 함께 계획하고, 실제 수업을 관찰, 분석, 피드백 해줄 필요가 있습니다.
> 박 교사 : 김 선생님, 저도 초임 때는 그런 경험이 있어요. 이제 중견교사가 되고 보니 그 동안의 노력과 경험으로 수업에 대한 자신감이 생기긴 했어요. 그래도 더 좋은 수업을 위해 제가 필요하다고 생각하면 대학원에도 다니고 각종 연수에도 적극 참여하려고 합니다.
> 이 교사 : 부족한 부분을 채워야 하겠다는 자발적 의지가 중요해요. 학교에서 일상적으로 이루어지는 장학 활동보다는 내가 모르는 것을 교내·외의 유능한 전문가에게 의뢰하고 체계적인 도움을 받았으면 해요. 때로는 누군가가 전문가를 소개해 주었으면 해요.

 문제 해결의 EOS Kick

김 교사는 계획-수업참관-분석 및 피드백으로 진행되는 장학은 '임상장학'이다. 임상장학은 교실에서 이루어지는 교수-학습의 과정에서 일어나는 사태를 실제로 관찰하여 자료를 얻고 이를 토대로 교사와 장학담당자가 교수계획과 전략을 수립하여 실행한 다음 그 결과를 평가하여 교수-학습 과정에 재반영함으로써 교사의 교실활동을 개선하고 학생의 학습효과를 높이려는 장학이다.

박 교사는 대학원 진학이나 각종 연구를 통해 스스로 수업방법 개선을 위해 노력하는 장학은 '자기장학'이다. 자기장학은 임상장학을 필요로 하지 않거나 원하지 않는 교사가 혼자 독립적으로 자신의 전문적 성장을 위해 연구하는 과정으로 교사 자신이 자기발전을 위한 노력을 스스로 다할 수 있도록 북돋아 준다.

이 교사는 교내외의 유능한 전문가에게 의뢰를 통해 전문성 신장을 강조하는 장학은 '컨설팅 장학'이다. 컨설팅 장학은 교원들의 전문성 계발을 위해 교원들의 요청과 의뢰에 의해 전문성을 갖춘 사람들이 제공하는 자문활동이다.

31

다음에서 설명하고 있는 학교경영 관리기법의 명칭과 이 기법을 학교경영에 적용했을 때 나타날 수 있는 장점을 설명하시오.

- 드러커(P. Drucker)가 소개하고, 오디온(G. Odiorne)이 체계화하였다.
- 조직 구성원의 전체적인 참여와 합의를 중시한다.
- 활동의 과정과 결과에 대해 평가하며 수시로 피드백 과정을 거친다.
- 학교운영의 분권화와 참여를 통해 관료화를 방지할 수 있다.

문제 해결의 EOS Kick

학교경영기법으로 적용되고 있는 기법 가운데 드러커와 오디온 등이 체계화한 것은 '목표관리기법'(Management by Objectives)이다. 목표관리기법은 목표에 의한 관리 또는 목표관리를 의미하는 것으로 드러커에 의해서 처음으로 제창되었으며, 그 후 오디온에 의해 널리 보급되기에 이른 경영목표, 나아가 경영계획의 효율적인 달성을 위한 하나의 관리방안이라 할 수 있다.

교육에서 목표관리는 교육목표달성에 교직원의 공동 참여, 목표달성을 위한 각자 책임 영역의 명료화와 합의, 공동 작업에 의한 목표실현의 노력 및 성과의 평가와 보상, 교직원 각자의 자기통제를 통한 목표도달 등이 순환과정을 밟아 이루어지는 역동적 교육경영체제이다.

이러한 목표관리를 학교경영기법으로 활용하는 경우 모든 학교활동을 학교교육목표에 집중시킴으로써 교육의 효율성을 제고시킬 수 있고, 교직원의 참여의식을 높이고, 교직원의 역할과 책무성을 명료히 하는 장점이 있다.

32

다음의 내용을 가장 잘 나타내고 있는 학교경영기법의 명칭과 개념을 설명하시오.

- 집단 간의 역동적인 상호작용 중시
- 행동과학적 지식과 기술을 주로 활용
- 학교조직의 구조, 가치, 신념을 변화시키기 위한 교육전략 활용
- 학교의 목적과 개인의 욕구를 결부시켜 학교 전체의 변화도모

 문제 해결의 EOS Kick

학교경영기법 가운데 행동과학적 지식과 기술을 활용해서 조직의 모든 부분을 변화시키고자 하는 것은 '조직개발기법'이다.

조직개발기법(Organizational Development)이란 행동과학적인 지식과 기술을 활용하여 조직의 목적과 개인의 욕구를 결부시켜 조직 전체의 변화와 발전을 도모하려는 기법으로 새롭고 급변하는 기술·시장·도전에 잘 적응할 수 있도록 조직의 태도·가치·신념·구조 등을 변화시키기 위해 고안된 복합적인 전략이라 할 수 있다.

33

다음 사례에서 김 교사가 채택하고 있는 학교경영기법의 명칭과 개념을 설명하시오.

> 부장교사인 김 교사는 '과학의 날 행사'를 일정에 맞게 차질 없이 추진하기 위해 행사와 관련된 세부적인 작업 활동과 단계 및 상호관계, 소요시간과 경비 등을 검토하여 플로차트(flow chart)를 작성하고 이에 따라 업무를 추진하였다.

 문제 해결의 EOS Kick

김 부장교사는 과학의 날 행사를 추진하기 위해 플로차트를 활용하고 있다. 이런 기법은 '사업평가검토기법'(PERT)이라고 한다.

사업평가검토기법은 하나의 사업을 세부작업 활동과 작업수행단계 등으로 세분하고 이들의 선후관계와 인과관계를 따져 사업추진 공정을 도표화하여 사업을 보다 합리적이고 체계적으로 수행하도록 계획하는 방법을 말한다.

34

다음의 대화에 나타난 교장의 생각과 일치하는 예산편성 기법의 명칭과 개념을 설명하시오.

> 송교사 : 내년에는 우리 학교 학생들이 일본의 자매 학교를 방문할 계획이 있는데……
> 정교사 : 그런 돈이 어디에 있어? 올해 예산을 잘 봐.
> 송교사 : 아냐. 교장 선생님이 올해 예산은 생각하지 말고 계획을 세우라고 했어.
> 정교사 : 그래? 그럼 올해 예산은 참고할 필요가 없네.

___

___

 문제 해결의 EOS Kick

  지문에서 송 교사의 주장과 같이 올해 예산은 생각하지 말고 계획을 세우라고 한 교장의 말 속에 나타난 예산기법은 '영기준 예산제도'(ZBBS)이다.
  영(零)기준 예산제도(Zero Base Budgeting System, ZBBS)란?
  전(前)회계연도의 예산에 구애받지 않고 의사결정단위인 조직체의 모든 사업과 활동에 대해 Zero Base를 적용한다. 체계적으로 비용-수익분석 혹은 비용-효과분석을 행하고 그에 따라 우선순위를 정해서 예산을 결정하는 방식을 따르는 방법이다.

교육심리 파트 메타 분석 42문항

1

현대 교육심리학의 4가지 경향(행동주의, 정신분석학, 인지주의, 인본주의)에 따라 각각 인간행동을 바라보는 관점을 설명하시오.

문제 해결의 EOS Kick

현대 교육심리학은 일반 심리학의 경향을 적용해서 '행동주의 심리학', '정신분석학', '인지주의 심리학' 그리고 '인본주의 심리학'으로 대표된다.

행동주의 심리학은 관찰 가능한 인간의 외적 행동에 초점을 두며, 이 행동은 조건화에 의해 결정된다고 본다.

정신분석학은 인간의 행동은 억압된 무의식적 충동, 성적 만족, 폭력이나 파괴의 본능적 경향성에 의해 결정된다고 본다.

인지주의 심리학은 인간은 환경으로부터 받은 자극이 어떻게 진행되는지에 관심을 갖는다. 인지주의는 Gestalt 심리학에서 출발해서 정보처리이론 등으로 발전되었다.

제3의 심리학으로 출발된 인본주의 심리학은 인간의 모든 행동은 목적을 실현하기 위한 행동으로 간주한다. 특히 매슬로우는 인간이 자아실현의 욕구를 가지고 태어난다고 보았다. 이러한 욕구는 인간을 성장하게 하고 발달하게 하며, 인간 자신을 실현시키고 인간 모두가 성숙하게 하는 원동력이 된다. 그가 말하는 자아실현인이란 순수하고 진지한 사람으로 행복하며 가장 생산적이고 만족스러운 삶을 사는 사람을 말한다.

2

발달의 개념과 발달의 일반적 성격(원리) 3가지를 설명하시오.

___

___

___

 문제 해결의 EOS Kick

발달(development)이란 인간이 출생, 성장, 노쇠의 과정을 거쳐 죽음에 이르기까지의 모든 변화과정을 말한다. 발달의 일반적 성격은 다음과 같다.
① 발달은 개체와 환경과의 상호작용이다.
② 발달은 일정한 발생학적 순서에 따른다.
③ 장기적 발달은 규칙적이지만 단기적인 발달은 불규칙하다.

3

다음의 진술들에 부합하는 발달 이론의 명칭과 미시체계에 속하는 대표적인 예를 설명하시오.

- 개인의 발달은 유전과 환경 모두의 영향을 받는다.
- 환경의 다차원적인 체계가 상호작용하여 발생하는 힘이 개인의 발달과 행동에 영향을 미친다.
- 개인을 둘러싼 환경은 미시체계, 중간체계, 외체계, 거시체계의 네 층과 시간체계로 구분된다.
- 개인의 발달에 영향을 미치는 지배적인 환경은 연령 증가에 따라 미시체계에서 바깥층의 체계로 점차 이동한다.

___

___

 문제 해결의 EOS Kick

　발달 이론 가운데 개인의 발달에 미치는 환경의 다차원적인 체계를 제시한 이론은 브론펜브레너(U. Bronfenbrenner)의 '생태학적 이론'이다. 이 이론에서 말하는 인간의 발달에 직접적인 영향을 미치는 미시체계는 가족, 학교, 친구 등을 들 수 있다.

4

레빈(K. Lewin)이 제시한 B=f(P·E)라는 공식이 나타내는 의미를 설명하시오.

___

 문제 해결의 EOS Kick

　장이론(형태심리학)에 근거해서 레빈(K. Lewin)은 인간의 발달이란 개체가 지니고 있는 내부의 힘과 생활환경의 힘이 상호 작용하여 하나의 새로운 체제(場)를 이루는 과정이라고 보고 이를 행동공식 B = f(P·E)로 제시하였다. 각각은 다음과 같다.

　B(Behavior: 행동), P(Person: 사람), E(Environment: 환경)

5. 청소년기에 나타나는 '심리적 이유'의 개념과 특징을 설명하시오.

___

 문제 해결의 EOS Kick

심리적 이유(psychological weaning)란 다음과 같다.

아동은 '청년기'에 접어들면서 사회적 승인 혹은 인정을 받고자 하는 욕구가 강해진다. 즉 그들도 성인으로서 사회의 한 구성원으로서 인정을 받고 싶어 한다. 그러나 사회인임을 자처하고 그로서의 권리를 주장하면 그에 비례해서 사회인으로서의 의무와 책임이 수반된다는 것을 깨닫게 된다. 여기에서 자립, 자율 그리고 자기 일에 책임을 질 줄 아는 인식이 생겨나는 것을 심리적 이유라고 한다.

상담에서는 상담관계의 종결에서 내담자가 더 이상 상담자의 도움에 의존하지 않고 혼자서 자기 일을 수행해 나갈 수 있는 상태를 말한다.

6

지문의 이 교사가 주장하는 청소년기의 특징을 설명하는 개념을 제시하고, 지 교사의 주장에 나타난 청소년기의 자기중심적 사고의 특징을 엘킨드(Elkind)가 주장한 개념을 중심으로 설명하시오.

> 이 교사 : 아마도 청소년기의 가장 큰 특징은 아동이 성인으로 발달하는 과도기라는 데 있으며 이는 아동기에도 성인기에도 속하지 않는 독특한 시기이지만, 동시에 양자에 모두 속하는 시기이기도 하지요.
> 지 교사 : 그러다 보니 청소년들은 때로는 아동으로, 때로는 성인으로 대우받기도 하고, 때로는 어느 편에도 속하지 못해 방황하기도 하고 고민하기도 하고, 또 어떤 때는 자기중심적으로 사고하기도 하는 대단히 모순된 행동으로 나타내기도 하는 것 같습니다.

_____

_____

_____

_____

문제 해결의 EOS Kick

청소년기는 아동기와 성인기의 사이에 있는 시기이므로 주변인 혹은 경계인으로 표현하기도 한다.

엘킨드는 청소년기의 자아 중심적 사고 양식으로 '상상적 청중'과 '개인적 우화'를 주장하였다.

상상적 청중이란 자신은 항상 무대 위에 있어 모든 사람이 자신의 행동과 외모에 관심을 기울이고 있다고 생각하는 것을 말한다.

개인적 우화란 사춘기 자신의 독특성에 대한 비합리적이고 허구적인 관념으로 자신과 자신의 경험은 남과 달리 독특하다는 믿음으로 표출되며, 청소년들이 왜 모험이나 무모한 행동을 하는지를 설명해 준다.

7

다음은 피아제(J. Piaget) 이론의 인지발달 기제와 관련된 예화이다. ㉠, ㉡, ㉢에 해당되는 개념의 명칭과 특징을 설명하시오.

효주는 모둠 학습과제를 위해 디지털 카메라를 꺼내어 작동시켜 보았더니 고장이 나 있었다. 그래서 어머니께서 빌려다 주신 것을 사용하게 되었다.
㉠ 낯선 제품이었지만 평소 자기의 카메라를 다루던 방식으로 전원 스위치를 눌렀더니 작동이 되었다.
그러나 ㉡ 풍경모드로 전환하는 방식이 예전의 자기 것과는 달라 당황스러웠다.
효주는 ㉢ 기능 버튼을 이리저리 눌러 보고 새로운 제품의 사용방법을 익혔다. 그 결과 그 제품을 자유로이 다룰 수 있게 되었다.

문제 해결의 EOS Kick

㉠ - 낯선 제품이지만 평소 자기의 카메라를 다루던 방식으로 다루는 것은 동화이고,
㉡ - 풍경모드로 전환하는 방식이 예전과 달라 당황스러웠다는 것은 비평형
㉢ - 기능 버튼을 눌러 보고 새로운 제품의 사용방법을 익혔다는 것은 조절이다.

동화(Assimilation)란 "새로운 지각물이나 자극 사건을 이미 가지고 있던 도식(Schema) 혹은 행동양식에 젖어들게 하는, 즉 통합되게 하는 인지과정"을 의미하며,

조절(Accommodation)은 "새로운 Schema를 만들거나 낡은 Schema를 알맞게 고치는 인지과정"으로 조절은 인지구조의 질적 변화를 가져온다.

동화와 조절은 서로 반복되어 일어나서 인지구조의 발달을 가져오게 된다.

또한, 평형(Equilibrium)이란 동화와 조절의 균형 작용을 말하는데 인지작용의 과정은 일반적으로 동화-비평형-조절-평형의 과정을 거친다.

> 8
>
> 태어난 지 6개월 된 효주는 공을 가지고 놀다가 그 공이 안 보이는 곳으로 굴러가 버리면 공이 자기 손에 쉽게 닿는 가까운 곳에 있어도 그 공을 찾으려 하지 않는다. 이러한 현상을 피아제의 이론으로 설명하시오.

_____

_____

 문제 해결의 EOS Kick

　유아의 사고가 보기, 듣기, 움직이기, 만지기, 맛보기 등을 포함하기 때문에 가장 초기의 인지발달 단계를 '감각 운동기'(sensorimotor stage)라고 부른다.

　이 시기의 가장 특징은 '대상 영속성'(object permanence)의 개념이 형성되지 않아 환경 속에 물체는 유아의 지각 유무와는 관계없이 존재한다는 사실을 알지 못한다.

9

피아제(Piaget)의 인지발달단계에서 전조작기에 나타나는 대표적인 특징 3가지를 설명하시오.

 문제 해결의 EOS Kick

전조작기는 사건을 표상할 수 있는 단계로서 가장 중요한 특징은 언어발달과 행동의 사회화이며, 그 밖에 자기중심적 사고, 물활론적 사고, 중심화, 비가역성 등이 나타난다.

① 자기중심성이란 다른 사람도 자신과 같이 생각한다고 여기며 다른 사람의 역할과 견해를 고려하지 못하고 자신의 사고를 반영하지 못한다.

② 물활론적 사고는 모든 사물이 살아 있고 각자의 의지에 따라 움직인다고 생각하는 것을 말한다.

③ 비가역성이란 사물의 형태가 모향이 바뀌면 원래의 모습을 이해하지 못하는 사고를 말한다.

10

다음의 대화 내용에 근거할 때, 은주의 인지 발달 양상과 인지발달 단계를 설명하시오.

교사 : 은주야, 그림 속에는 장미꽃이 몇 송이나 있지?
은주 : 여덟 송이요.
교사 : 국화꽃은 몇 송이지?
은주 : 다섯 송이요.
교사 : 장미꽃과 국화꽃 중에서 어느 것이 더 많을까?
은주 : 장미꽃이요.
교사 : 그러면 장미꽃이 많을까, 꽃이 많을까?
은주 : 장미꽃이요.
교사 : 왜 그렇게 생각하지?
은주 : 그냥 그래요.

___

___

문제 해결의 EOS Kick

　은주가 보이는 사고의 특징은 사물을 하나의 관점에서만 생각하는 경향인 중심화(centuration)를 말하고 중심화 경향이 나타나는 시기는 전조작기이다.

11

다음 수업 상황에 나타난 아동들의 특징을 피아제의 인지발달 단계 중 전조작기에 비추어 설명하시오.

입학 첫날, 김 교사는 반 아동들에게 교실행동 요령을 가르치고 있었다. "선생님의 질문에 답하려면 먼저 오른손을 드세요. 그리고 선생님이 이름을 부르면 일어나서 대답하세요."라고 말하고, 아동들을 똑바로 마주 보고 시범을 보이면서 "선생님처럼 오른손을 들어보세요."라고 지시했다. 그러자 아동들은 대부분 왼손을 들었다.

문제 해결의 EOS Kick

지문의 아동들이 보이는 특징은 피아제의 인지발달 이론에 근거해서 보면 전조작기의 자기중심성으로 설명이 가능하다. 전조작기의 아동은 지각이 아동의 사고를 지배하는 시기이며, 추론 능력이 결핍되어 있기 때문에 자신의 입장에서 세상을 보며 타인의 관점을 잘 인식하지 못하게 된다. 그 핵심적인 개념이 '자기중심성'(egocentrism)이다.

이 문제에서도 선생님이 든 오른손을 아이들은 왼손을 든 것으로 지각하게 되어 자신들은 왼손을 드는 행동을 하게 된다.

12

다음에 드러난 효주의 행동을 피아제(Piaget)의 인지발달 단계를 적용하면 어느 단계에 해당하는지 설명하시오.

효주는 요즘 들어 물건 정리에 재미를 붙인 듯하다. 학급 문고의 책들을 위인전과 동화책으로 나누어 다른 칸에 꽂더니 곧 위인전은 두꺼운 순서대로, 동화책은 표지의 색깔별로 정리하고 있다. 책 정리 다음에는 친구들의 연필을 모두 모아서 길이대로 늘어놓는다.

___

문제 해결의 EOS Kick

효주의 행동은 위인전을 순서대로 나열하는 것은 서열화의 개념을 획득한 것으로 피아제의 인지발달 단계에서 볼 때, 연령적으로는 7~12세 정도이다. 즉 구체적 조작기에 해당한다.

구체적 조작기는 실재하는 구체적인 사물을 통해 논리적 사고 및 가역적 사고가 가능하고, 자기중심성에서 해방되어 또래 집단과의 사회적 상호작용이 가능하다.

13

다음은 피아제(J. Piaget) 인지발달이론에서 제시한 어떠한 발달단계를 나타낸 것이다. 이 단계의 개념과 특징을 설명하시오.

- 구체적인 경험과 관찰의 한계를 넘어서, 제시된 정보에 기초해서 내적으로 추리한다.
- 사고에 대한 사고, 즉 메타사고(meta-thinking)의 과정을 통해 자신의 사고 내용에 대해 숙고하는 과정이다.
- 문제를 해결하는 과정에서 기존의 지식을 새로운 장면에 쉽게 적용하거나 새로운 지식을 창조하는 일에 깊이 관여한다.
- '할아버지와 할머니의 관계는 아버지와 어머니의 관계에 해당한다.'와 같이 대상들 간의 관계를 유추하는 과정에서 작용한다.

 문제 해결의 EOS Kick

　제시된 정보에 기초해서 내적으로 추리한다거나 메타사고, 대상들 간의 관계를 유추하는 과정에서 작용하는 개념은 반성적 추상화(reflective abstraction)를 말하는 것이다.

　형식적 조작기는 구체적이고 실제적인 상황을 넘어서 추상적으로 사물을 다룰 수 있는 시기로 문제의 특징을 가장 잘 나타내는 형식적 조작단계의 특징이 '반성적 추상화'이다.

　반성적 추상화란 구체적인 경험과 관찰에서 벗어나, 제시된 유용한 정보에 근거해서 내적으로 추리하는 것으로 새로운 지식을 창조하는 일에 깊이 관여하는 사고이다.

14

다음은 어느 부모의 육아일기에서 일부의 내용들을 발췌하여 순서 없이 나열한 것이다. 이것을 피아제(Piaget)의 인지발달 이론을 기초로 발달 단계에 따라 순서대로 나열하시오.

(가) 동일한 양의 물을 모양이 다른 그릇에 담아도 물의 양이 같다는 것을 알았다.
(나) 공을 가지고 놀다가 공이 안 보이는 곳으로 굴러가 버리지만 찾지 않았다.
(다) 어떤 문제에 대해 여러 가지 해결의 가능성을 상상하였다.
(라) 과자를 한 개 가지고 있는데도 더 달라고 졸라서, 엄마가 그 과자를 둘로 쪼개어 주었더니 아이는 더 달라고 하지 않고 만족스러워했다.

문제 해결의 EOS Kick

(가) 동일한 양의 물을 모양이 다른 그릇에 담아도 물의 양이 같다는 것을 안 것은 가역적 사고로 구체적 조작기의 특징을 말하고,
(나) 공을 가지고 놀다가 공이 안 보이는 곳으로 굴러가 버리지만 찾지 않았다는 것은 대상 항구성 개념으로 감각 운동기의 특징을 말하고,
(다) 어떤 문제에 대해 여러 가지 해결의 가능성을 상상한 것은 논리적 사고로 형식적 조작기의 특징을 말하고,
(라) 과자를 한 개 가지고 있는데도 더 달라고 졸라서 엄마가 그 과자를 둘로 쪼개어 주었더니 아이는 더 달라고 하지 않고 만족스러워한 것은 비가역적 사고로 전 조작기의 특징을 말한다.
그러므로 이를 인지발달단계의 순서로 나열하면 (나)-(라)-(가)-(다)이다.

15

아래와 같은 언어적 특징을 비고츠키(Vygotsky)와 피아제(Piaget)의 입장에서 각각 설명하시오.

- 인지적 미성숙의 표시이다.
- 자신의 행동과 사고를 안내한다.
- 나이가 들어감에 따라 점차 감소된다.
- 과제가 어렵고 혼동될 때 많이 사용된다.

 문제 해결의 **EOS Kick**

지문에 나오는 언어적 특징을 비고츠키는 '사적 언어', 피아제는 '자기 중심적 언어'로 설명하였다.

비고츠키는 '사적 언어'(private speech : 혼잣말) 형태의 언어가 인지 발달을 촉진한다고 보았다. 사적 언어란 알아들을 수는 있지만 다른 사람을 위한 의도가 없이 자기 자신에게 지향된 언어로 지기통제 기능을 한다.

비고츠키는 사적 언어는 자기조절 기능을 담당한다고 보았으며, 사적 언어는 나이가 들면서 사라지는 것이 아니라 좀 더 들을 수 없게 되고 점차 정신 속으로 들어가서 언어적 사고가 된다고 보았다.

반면 피아제는 사적 언어를 자기중심적 언어로 보고 자기중심적 언어는 사고의 전조작적 수준을 반영하며 이때 아동은 단 하나의 관점만을 가지고 있다고 보았다. 아동은 성장하면서 자기중심적 언어가 사라지고 구체적 조작기에 정상적인 사회적 언어로 대치된다고 주장하였다.

그러나 비고츠키는 사적 언어는 성인기에도 어려운 문제에 직면하거나 문제가 혼동되는 경우 나타나며 이때 사적 언어는 자기조절 혹은 자기 통제 기능을 담당한다고 보았다.

16

다음에 해당하는 프로이트(S. Freud)의 성격 발달 단계를 설명하시오.

> 이 시기에 남자 아이는 어머니에 대한 이성애적 감정과 갈등을 경험하고 극복하게 되는데, 아버지와의 동일시를 통해 대리 만족을 경험할 뿐만 아니라 성역할 태도를 발달시키고 부모의 가치와 규범 등을 내면화하게 된다.

 문제 해결의 EOS Kick

프로이트의 성격발달단계에서 '남근기'에는 이성의 부모에게 성적인 애정과 접근하려는 욕망인 오이디푸스 콤플렉스(Oedipus complex)를 경험하게 된다.

남자 아이들은 아버지에 대한 적대감을 억압하고 동일시를 통해 도덕률(super ego)과 가치 체계를 내면화하게 된다. 남근기는 연령적으로 볼 때 4~6세 정도에 해당한다.

17

다음은 에릭슨(E. Erikson)의 심리·사회적 발달이론에 따라 특정 시기의 발달 특징을 기술한 것이다. 발달단계의 명칭과 프로이트(S. Freud)의 성격발달이론에 해당하는 단계를 제시하시오.

> 이 시기의 아동은 소방관이나 경찰관과 같이 자신이 이해할 수 있는 직업을 수행하는 사람들을 유심히 지켜보거나 모방하려 하며, 자기가 속해 있는 사회에서 직업을 수행하는 데 필요한 기술을 직접 익히기 시작한다.
> 사회는 아동이 지식과 기술을 배워서 유능한 사람이 되도록 준비시켜야 한다. 만일 이 시기에 유능한 존재가 되려는 바람을 훌륭하게 성취할 수 있다면, 청소년기의 직업 선택은 단순히 보수와 지위의 문제를 초월하게 될 것이다.

문제 해결의 EOS Kick

새로운 기술과 사회적 능력을 학습하는 것은 에릭슨(Erikson)의 성격발달 단계에 비추어 볼 때 '근면성'이 발달하게 되는 시기로 연령적으로는 7세에서 11세 정도에 해당한다. 이를 프로이트의 성격발달단계에 비추어 보면 잠복기에 해당한다.

18

성진이와 수미의 대화 속에 나타난 수미의 정체감 상태를 설명하시오.

"성진아, 어떻게 그렇게 결정할 수 있니?" 수미가 놀라며 말했다. "넌 변호사가 되고 싶지 않다고 전에 그렇게 말했잖아. 난 아직 결정하고 싶지 않아. 아직 18살밖에 안 됐잖아. 나도 변호사가 되고 싶기 때문에 많은 고민을 해볼 거야. 하지만 그 많은 시간을 학교에 다니며 보낼 수 있을지는 아직 자신이 없어. 당분간 더 깊이 생각해 볼 거야. 희진아, 넌 어때?"

 문제 해결의 **EOS Kick**

청소년기의 정체감 상태 4가지는 정체감 유예, 정체감 성취, 정체감 유실, 정체감 혼미 등이다.

이 가운데 수미는 자신이 18세밖에 안 되었기 때문에 대학의 어느 과에 진학할지를 놓고 여러 가지 과목 수강을 통해 깊이 생각해 볼 거라고 말하고 있다. 이는 '정체감 유예' 상태를 말한다.

정체감 유예란 정체감 형성을 위해 노력 중에 있는 상태를 말한다. 에릭슨은 현대의 청소년들은 의무교육기간의 확대, 취학기간의 연장 등등으로 인해 과거에 비해 상당히 긴 청소년기를 보내고 있어 자아정체감 형성이 지연되는 현상으로 이를 설명하였다.

19

콜버그(Kohlberg)의 도덕적 추론 단계에 비추어 볼 때, 지문에서와 같이 대답한 은주가 속하는 도덕성 발달단계를 설명하시오.

- 상황 : 한 남자의 부인이 죽어가고 있었다. 부인을 살릴 수 있는 약은 있지만 너무 비싸고, 그것을 조제한 약사가 싼 가격에 약을 팔려고 하지 않았다. 어쩔 수 없어 남자는 그 약을 훔치려고 계획하였다. 이 행위가 정당한 것인가? 그렇지 않은가?
- 은주의 대답 : "만일 남자가 약을 훔친다면 그것은 잘못된 것이다. 그렇게 하면 경찰에게 잡혀서 감옥에 갈 것이기 때문이다."

문제 해결의 EOS Kick

지문의 상황에서 은주가 경찰에게 잡혀서 감옥에 갈 것이라고 답을 한 것은 자신보다 우세한 힘에 복종하는 특징을 보인다.

이는 도덕적 판단은 개인적 욕구와 타인들의 규칙에 근거한다는 인습이전 단계 가운데 '벌과 복종지향 단계'를 나타낸다. 이 단계에서의 도덕성은 자신보다 우세한 힘을 가진 부모에게 복종하며, 적자생존과 같은 힘의 원리가 지배한다.

20

다음 세 교사 견해를 근거로 이 교사가 주장하는 지능검사의 유형, 지 교사가 주장하는 평가개념, 원 교사가 주장하는 지능검사의 종류를 설명하시오.

> 이 교사 : 지난번에 현우와 연수에게 언어성 검사와 동작성 검사로 이루어진 지능검사를 실시한 결과, 두 학생의 지능지수가 유사하게 나온 것을 보니 두 학생의 지적 능력은 비슷하다고 보아도 좋을 것 같아요.
> 지 교사 : 제가 보기에 현우와 연수는 발달잠재력이 서로 다른 것 같은데, 혼자서 과제를 해결할 수 있는 발달 수준과 도움을 받아서 과제를 해결할 수 있는 발달 수준을 모두 평가하여 이를 비교하는 것이 더 타당하다고 생각합니다.
> 원 교사 : 제가 보기에도 현우와 연수가 서로 다른 지적 능력을 갖고 있는 것 같은데, 혹시 지능검사 자체가 갖고 있는 문화적 편파(cultural bias)가 영향을 미친 결과가 아닐까요? 그래서 저는 문화적으로 영향을 줄 수 있는 요인들을 제거하거나 그 영향을 최소화한 문화평형검사(culture-fair test)가 필요하다고 생각해요.

 문제 해결의 EOS Kick

이 교사는 언어검사와 동작성 검사로 이루어진 검사를 실시하였다. 지능검사 가운데 언어성 검사와 동작성 검사로 이루어진 것은 웩슬러(Wechsler) 지능검사이다.

웩슬러 지능검사는 성인용개인 지능검사(WAIS)로 개발되었고, 개정된 성인용 지능검사(WAIS-R), 아동용 지능검사(WISC)와 현재의 아동용 지능검사(WISC-Ⅲ) 그리고 유치원 및 초등학년용 지능검사(WPPSI) 등이 있다. 이 지능검사를 한국판으로 개정한 것이 K-WAISC, K-WISCⅢ, K-WPPSI 등이다.

지 교사는 혼자서 과제를 해결할 수 있는 발달수준과 도움을 받아 해결할 수 있는 발달 수준을 고려한다는 점에서 비고츠키의 실재적 발달수준과 잠재적 발달수준을 고려한 평가를 실시하고자 한다. 비고츠키의 ZPD를 활용한 평가가 역동적 평가이다.

비고츠키는 정적(靜的)인 IQ나 능력검사 대신 역동적 평가라는 용어를 사용하여 아동의 잠재능력이나 특성을 포함한 학습평가를 제안하였다. 이 기법으로는 성인의 도움 속에서 아동의 능력을 평가하는 방법을 제안하였다.

원 교사는 문화평형검사는 문화적 요인을 배제한 검사를 말하는 것으로 지능검사 가운데 검사문항 속에 가능한 한 문화의 내용을 제거하려는 요인을 포함한 검사를 탈문화검사라고도 한다.

탈문화검사는 문화의 내용을 완전히 제거하려는 검사로 문항에 그림, 도형, 공간재료 등을 사용한다. 탈문화검사로는 K-ABC와 SOMPA 등이 있다. K-ABC는 지능과 습득도(achievement)를 측정하기 위해 개발된 지능검사이고, SOMPA는 WISC-R에 아동들에 관한 다양한 정보를 접목시킨 지능검사로 1979년 메르서(Mercer)가 개발하였다. 이 검사는 의료적 요소, 사회적 요소, 문화·인종·사회 경제적 배경을 고려한 사회·문화적 척도를 포함하고 있다.

21

①~④의 (　)에 들어갈 지능이론의 명칭을 설명하시오.

① (　　)은 지능은 일반요인과 특수요인으로 이루어지며, 일반요인으로 분류되는 능력은 모든 지적 과제수행에 관련된다.
② (　　)설에서는 지능은 7개의 기본정신능력으로 형성되며, 측정 가능한 것으로 구성된다.
③ (　　)모형에서 지능은 내용, 조작, 산출의 상호결합으로 얻어지는 복합적인 능력이다.
④ (　　)에서 지능은 언어지능, 음악지능 등 서로 다른 독립적이고 상이한 유형의 능력으로 구성되어 있다.

문제 해결의 EOS Kick

① 스피어만(Spearman)은 일반적 지적능력(g요인)과 특수한 지적능력(s요인)으로 지능을 구분했고, 일반요인으로 분류되는 능력은 모든 지적 과제 수행에 관련된다고 보는 일반요인설을 주장하였다.
② 써스톤(Thurstone)은 지능은 7개의 기본정신능력(지각속도 요인, 수 요인, 단어유창성 요인, 언어 요인, 공간 요인, 기억 요인, 추리 요인)으로 형성되며, 측정 가능한 것으로 구성된다는 다요인설을 주장하였댜.
③ 길포드(Guilford)의 지능구조모형은 지능을 내용요인 5개, 산출요인 6개, 조작요인 6개 등 3차원으로 구성되며, 각 차원의 요소들이 상호작용하여 180개의 지능구조 단위로 구성된다고 보았다.
④ 가드너(Gardner)는 기존 지능검사의 문제점으로 지능은 단일요인으로 구성된 것이 아니라 다수의 능력이 인간의 지능을 구성하고 있으며, 이러한 능력들 모두 상대적 중요성은 동일하다고 하는 다중지능이론을 주장하였다.

22

다음 이 교사와 지 교사가 주장하는 지능이론을 설명하시오.

> 이 교사 : 우리 반 은주는 언어와 수리 교과는 잘하지만, 음악이나 체육은 재능이 없어 보여요. 친구들하고 잘 어울리지도 못해요. 그런 것을 보면 지능이 높다고 뭐든 잘하는 것 같지는 않아요. 그리고 공부뿐만 아니라 인간관계 능력이나 다른 것들도 지적 능력에 포함되는 것이 아닐까요? 결국, 영역별로 지적 능력이 따로 있는 것 같아요.
>
> 지 교사 : 영역별 지능도 중요하지만, 제 생각엔 지능이 한 가지 경로로만 발달하지는 않는 것 같아요. 기억력처럼 뇌 발달과 비례하는 능력들도 있지만, 언어이해력과 같은 것들은 문화적 환경과 경험에 의해 발달하잖아요.

_____

_____

 문제 해결의 EOS Kick

이 교사는 언어적 지능, 논리 수학적 지능, 신체 운동적 지능 등을 말하고, 지 교사는 연령에 따라 발달되는 지능이 달라짐을 말하고 있다.

이 교사는 가드너(Gardner)의 다중지능이론, 지 교사는 카텔(Cattell)의 지능이론 가운데 문화적 환경과 경험에 의해 영향을 받는 지능은 결정적 지능이다.

23

다음 세 교사의 견해의 근거가 되는 지능이론과 지능이론의 명칭을 쓰시오.

> 이 교사 : 우리 반 효주는 IQ가 높아서인지 공부를 참 잘해요. 과목별 점수로 봐도 효주가 거의 전교 1, 2등이잖아요. 머리가 좋으니까 나중에 어떤 직업을 갖더라도 잘할 거예요.
>
> 지 교사 : 우리 반 은주는 언어와 수리 교과는 잘하지만, 음악이나 체육은 재능이 없어 보여요. 친구들하고 잘 어울리지도 못해요. 그런 것을 보면 지능이 높다고 뭐든 잘하는 것 같지는 않아요. 그리고 공부뿐만 아니라 인간관계 능력이나 다른 것들도 지적 능력에 포함되는 것이 아닐까요? 결국, 영역별로 지적 능력이 따로 있는 것 같아요.
>
> 원 교사 : 영역별 지능도 중요하지만, 제 생각엔 지능이 한 가지 경로로만 발달하지는 않는 것 같아요. 기억력처럼 뇌 발달과 비례하는 능력들도 있지만, 언어이해력과 같은 것들은 문화적 환경과 경험에 의해 발달하잖아요.

 문제 해결의 EOS Kick

이 교사는 전통적 지능이론 가운데 하나인 스피어만의 '2요인설'을 주장하고 있다. 스피어만의 2요인설은 인간의 지능은 일반요인(g요인; general factor)과 특수요인(s요인; specific factor)으로 구성되어 있다고 보는 이론이다.

지 교사는 영역별 장점을 가진 지능이론으로 이는 가드너의 '다중지능이론'이다. 가드너의 다중지능이론은 인간의 지적 능력은 상호독립적인 여러 개의 지능으로 구성되므로 특정 영역에서만 뛰어난 성취를 보이는 경우도 있다고 보는 이론이다.

원 교사의 견해는 카텔의 '유동적 지능'과 '결정적 지능'이론에 근거한 것이다. 카텔의 유동적 지능과 결정적 지능이론은 유전적·신경 생리적 영향에 의해 발달되는 지능인 유동적 지능과 환경적·경험적·문화적 영향에 의해 발달되는 지능인 결정적 지능으로 구분된다는 이론이다.

24

다음에서 이 교사가 활용한 지능이론의 명칭, 특징과 교육적 시사점을 설명하시오.

이 교사는 지난 여름방학 직무연수에서, 학습자에게는 최소한 한 가지 이상의 우세한 지능영역이 있으므로 학습자에게 약한 영역을 지도할 때 그에게 '상대적으로 우세한 영역의 지능을 활용'할 수 있도록 교수·학습 활동을 다양화하는 것이 보다 효율적이라는 점을 시사하는 이론을 접했다.
이 교사는 그때 대중가요를 좋아하고 음악은 잘하지만, 글짓기를 싫어하는 은주를 떠올렸다. 개학 후 은주를 위해 좋아하는 노래의 가사를 창의적으로 바꾸어 보게 하고, 작은 음악회를 개최할 수 있도록 안내하는 교수·학습 활동을 구성하였다.

 문제 해결의 **EOS Kick**

이 교사는 수업에서 학습자에게는 최소한 한 가지 이상의 우세한 지능 영역이 있고, 약한 영역을 지도할 때 상대적으로 우세한 영역의 지능을 활용하는 방법은 다중지능이론이다.

가드너는 1983년 『정신의 틀』(Frames of Mind : The Theory of Multiple Intelligence)에서 다중지능(多重知能)이론을 제시하였다. 그는 인간의 지능이란 일반지능과 같은 단일한 능력이 아니라 다수의 능력이 인간의 지능을 구성하고 있다고 보았다. 그가 처음 제안한 7가지 지능은 언어적 지능, 논리-수학적 지능, 공간적 지능, 신체-운동적 지능, 음악적 지능, 대인관계적 지능, 개인 내적 지능이고, 그 후 자연 탐구적 지능과 실존적 지능 등을 제시하였다. 가드너의 다중지능이론은 기존의 지능이 함축하고 있는 의미보다 넓은 의미에서 인간의 잠재적 능력을 탐구하는 계기를 마련해 주었다.

다중지능이론의 교육적 시사점은 다음과 같다.
① 학생들에게 다양한 학습영역에서 학습경험을 할 수 있도록 교육내용을 다양화해야 한다.

즉 학교학습에서 자신의 특기와 장점을 잘 파악하여 과제의 성격과 요구하는 답을 정확히 이해하고 교사 및 친구와 좋은 관계를 맺는 등 여러 가지 지능이 필요하며 이를 위해서는 교육내용을 다양화할 필요가 있다.
② 각 지능 특성을 활용하는 수업전략을 수립해야 한다.
③ 학습자들의 지적 특성에 맞는 학습내용을 구성하여 제시하고 그에 알맞은 교수방법을 도입한다.
④ 각자가 지닌 약점을 보완하기 위해 먼저 장점을 강조한다.

All In One

25
다음에서 설명하고 있는 창의적 사고 기법의 명칭과 개념을 설명하시오.

- 고든(W. Gordon) 등에 의해 제안되었으며, 창의적인 사람들이 무의식적으로 사용하는 전략들을 활용하는 것이다.
- 당연한 것으로 받아들이던 대상이나 요소에 대해 의문을 가져본다.
- '내가 만일 새롭게 고안된 병따개라면 어떤 모양이 되고 싶은가?'와 같이 사람이 문제의 일부분이 되어 봄으로써 새로운 관점을 창출한다.
- 동·식물이 스스로를 보호하고 있는 방법에서 아이디어를 얻어 신변 안전장치를 개발할 수도 있다.

문제 해결의 EOS Kick

창의성을 개발하기 위한 대표적인 방법으로 고든(Gordon)이 제안한 시네틱스(Synetics)를 들 수 있다. 이는 당연한 것으로 받아들이던 대상이나 요소에 대해 의문을 가져보거나 새로운 관점을 창출하는 것을 강조한다.

학생들에게 생소한 것을 친숙한 것으로, 친숙한 것을 생소한 것으로 만들어 보도록 함으로써 민감성을 키우고 새로운 개념의 학습을 손쉽도록 돕는 방법이다.

26

다음과 같은 특징을 지닌 창의력 개발 방법의 명칭과 개념을 설명하시오.

주어진 문제에 대하여 해결 방법을 되도록 많이 생각하고 자신은 물론 타인의 의견을 판단하거나 비판하지 않으며 자유롭게 발표한다.

___

___

 문제 해결의 EOS Kick

　창의성 개발기법으로 가장 널리 알려지고 활용되는 것으로 유창성을 개발하는 기법인 오스본(Osborn)이 제시한 '브레인스토밍(Brainstorming)'을 들 수 있다.
　브레인스토밍은 일상적인 방식대로가 아니라 제멋대로 거침없이 생각하도록 격려함으로써 좀 더 다양하고 폭넓은 사고를 통하여 새롭고 우수한 아이디어를 얻고자 하는 방법이다.

27

다음에서 설명하는 창의성 개발 기법의 명칭과 특징을 설명하시오.

- 아이디어, 건의, 제안 등을 처리하는 창의적인 기법으로 사용된다.
- 학생들은 단순히 어떤 아이디어를 좋아하거나 좋아하지 않는다고 판단하지 않는다.
- 학생들에게 어떤 아이디어에 대하여 먼저 좋은 점을 생각하고, 다음에는 나쁜 점을 생각하며, 마지막으로 좋지도 나쁘지도 않지만 주목할 만한 가치가 있다고 생각되는 점을 살펴보도록 하여 사고의 방향을 안내한다.

 문제 해결의 EOS Kick

창의성 개발 기법으로 어떤 아이디어에 좋은 점, 나쁜 점, 주목할 만한 가치가 있다고 생각되는 점 등을 살펴보도록 하는 것은 드 보노(E. de Bono)의 'PMI' 기법에 해당한다.

PMI(Plus, Minus, Interesting Point)는 '인지사고 프로그램(CoRT Thinking Program)' 속의 사고기법이다. 이는 어떤 아이디어나 제안을 다룰 때 열린 마음의 태도로 다루도록 하기 위하여 의도적으로 사용하는 방법이다. 이것은 결정을 억누르는 것이 아니라 긍정적 측면, 부정적 측면, 흥미 있는 측면 등으로 대안의 모든 측면들을 고려해 본 다음에 결정하도록 유보하는 것이다.

28

다음 이 교사와 지 교사의 대화 내용을 참고로 (가)와 (나)에 해당하는 인지양식의 개념, 강 교사와 윤 교사가 말하고 있는 인지양식 이론의 명칭과 특징을 설명하시오.

> 이 교사 : 학생들마다 공부하는 방식에 차이가 있는 것 같아요. 어떤 사물을 지각할 때, (가) 그 사물의 배경이 되는 맥락의 영향을 많이 받고 배경과 요소들을 연결지어 지각하는 학생이 있는 데 반해, 맥락의 영향을 별로 받지 않고 사물의 요소들을 분리하여 지각하는 학생이 있는 것 같아요.
> 지 교사 : 이 선생님이 이야기한 학습양식의 차이 외에도 어떤 자극에 대한 (나) 반응속도가 빠르지만 반응오류를 범하는 학생이 있는 반면, 반응속도는 느리지만 사려가 깊어서 정확한 반응을 하는 학생도 있는 것 같아요.

문제 해결의 EOS Kick

인지양식이란 개개인이 학습경험을 어떻게 지각하고, 상호작용하며, 감정적으로 반응하는가를 결정하는 심리적 특성의 집합이다. 즉, 정보를 지각(이해)하고 처리(변형)하는 데 있어 개개인이 선호하는 방법이다. 인지양식과 관련된 이론에는 장독립형과 장의존형, 반성형과 충동형 등이 있다. 이 이론에 기초해서 볼 때 이 교사가 말하는 학습양식 이론은 장의존형과 장독립형을 말하고, 지 교사는 반성형과 충동형을 말하고 있다.

장독립형은 지각적 상황을 재빨리 재구화를 할 수 있으며, 구조가 없거나 적은 상황에 구조를 부여할 수 있는 형을, 장의존형은 지각대상을 전체로 지각하는 인지유형으로 대상을 그것이 가지고 있는 전체 자체로 받아들이는 형을 말한다.

충동형의 학습자들은 빨리 일을 처리하기는 하나 실수가 많고, 숙고(반성)형의 학습자들은 사려성이 깊고 천천히 일을 처리하나 실수가 적다. 이들 간의 지능과는 상관이 없다. 숙고(반성)적인 학습을 위한 방법으로는 자기 교수법 혹은 전체적 훑어보기(scanning strategies) 등이 있다.

29

다음과 같은 특징을 지닌 동기이론과 이 이론의 교육적 의의를 설명하시오.

- 개인이 성취결과의 원인을 어디에 두느냐에 따라 다음 학습의 성취를 예언할 수 있다.
- 능력과 노력은 내부요인으로, 과제 곤란도는 외부요인으로 돌린다.
- 성적이 좋은 경우 부모로부터의 칭찬이 다음 학습동기를 유발한다고 할 수 없다.

문제 해결의 EOS Kick

　개인이 성취결과의 원인을 능력, 노력 혹은 과제 곤란도, 운 등으로 돌리는 이론은 '귀인이론'에 해당한다. 귀인이론(attribution theory)이란 관찰된 행동의 원인을 기술하는 일반적 법칙을 규명함으로써 인간 행동에 대한 설명과 예측을 가능하게 하려는 하나의 이론적 체계로서 최근 주목을 끌고 있는 동기이론이다.

　귀인이론은 자신 및 타인의 행동을 유발한 원인을 설명하는 데 중점을 둔 동기에 대한 인지적 접근으로서 인지모형을 표방한다. 즉 자극과 반응 간의 관계에 초점을 두는 것이 아니라 자극과 반응을 매개하여 주는 내적과정(인지과정)에 관심을 둔다.

　귀인이론이 시사하는 바는 학교학습에서의 성공과 실패에 대하여 그 원인을 무엇이라고 지각하느냐에 따라 후속되는 학업적 노력, 정의적 경험, 미래 학습에서의 성공과 실패에 대한 기대 등이 상당히 달라진다고 본다.

30

다음 세 교사의 견해를 설명할 수 있는 동기이론의 명칭과 특징을 설명하시오.

> 이 교사 : 학생들이 새로운 일을 해야 할 때, 그 일을 잘 해낼 수 있는가 뿐만 아니라 그 일이 본인에게 얼마나 중요한가에 따라서도 동기 수준이 달라지는 것 같아요.
> 지 교사 : 학생들은 자율적이고 싶어 해요. 자신의 행동을 스스로 통제하고 조절할 수 있다는 믿음에 의해서 동기가 유발되는 것이지요.
> 원 교사 : 실수를 해도 새로운 일에 도전하고 그 일을 하면서 느끼는 성취감이 중요하다고 생각하는 학생들이 있는 반면에, 어떤 학생들은 점수도 점수지만 항상 친구들과의 비교를 중요하게 생각하더군요.

_____

_____

_____

_____

 문제 해결의 EOS Kick

  이 교사의 견해는 목표를 달성할 수 있는 확률과 목표에 대해 부여하는 가치에 따라 행동이 결정된다는 '기대-가치 이론'과 관련 깊다.

  지 교사의 견해는 자신이 환경을 어떻게 선택하고 결정할 것인가에 중점을 두고 동기를 부여하는 '자기결정성 이론'과 관련 깊다. 자기결정성 이론에서는 자신의 모든 욕구가 충족되더라도 자신이 선택할 수 없으면 만족을 느끼지 못한다고 주장한다.

  원 교사의 견해는 학생들이 성취행동을 수행하는 의도는 목표지향성에 있으며, 이러한 목표지향성에 따라 학생들이 갖고 있는 학습동기를 설명하는 '목표지향성 이론'과 관련 깊다.

31

다음과 같은 견해에 가장 부합하는 학습동기 이론의 명칭과 특징을 설명하시오.

- 학생들의 자율성, 유능감, 관계 유지 욕구를 자극하고 충족시키면 그들의 내재적 동기가 높아진다.
- 학생들은 자신이 외재적 보상을 받거나 처벌을 피하기 위해서가 아니라 자신의 의지에 의해 그러한 행동을 한다고 믿고 싶어 한다.
- 학생들은 과제 자체에 대한 흥미 때문에 특정한 과제를 수행하는 경우도 있지만, 외재적 보상 때문에 시작한 행동이 점차 내면화되어 결국 외재적 보상이 없어도 그러한 행동을 지속하는 경우가 많다.

문제 해결의 EOS Kick

동기이론 가운데 자율성, 유능감, 관계성을 강조하는 학습동기 이론은 '자기결정성 이론'이다.

자기결정성 이론은 데씨(Deci)가 주장한 이론으로, 사람들은 자율적인 존재로서 어떤 외부적인 이유 때문에 행동하기보다 자기 자신의 의지에 따라 행동하기를 원하는 선천적인 욕구가 있다는 것이다.

또한 행동을 일으키는 원인이 자기 자신 즉 내부에 있는가 아니면 외부요인(보상, 타인의 기대, 충족 등) 때문에 행동하는 것인가에 따라 행동의 원인을 내적·외적 소재로 나누고, 사람들은 원인의 소재가 내부에 있을 때 동기유발이 더 잘 되고, 행동을 적극적으로 수행하려고 한다고 본다.

자기결정성 이론에서는 외재적 동기가 사회화 과정을 거치면서 점차 내면화되어 내재적 동기로 변한다고 가정한다.

32

다음에서 주장하고 있는 학습과 관련된 개념과 여기에 해당하는 이론을 3가지 정도로 설명하시오.

> 학습자로서의 학생이 습득하는 기억·사고·기능·사회성 기타의 지식이 학습활동, 사회생활로 연결되지 않는다면 학교 교육 본래의 의미는 소실되어 버린다.

문제 해결의 EOS Kick

학생이 학습을 통해 습득된 기억이나 사고가 다른 활동에 적용되어야 한다는 것을 '학습의 전이'라고 한다. 학습의 전이(transfer of learning)란 이전에 이미 형성된 일정한 습관이 다음에 어떤 습관을 성취, 획득할 때 영향을 미치는 과정을 말한다. 전이와 관련된 이론으로는 형식도야설, 동일요소설, 일반화설, 형태이조설 등이 있다.

① 동일요소설이란 한 학습의 효과가 다음 학습을 촉진하는 경우 두 학습과제 사이에 동일한 요소가 존재해야 한다는 이론으로 손다이크(Thorndike)가 형식도야설을 부정하면서 주장하였다. 예를 들면 수학을 잘하는 학생이 물리를 잘한다든지, 육상을 잘하는 학생이 축구나 배구 등을 잘하는 경우이다.

② 일반화설이란 두 학습 내용 사이에 원리가 같을 때 전이가 일어난다는 이론으로 동일원리설이라고도 하며 주드(Judd)가 주장하였다. 이는 선행학습과 후속학습 간의 전이 여부는 선행학습에서 학습된 원리나 법칙이 후속학습에서 사용될 수 있느냐에 따라 좌우된다.

③ 형태이조설이란 어떤 장면 또는 학습 자료의 역학적 관계가 발견되거나 이해될 때 그것이 다른 장면이나 학습 자료에 전이된다는 이론으로 형태심리학에 기초한다.

33

공부를 못하는 아이가 "아버지도 어렸을 때 공부를 못했다고 할머니가 그러던데요" 하고 방어기제를 설명하시오.

문제 해결의 EOS Kick

'합리화'(rationalization)란 비합리적이며 수용될 수 없는 행동에 대해 타당하고 그럴 듯한 이유를 제시하는 것이다. 즉 자기 자신이나 타인에게 있어서 비합리적인 것이 합리적인 것으로 변하게 된다. 만약 나중에 죄의식을 느끼게 될 때 어떤 충동적인 행동을 했다면 그 사람은 자신이 충동적인 행동을 했다는 사실을 받아들일 수 없기 때문에, 자신의 목적을 성취하지 못한 데 대한 변명이나 이유로도 사용된다.

예를 들어 "나는 진짜 노력하지 않았어"라고 변명함으로써 자신의 실패와 자존심의 상실에서 야기되는 불안이나 욕구불만에서 자신을 보호한다. 시험에서 좋지 못한 성적을 내면 몸의 불편함 탓으로 돌린다든지, 문제가 공정하지 못한 것으로 돌리는 경우 등도 합리화의 일종이다.

[유사 출제 지문]

> 보람이는 학급 임원으로 선출되기를 기대했다. 그러나 아무도 추천하지 않아 후보에도 오르지 못했다. 선거가 끝난 후 보람이는 스스로에게 다음과 같이 말하였다.
> "임원이 되면 공부할 시간이 없을 텐데, 잘된 거야."

34

다음 기수의 사례에 해당하는 방어기제의 명칭과 개념을 설명하시오.

> 외아들인 기수는 형제가 있는 친구들을 볼 때마다 매우 부러워했다. 특히 학교를 가지 않는 날이면 외롭고 쓸쓸하였다. 그래서 기수는 시(市)에서 운영하는 청소년 단체에 가입해서 나이가 서로 다른 사람들과 어울림으로써 외로움을 많이 달랬고, 그 결과 사교성도 발달하였다.

 문제 해결의 EOS Kick

  기수는 어려움이 있음에도 불구하고 이를 좋은 방향으로 욕구불만을 표출하고 있다. 이를 '승화'라고 한다.
  승화란 욕구불만으로 인해 생겨나는 충동과 갈등을 사회적으로 인정되는 형태와 방법을 통해 발산하는 것을 말한다. 예를 들면 신체적인 장애를 지닌 사람들이 장애를 딛고 예술이나 종교분야의 활동에서 뛰어난 업적을 쌓는 경우 등이 그것이다.

35

지문의 (가)와 (나)에 들어갈 이론을 설명하시오.

(가) 중학교에서 학년 초 학생들에게 지능검사를 실시한 후 무작위로 20%를 선정하여 반을 편성하고 담임교사에게 그 학생들이 1년 후 놀랄 만한 지적 성장을 할 것이라고 말해 주었다. 그 결과 학년 말에 그들은 다른 반 학생보다 지능지수(IQ)가 유의하게 향상되었다. 이처럼 교사의 기대가 학생들의 성취에 미치는 긍정적 현상을 (가) 라고 한다.

(나) 레빈(K.Lewin)의 장이론에 따르면, 어떤 목표가 달성되면 긴장이 해소되어 더 이상 목표에 대한 생각을 하지 않으면 긴장이 계속되어 목표에 대한 생각이 유지된다. 그 결과 미완성 과제에 대한 회상률은 더 높아진다. 이처럼 완성된 과제보다 미완성된 과제를 더 잘 회상하는 현상을 (나) 라고 한다.

문제 해결의 EOS Kick

(가)는 1968년 로젠탈과 제이콥슨(Rosental & Jacobson)이 미국의 오크(Oak) 초등학교에서 실험한 '자기충족적 예언'에 관한 실험의 한 예이다.

이는 왜곡된 판단이나 평가가 마치 진실인 것처럼 취급되는 과정을 말하는 것으로 원래는 사회학자인 머튼(Merton)이 처음 사용하였고, 이후 위약효과(Placebo effect), 호손 효과(Hawthorn effect) 등에도 사용되었다. 자기충족적 예언효과를 피그말리온 효과(Pygmalion effect) 혹은 자성예언 효과라고 한다.

(나)는 무언가 끝을 보지 못한 일에 더 아쉬움을 느끼고 더 오래 기억하는 현상을 설명하는 '자이가르닉 효과'(Zeigarnik effect)를 말한다.

이는 완전한 것보다는 불완전한 것을 더 오래 기억하는 현상으로 예를 들면 완성하지 못한 첫사랑의 추억을 평생 잊지 못하고 아쉬워한다든다, 틀린 시험문제를 더 오래 기억하는 것 등이 있다.

36

다음은 4명의 교사가 행동주의 학습이론을 교실 수업에 적용한 사례들을 제시한 것이다. 각각의 교사가 적용한 조건화 유형을 설명하시오.

> 이 교사 – 수학 시간에 학생들에게 ''의 문제를 내주고 먼저 풀이 과정에 대한 시범을 보인 후, 학급의 모든 학생이 다 풀 수 있을 때까지 연습을 시켰다.
> 지 교사 – 신학기 첫날부터 매일 아침, 반 학생들에게 반갑게 미소를 짓고 등을 다독이며 친근감을 표시하고, 자주 유머를 사용하여 그들을 즐겁게 해주려고 노력하였다.
> 원 교사 – 반 학생들에게 과제를 제시한 후 교실을 돌아다니면서, 조용히 과제를 수행하고 있는 학생에게 도서상품권을 나누어 주고 서점에서 책을 살 때 사용하도록 하였다.
> 장 교사 – 일제고사를 앞둔 학생들에게 시험범위는 물론 문제형식과 수험요령 등 관련 정보를 자세히 알려 주고, 시험 직전에는 심호흡을 유도하여 그들의 불안감을 해소해 주려고 노력하였다.

문제 해결의 EOS Kick

행동주의의 학습 원리는 자극과 반응의 관계에 기초한 S-R 설에 의한다. 그러므로 교육이란 어린이로 하여금 주어진 자극에 계획된 반응을 하도록 조건화하는 일로 본다. 조건화에는 파블로프(Pavlov)의 고전적 조건화와 스키너(Skinner)의 조작적 조건화가 있다. 고전적 조건화는 본능적 또는 반사적인 반응과 흡사한 불수의적 정서 또는 생리 반응을 하게 만드는 학습의 한 형태이고, 조작적 조건화는 행동한 뒤에 주어지는 결과에 따라 관찰 가능한 행동의 빈도와 강도가 변화되는 학습의 한 형태이다.

① 이 교사가 수학문제의 풀이과정을 보여주고 연습을 시킨 것은 '조작적 조건화'의 원리를 적용한 것이고,
② 지 교사가 학생들에게 미소를 짓고 유머를 사용한 것은 정서적 요인을 적용시킨 '고전적 조건화'의 원리를 적용한 것이고,
③ 원 교사가 과제를 수행한 학생들에게 도서상품권을 준 것은 조작적 조건화의 원리 가운데 '토큰 강화' 기법을 사용한 것이다.
④ 장 교사가 시험 직전에 긴장감을 풀어주기 위해 심호흡을 시킨 것은 '고전적 조건화'의 원리를 적용한 것이다.

All In One

37
다음 상황에 가장 적절히 적용되는 학습이론을 설명하시오.

> 중학교 1학년 강 교사가 점심시간에 떠들며 식사하고 있는 아동들의 행동을 관찰하고 있다. 바닥에 떨어진 음식물을 줍는 친구의 활동을 도와주는 학생을 지적하여 칭찬해 주었다. 그 후 그 학생은 계속해서 착한 일을 많이 하는 것이 눈에 띄었다.

 문제 해결의 EOS Kick

　강 교사가 친구를 도와준 학생을 칭찬해 주어 더 착한 행동을 유발하도록 하는 것은 '정적 강화'이고 정적 강화를 강조하는 학습이론은 행동주의 이론이다.

38

다음에서 영희의 행동을 설명할 수 있는 학습이론을 설명하시오.

> 영희는 학교에서 선생님이 자동차에 대하여 설명하고 또 공부를 잘하는 학생을 칭찬하는 것을 본다. 집에 가서 영희는 인형들을 학생으로 간주하고 그 앞에서 선생님의 역할을 해 본다.

 문제 해결의 EOS Kick

　영희가 공부를 잘하는 친구를 선생님이 칭찬해 주는 것을 보고 집에 가서 선생님의 역할을 해 본다는 것은 관찰학습에 해당한다.

　관찰학습은 주로 대리 강화를 통해 일어난다. 이는 우리가 다른 사람들이 특정 행동에 대해 보상받았거나 처벌받는 것을 보고, 마치 우리가 다른 사람들이 직접 그 보상이나 처벌을 받았던 것처럼 행동을 수정할 때 일어난다고 볼 수 있다. 또한 모방학습을 통해 일어난다. 비록 관찰자가 보고 있는 동안에 모델이 아무런 보상이나 처벌을 받지 않았을지라도 관찰자는 그 모델의 행동을 모방하게 된다.

39

김 교사는 10개의 수 '0, 4, 1, 3, 4, 5, 9, 9, 8, 7'을 칠판에 쓴 후 학생들이 쉽게 기억하도록 하기 위해 041, 345, 9987로 묶어 다시 제시하였다. 김 교사가 사용한 전략을 설명하시오.

 문제 해결의 EOS Kick

'청킹'(chunking)이란 단기기억의 기억용량(7±2)을 확장하는 전략으로 비슷한 정보들을 묶어서 기억하는 방법이다.

40

이 교사는 '빨간 사과'라는 단어를 학생들에게 더 잘 기억시키기 위해 "화난 사람이 얼굴을 붉히며 빨간 사과를 집어 던졌다."는 문장을 제시했다면 이 교사가 사용한 인지전략의 명칭과 개념을 설명하시오.

 문제 해결의 EOS Kick

정보처리전략으로 '정교화'란 주어진 현재의 정보를 우리의 기존 지식과 관련지음으로써 정보를 통합하고 보존하는 수단을 제공해 준다.

정교화는 기존 지식과 더 많은 연결고리를 만들어 주어 인출단서가 많아짐으로써 재생을 쉽게 할 수 있도록 한다.

41

다음은 이 교사의 교수 활동 사례이다. 이 교사가 학생들에게 촉진하고자 한 정보처리 전략의 명칭과 특징을 설명하시오.

- 학생들에게 기억해야 할 새로운 정보를 선행지식과 연결하게 함으로써 정보의 유의미성을 높였다.
- 학생들에게 새로운 정보의 의미에 대해 토론하게 하거나 글의 요점에 대해 설명해 보도록 하였다.
- 학생들에게 새로운 정보에 대해 생각할 수 있는 시간을 주면서 다음과 같은 질문들을 적절히 활용하였다.
  - 이 정보의 예로는 어떤 것들이 있을까요?
  - 이 정보로부터 어떤 결론을 도출할 수 있을까요?
  - 이 정보를 일상생활에서 어떻게 활용할 수 있을까요?

문제 해결의 EOS Kick

기억해야 할 정보를 선행지식과 연결하게 해서 정보의 유의미성을 높이는 전략은 '정교화'이다. 정교화(elaboration) 전략은 새로운 정보에 의미를 추가하거나 그 정보를 기존지식과 관련짓는 인지전략으로 그 방법은 다음과 같다.

기본적 학습과제	① 시각적 정교화 : 둘 이상의 항목들을 연결하는 심상 형성하기 　 코끼리-핀 연결 - '관중들의 갈채에 점잖게 답례하면서 핀의 꼭대기에서 교묘하게 균형을 잡고 서 있는 코끼리의 영상'을 상상하여 기억하기 ② 언어적 정교화 : 둘 이상의 항목들을 연결하는 문장 생성하기 　 '코끼리가 코로 핀을 집어 올렸다'라는 문장을 만들어 기억하기 ③ 핵심 단어법(keyword method) : 기억 보조술의 하나로, 외국어 어휘 습득 시 효과적인 방법
복잡한 학습과제	의역하기, 요약하기, 유추하기, 노트하기, 질의응답하기 등

42

다음과 같은 과제제시 방법을 통해 이 교사가 향상하고자 한 능력을 설명하시오.

> 이 교사는 학생들에게 다음과 같이 구성된 '학습목표카드' 과제를 제시하고, 스스로 날마다 수행하고 점검하도록 하였다.
> - 그날 배운 과목들의 내용을 간략하게 정리하기
> - 다음 날 배울 과목들의 내용을 계획하기
> - 다음 날 배울 과목들의 예상 학습목표를 세우기
>
> 그 결과, 학생들은 점차로 자신이 무엇을 배우고 있고, 어떻게 배워야 하며, 왜 주어진 학습활동을 해야 하는지, 그리고 자신이 공부를 제대로 하고 있는지 등에 대해 더욱 명확하게 인식해 갔다.

 문제 해결의 **EOS Kick**

문제에 제시된 과제제시 방법을 통해 박 교사는 학생이 스스로 자신의 사고과정에 대해서 검토하고, 조절하도록 유도하고 있다. 이는 학생의 '초인지'(metacognition) 능력을 향상하고자 하는 방법이다.

초인지는 '자신의 사고과정에 대해서 알고, 그것을 토대로 사고과정을 조절하는 것'으로 정의된다. 초인지적 지식에는 다음과 같은 질문을 제기하는 능력이 포함된다.

- 이 과제에 대해 내가 아는 것은 무엇인가?
- 이것을 학습하는 데 나는 얼마만한 시간이 필요한가?
- 이것을 해결하는 데 좋은 전략은 무엇인가?
- 나는 이 과제의 결과를 예측하거나 평가할 수 있는가?
- 나는 나의 절차를 개선할 수 있는가?
- 내가 오류를 범한다면 그 오류를 어떻게 발견할 수 있는가?

생활지도 및 상담 파트 메타 분석 29문항

1

생활지도의 개념과 궁극적 목적을 간단히 설명하시오.

 문제 해결의 EOS Kick

생활지도란 학생의 건전한 성장과 발달을 촉진하기 위해 생활과정에서 나타나는 현실적 문제를 개인의 특성에 알맞게 지도함으로써 변화하는 사회 속에서 개인의 바람직한 적응을 돕는 모든 활동이다.

생활지도의 목적은 개인생활과 사회생활에서의 만족·행복·효능성을 증진하고 개인의 자아실현을 도모하는 데 있다.

2

다음 지문의 은주에게 실시해야 할 생활지도 내용을 설명하시오.

은주는 운동신경이 남달라 체육특기자 학교에 진학을 했으나 소질에 맞는 적절한 종목을 찾지 못하고 다시 일반 중학교로 전학하게 되었다.

 문제 해결의 EOS Kick

생활지도에서 정치활동(placement service)이란 상담의 결과 학생들을 적재적소에 배치하는 활동을 말하며, 정치활동에는 교육정치와 직업정치가 있다. 교육적 정치란 학과선택, 특별활동반 선택, 서클 활동 부서 선택 등을 하도록 돕는 활동이고, 직업적 정치란 직업선택, 진로선택, 부직 알선 등의 활동을 말한다.

All In One

3

김 교사가 철수의 희망과 소질을 고려하여 방과 후에 실시되는 특기 적성 교육프로그램 중에서 바둑반에 들도록 하였다면 이는 생활지도의 어느 활동 영역에 해당하는지 설명하시오.

_____
_____

 문제 해결의 EOS Kick

특별 활동반 부서선택을 돕는 활동은 정치활동 가운데 '교육정치'에 속한다.

4

생활지도의 기본원리 중 예방의 원리와 협동의 원리를 설명하시오.

___

___

 문제 해결의 EOS Kick

① 적극적 예방의 원리 : 생활지도는 학생의 전인적 성장 발달을 돕기 위해 처벌보다는 지도와 선도하는 데 중점을 두는 예방활동이다.
② 협동의 원리 : 생활지도는 학교, 가정, 지역사회가 유기적으로 관계를 맺고 아동의 성장 발달을 도와주어야 한다.
③ 계속성의 원리 : 생활지도는 일정의 주기성을 갖고 연속적으로 전개되어야 한다. 예를 들어, 입학으로부터 졸업 후의 추수지도에 이르기까지 모든 과정을 주기적으로 전개한다.
④ 균등의 원리 : 생활지도는 문제 학생이나 부적응 학생뿐만 아니라 모든 학생을 대상으로 해야 한다.
⑤ 전인의 원리 : 생활지도는 학생의 전인적 성장을 위한 활동이어야 한다.

All In One

5

지문의 철수에게서 보이는 ADHD의 특징과 담임 선생님이 철수에게 행한 생활지도 활동을 설명하시오.

> 철수는 ADHD의 증상을 자주 나타내는 아동이다. 철수의 담임선생님은 인터넷을 통해서 그 지역의 상담 기관들을 조사해서 부모에게 알려 드렸다. 그리고 부모의 동의를 얻어 상담 기관에 철수의 지도를 요청하였다.

 문제 해결의 EOS Kick

ADHD란 주의력결핍과잉행동장애를 말하는 것으로 주의력이 결핍되었고, 충동성, 과잉행동의 특징을 보인다.

이런 아이의 경우에는 철수의 담임 선생님과 같이 부모의 동의를 얻어 관련 기관에 지도를 요청해야 한다. 이런 활동을 '위탁활동'이라고 한다. 생활지도에서 위탁활동이란 생활지도 대상이 되는 학생을 직접 지도하기 어렵거나 필요한 여건이 갖추어지지 않았을 때 전문적인 기관에 맡기는 활동을 말한다.

6

지문의 대화에 나타난 상담교사의 상담행위를 적절하게 표현할 수 있는 용어를 제시하시오.

아　　동 :	상담실에는 매일 와야 해요?
상담교사 :	상담은 보통 1주일에 한 번 하는데, 필요하다면 더 자주 할 수도 있단다.
아　　동 :	그런데, 제가 선생님한테 말씀드리는 거 우리 엄마한테 말씀하실 건가요?
상담교사 :	아니란다. 네가 여기서 말하는 것은 선생님만 알고 있을 거야. 하지만, 네가 너 자신이나 다른 사람에게 해가 되는 일을 한다고 생각이 들면 부모님께 말씀드릴 수도 있어.

_____

_____

 문제 해결의 EOS Kick

　상담의 진행과정 가운데 초기단계에서는 상담의 '구조화(틀 잡기)'가 중요하다. 이 단계에서는 내담자의 문제를 이해하기 위해 도움을 청하는 직접적인 이유를 확인하고 문제의 발생 배경을 탐색한다. 또한 상담의 목표 및 진행 방식에 합의한다.

　예들 들면 상담 목표 정하기, 상담의 진행 방식의 합의(즉 상담 기간 및 시간에 대한 합의, 바람직한 내담자 행동 및 역할에 대한 안내, 비밀보장에 대한 확신, 희망을 불러일으키기 등)를 해야 한다.

7

지문의 대화에 나타난 상담교사의 상담행위를 적절하게 표현할 수 있는 용어를 제시하시오.

아 동 : 애들이 저를 놀리고 때려요. 어쩌죠? 선생님이라면 어떻게 하시겠어요? 선생님이 시키시는 대로 할게요.
상담교사 : 글쎄. 그런데 지금까지 네가 하는 이야기를 들어보면, 너한테 어떤 문제들이 있는지만 계속 이야기하고 있어. 방금 전에 말한 문제뿐 아니라 이전에 말했던 문제들도 내가 어떻게 생각하는지 물어보고, 또 내가 시키는 대로 하겠다고 계속 이런 식으로 말하고 있거든. 선생님은 자세한 내용을 모르니까 당황스럽고, 또 마치 너한테 해결책을 줘야 할 것 같은 기분이 들어서 부담스럽기도 하구나.

문제 해결의 EOS Kick

여기에서 상담 교사가 활용한 상담기법은 아들러(Adler)의 개인심리학적 상담의 상담기법인 '즉시성'(immediacy)이다. 이것은 내담자로 하여금 상담 시간에 일어나는 것이 일상생활에서 일어나는 것의 표본이라는 점을 깨닫도록 돕는 것이다. 예를 들어 내담자가 계속 중요한 결정을 내릴 때마다 상담자의 조언에 의지한다면 그것은 즉시적인 것이 된다. 내담자 자신에게는 결정할 능력이 없다는 잘못된 신념에 집착함으로써 어떻게 자신을 패배시키고 있는가를 지금-여기에서 보여주고 있기 때문이다.

8

지문의 사례를 참고로 상담활동에서 고려해야 할 점들을 상담 윤리적 측면에서 설명하시오.

> "상담실에서는 담임도 학생도 아닌 한 인간으로서 인격적으로 동등한 관계여야 해. 그리고 상담실을 나가면 우리는 다시 학생과 담임의 관계로 돌아갈 수 있어야 하거든. 그래야 상담이 될 수 있단다. 그럴 수 있겠니?"

 문제 해결의 EOS Kick

이 사례에서는 이중적 관계(최근 다중적 관계로 쓰이고 있음)를 말하고 있다. 상담활동에서 고려해야 할 내담자와의 관계는 다음과 같다.

① 새로운 상담관계를 시작하기 전에 상담의 목적과 목표, 상담에서 사용하는 기법, 상담에서 서로 지켜야 할 규칙들, 그리고 상담관계에 영향을 미칠 수 있는 여러 가지 가능한 제한점들에 대해 내담자에게 미리 알려주어야 한다.

② 상담자는 내담자와 이중적 관계 혹은 상담자 자신의 전문적 판단에 영향을 미칠 수 있는 다른 관계를 맺지 않도록 노력해야 한다. 상담자와 내담자와의 관계에서 일반적으로 우호적인 친구관계 또는 치료적 관계일 수 있지만 상담시간 동안에는 치료적 관계로 그리고 상담시간 이외에는 개인적 관계를 유지하는 것과 같은 이중적 관계는 바람직하지 않다.

③ 상담자와 내담자 사이의 성적(性的) 혹은 애정적 관계는 바람직하지 않다. 이는 내담자에 대해서는 상담자에 대한 의존성을 조장할 위험성이 있고 상담자에 대해서는 내담자에 대한 객관성을 상실하게 할 위험성이 있다.

9

교사는 상담을 통해 알게 된 학생에 관한 사적인 정보를 원칙적으로 유출해서는 안 되지만 예외적인 경우가 있다. 상담에서 비밀보장의 원칙을 파기할 수 있는 상황을 설명하시오.

 문제 해결의 EOS Kick

　상담에서 드러난 내담자에 관한 정보는 일종의 위임된 비밀정보이다. 따라서 상담자로서의 상담에서의 비밀보장을 내담자에게 약속해야 하며 약속된 비밀은 반드시 지켜야 한다.

　그러나 일반적으로 비밀보장의 약속은 내담자가 자신이나 타인 혹은 사회에 대해 심각한 위해(危害)를 가할 것이 분명한 상황에서는 지켜지지 않을 수 있으며, 이 경우 상담자는 적절한 절차를 거쳐 이를 관련된 기관이나 사람들에게 알릴 수 있다.

　예를 들면 법정의 요구가 있을 때, 내담 학생이 학대받은 사실을 알게 되었을 때, 내담한 학생이 스스로에게 혹은 타인에게 해를 입히려는 의도를 밝혔을 때 등과 같은 경우가 그것이다.

10

영희가 "나는 태어나지 말았어야 했나 봐요."라고 말했을 때, 상담 교사가 "난 이해가 잘 안 되는데 무슨 뜻인지 자세히 설명해 줄래?"라고 반응했다면 여기서 상담 교사가 사용한 기법을 설명하시오.

 문제 해결의 EOS Kick

　내담자의 말 속에 내포되어 있는 것을 내담자에게 명확하게 해 주는 것을 '명료화'라고 한다. 명료화는 내담자가 말하고자 하는 의미를 상담자가 생각하고 이 생각한 바를 다시 내담자에게 말해 주는 것을 말한다. 명료화의 자료는 내담자 자신은 미처 자각하지 못하는 의미 및 관계일 수 있다.

11

평소 시험불안이 심했던 효주의 행동을 변화시키기 위해서 지문의 김 교사가 사용한 강화의 방법을 2가지로 설명하시오.

> 효주는 수학을 잘하는 아동이다. 김 선생님은 수학 시간에 효주에게 자신이 푼 문제를 발표하게 하였다. 효주는 긴장했는지 얼굴이 빨개지면서 한 마디도 하지 못했다. 다음 시간부터 김 선생님은 효주가 수학 시간에 한 마디라도 발표하면 그때마다 관심을 보여 주었고, 오랫동안 발표를 잘했을 때에는 적극적으로 관심을 보여 주었다. 그 이후 효주는 차차 용기를 내어 스스로 발표를 잘하게 되었다.

 문제 해결의 EOS Kick

수학문제를 푼 효주에게 교사가 관심을 보이고 이것이 반복되자 효주가 용기를 내어 스스로 발표하게 되었다는 것은 '정적 강화'의 원리로 설명할 수 있다. 정적 강화(positive reinforcement)란 어떤 반응 또는 행동에 대해 그 행동의 빈도나 강도를 증가시키는 자극을 제공하는 것으로 정적 강화는 정적 자극에 의해서 이루어지며, 정적 자극이란 어떤 행동에 대하여 후속하는 자극이 선행의 행동을 증강시키게 되는 것을 말한다. 어떤 자극이 정적 자극이 되느냐 하는 것은 개인에 따라 그리고 상황에 따라 다르기 때문에 경험적으로만 알 수 있다.

효주가 차차 용기를 내어 발표를 잘하게 되었다는 것은 '체계적 둔감법'으로 설명할 수 있다. 내담자로 하여금 상상 속에서 불안을 일으키는 장면에 맞대결하도록 하거나 무리하게 압력을 일으키는 장면에 들어가 그것을 두려워할 이유가 없다는 것을 두려워하는 목록을 작성해서 단계적으로 치료하는 기법이다.

12

다음과 같은 사례에 해당하는 강화계획의 유형을 설명하시오.

- 스티커 10장을 모으면 '환경왕' 메달을 수여하기로 하고, 교실 바닥의 쓰레기를 줍거나 거울을 닦는 등 환경 미화를 위한 바람직한 행동을 한 번 할 때마다 스티커를 하나씩 주었다.
- 박 교사는 학생들에게 "여러분, 지금부터 30분 동안 인터넷에서 유럽의 도시 사진을 찾아보세요. 5개를 찾을 때마다 손을 들면 내가 스티커를 붙여 주겠어요."라고 말했다.

문제 해결의 EOS Kick

고정간격은 반응의 횟수와는 관계없이 일정한 시간이 지날 때마다 강화를 하는 것이고 고정비율은 바람직한 반응을 일정한 배수로 보일 때 보상하는 방법을 말한다.

위의 사례들은 모두 '고정 비율 강화'에 해당한다.

13

지문에 해당하는 행동수정 기법을 설명하시오.

> 철수는 글씨를 잘 못 쓴다. 연필 잡기를 싫어하고, 연필도 잘 못 잡고, 선을 바르게 긋지 못하며, 글씨를 쓰는 일에 집중을 못하기 때문이다.
> 김 교사는 글씨를 잘 쓰는 데 필요한 단계적 행동들을 구분한 다음, 철수가 이러한 행동 하나 하나를 수행할 때마다 철수가 좋아하는 사탕을 주어서 글씨를 잘 쓰게 하였다.

 문제 해결의 EOS Kick

'조형'(shaping, 혹은 행동조형)이란 학생들에게 특정한 행동을 형성시키고자 할 때 사용하는 것으로, 교사는 먼저 학생들에게 무엇이 바람직한 행동인가를 명확하게 설명해 준 다음 그 행동에 근접한 행동에 대해서 강화를 준다. 교사가 조형을 사용하려면 학생들이 숙달하기를 기대하는 최종적인 행동을 몇 개의 작은 단계로 나누는 일(예를 들면 과제분석)을 먼저 해야 한다.

일반적인 행동수정의 절차는
① 행동의 선정과 정의 ② 행동의 기초선 측정 ③ 적응행동의 증강과 부적응행동의 약화 ④ 행동수정 효과의 검증 ⑤ 행동의 일반화 등이다.

14

지문에서 김 교사와 최 교사가 사용한 행동수정기법을 설명하시오.

- 김 교사는 수업시간에 장난치는 영수의 행동을 고치기 위해 영수가 그런 행동을 보일 때 교실 뒤로 보내서 5분간 벽을 보고 서 있도록 하였다.
- 최 교사는 미영이가 수업시간에 발표를 잘할 수 있도록 하기 위해 교사와 눈 맞추기, 발표하기 위해 손 들기, 일어서서 발표하기 등의 행동변화 단계를 정하고, 미영이가 그 행동을 했을 때 적절한 강화물을 제공하였다.

문제 해결의 **EOS Kick**

(가)에서 장난을 치는 영수의 행동을 고치기 위해 교실 뒤로 보내는 것은 '타임 아웃'에 해당한다. 행동수정 원리 가운데 타임아웃(Time-out)이란 잘못된 행동을 하는 아이들을 심심한 상황으로 보냄으로써 행동을 감소시키는 기법이다. 예를 들면 교실에서 떠드는 아이들을 격리된 곳이나 구석진 곳으로 보내는 경우이다.

(나)의 미영이가 발표를 잘할 수 있도록 단계별로 강화물을 제공하는 것은 '행동조형'이다. 구체적인 설명은 생략.

15

지문의 김 교사가 사용한 행동수정 기법을 설명하시오.

김 교사는 고립적 행동이 심한 학생인 은주가 친구들과 어울려서 놀고 있을 때에는 많은 관심과 칭찬을 해 주고, 혼자 놀고 있을 때에는 무관심하게 대했다. 그 결과 은주는 또래들과 어울려 노는 빈도가 많아졌다.

문제 해결의 EOS Kick

지문은 '상반행동의 강화'에 해당한다. 이는 바람직하지 못한 행동 대신에 다른 바람직한 행동을 강화하면 나쁜 행동은 점차 없어지고 새로운 행동이 학습된다는 법칙에 근거를 두고 있다.

예를 들어 학급에서 교사의 허락 없이 자리를 자주 뜨는 학생의 경우 자리를 뜨는 행동자체를 감소시키기보다는 그 학생이 자리에 얌전히 앉아 있을 때를 찾아 강화를 주는 경우이다.

16

지문에 해당하는 행동수정 기법(원리)을 설명하시오.

학생들 : 싫어요! 또 산수 문제를 풀어야 하나요. 옆 반은 만화 영화를 보고 있어요.
교　사 : 옆 반은 어제 이 수학 문제를 다 풀었어. 우리도 거의 다 끝났잖아.
학생들 : 우리도 만화 영화 봐요. 그렇게 해 주세요.
교　사 : 만일 열심히 수학 문제를 다 푼다면 재미있는 만화 영화를 보여 주지.
학생들 : 네! 좋아요.
교　사 : 자, 빨리 시작해야지.

 문제 해결의 EOS Kick

　사례에서 교사는 학생들이 어려워하는 수학문제를 풀면 좋아하는 만화 영화를 보도록 유도하고 있다. 이는 '프리맥의 원리'에 해당한다. 프리맥(Premack)의 원리는 낮은 행동의 확률을 증가시키기 위해 높은 확률의 행동을 연합시키면 낮은 확률의 행동이 증가된다는 원리이다.

17

다음 세 명의 교사가 학생의 행동 특성을 변화시키기 위해 제안하고 있는 강화기법들을 설명하시오.

> 김 교사 : 명수는 숙제를 해 오지 않는 경우가 많습니다. 이 문제를 해결하기 위해 부모님과 의논해서, 숙제를 모두 마치면 명수가 좋아하는 인터넷 게임을 할 수 있도록 해주는 것이 좋을 것입니다.
> 박 교사 : 영수는 교사의 지속적인 칭찬이 있을 때에는 주의 집중하거나 과제물을 챙겨 오는 등 긍정적 행동변화를 보이지만, 그 행동이 계속 유지되지 못하는 경향이 있습니다. 긍정적 행동변화를 지속시키기 위해 매번 칭찬하기보다는 가끔씩 하는 것이 좋을 것 같습니다.
> 서 교사 : 진수는 학교에서 당번이 되어 화장실 청소하는 것을 매우 싫어합니다. 그리고 과제물을 챙겨 오지 않는 경우가 빈번하여 학습에 지장을 초래하곤 합니다. 진수가 과제물을 잘 챙겨 오도록 하기 위해, 과제물을 챙겨 올 경우 화장실 청소를 면제해 주는 방법이 좋을 것 같습니다.

 문제 해결의 EOS Kick

김 교사가 활용한 상담기법은 행동수정 이론에 기초한 '프리맥(Premack)의 원리'이다. 프리맥 원리는 낮은 행동의 확률을 증가시키기 위해 높은 확률의 행동을 연합시키면 낮은 확률의 행동이 증가된다는 원리이다.

박 교사가 활용한 강화계획은 '간헐적 강화'이다. 간헐적 강화에는 고정강화와 변동강화가 있다. 고정강화는 일정한 시간 간격마다 강화하든가 횟수의 반응마다 강화하는 것이고, 변동강화란 강화가 계속적 혹은 어떤 일정한 규칙에 따라 이루어지는 것이 아니라, 불규칙적이고 불확실한 패턴으로 이루어진다.

서 교사는 '부적 강화' 방법을 사용하고 있다. 부적 강화란 기존에 제공되던 불쾌한 자극을 철수시키는 것, 혹은 어떤 것을 제거하거나 강도를 약화함으로써 행동의 발생확률을 증가시키는 것을 말한다.

18

김 교사가 ㉮ ~ ㉰의 수업에서 활용한 상담기법들을 설명하시오.

김 교사는 수학시간에
㉮ 일차 방정식을 푸는 과정을 보여 주고 학생들에게 그 방법을 적용하여 문제를 따라서 풀어 보도록 하였다.
㉯ 그리고 학생들이 문제를 맞게 풀 때마다 칭찬을 하고 스티커 한 장을 주며 네 장 이상 모으면 자기가 하고 싶은 활동을 해도 좋다고 허락하였다.
㉰ 문제를 풀지 않고 떠들거나 다른 행동을 하는 학생에게는 교실 뒤편에 서서 김 교사가 풀어 놓은 방정식을 보도록 하였다.

 문제 해결의 EOS Kick

㉮ 1차 방정식을 푸는 과정을 보여 주고 학생들에게 그 방법을 적용하여 문제를 따라서 풀어 보도록 한 것은 '모델링'에 해당한다.
㉯ 학생들이 문제를 맞게 풀 때마다 칭찬을 하고 스티커 한 장을 주며 네 장 이상 모으면 자기가 하고 싶은 활동을 해도 좋다고 허락한 것은 '토큰 강화'에 해당한다.
㉰ 문제를 풀지 않고 떠들거나 다른 행동을 하는 학생에게는 교실 뒤편에 서서 김 교사가 풀어 놓은 방정식을 보도록 한 것은 '타임아웃' 즉 벌의 방법에 해당한다.

19

지문의 ㉮~㉰에 들어갈 상담이론들을 설명하시오.

- (㉮)에서는 정서적 문제를 유발하는 원인이 사건 자체가 아니라 그 사건에 대한 비합리적인 신념 때문이라고 본다.
- (㉯) 상담이론에서는 성장을 위한 적절한 조건이 갖추어지면 누구나 자아실현을 이룰 수 있다고 본다.
- (㉰) 상담이론에서는 '지금-여기'에 초점을 두며 접촉을 통한 자각으로 통합을 이루게 된다고 본다.
- (㉱) 상담이론에서는 죽음과 비존재, 실존적 불안, 삶의 의미를 강조한다.

 문제 해결의 **EOS Kick**

㉮ 엘리스(Ellis)의 '합리적 정서적 행동치료'(REBT)는 내담자가 보이는 문제행동 자체의 제거보다는 문제행동의 배후에 있는 비합리적 사고와 자기패배적 신념을 극소화하여 합리적이고 현실적인 가치관을 갖도록 돕는 것을 목표로 한다.

㉯ 로저스(C. Rogers)에 의해 창시된 '인간중심 상담이론'은 상담자가 허용적이고 믿음직한 분위기(rapport)를 조성하여 내담자로 하여금 거리낌 없이 자기를 공개하도록 함으로써, 자신의 내면세계를 이해하고 자신의 문제를 파악하여 자아실현 할 수 있도록 돕는 것을 목표로 한다.

㉰ '게슈탈트 상담이론'에서는 내담자로 하여금 자신이 어떻게 여기-지금(here and now)의 현실에서 느끼고 경험하는 것을 방해하는지를 각성(알아차림, 자각; awareness)하도록 돕는 접근방법이다.

㉱ 실존주의 상담이론에서는 인간의 솔직한 모습을 발견하고 삶의 의미를 깨닫게 되는 것을 강조한다.

20

지문과 같은 부적응행동의 상담에 어울리는 상담방법을 설명하시오.

- 주위의 모든 사람으로부터 반드시 사랑과 인정을 받아야만 한다.
- 가치 있다고 여겨지기 위해서는 완벽하리만큼 유능하고, 성취적이어야만 한다.
- 어떤 사람은 나쁘고, 사악하며, 악랄하다. 그러므로 그러한 사람은 반드시 비난과 처벌을 받아야만 한다.
- 일이 바라는 대로 되지 않는 것은 곧 무시무시한 파멸이다.
- 사람의 불행은 외부 환경 때문이며, 사람으로서는 그 불행을 막을 길이 없다.

〈유사 출제지문〉 - 순서대로 나열하기

㉮ 나는 입학시험에 떨어졌다.
㉯ 부모님께 죄책감이 들고 자신에게 절망감이 들어 방안에서만 지내면서 아무도 만나지 않았다.
㉰ 입학시험에 떨어진 것은 곧 파멸이라 생각했기 때문이었다.
㉱ "떨어진 아이들도 많은데 유독 너만 파멸이라고 생각하면 되겠느냐"라는 어머니의 말씀을 듣고, "나는 왜 시험에 떨어지면 파멸이라고 생각했지?"라고 스스로 반문했다.
㉲ 시험에 떨어진 것이 자랑은 아니지만, 그것이 곧 파멸은 아니라는 생각이 들었다.
㉳ 시험에 떨어진 것이 불쾌하지만 절망하지는 않게 되면서, 내 실력에 맞는 다른 학교를 알아보게 되었다.

A: 선행사건, irB: 비합리적 신념, rB: 합리적 신념, C: 결과, D: 논박, E: 효과

All In One

문제 해결의 EOS Kick

부적응행동을 비합리적 사고에 있다고 보고 이를 상담하는 이론은 '인지정서행동상담'(REBT) 기법이다. REBT는 인간의 부적응행동은 비윤리적이고 비합리적 사고에 의해 발생한다는 입장이다. 즉 어떤 사실에 접하여 우리가 경험하게 되는 정서는 우리가 경험한 어떤 사실 그 자체에 의해서라기보다는 그 사실에 대하여 우리가 어떻게 생각하느냐에 따라 달라진다는 것이다.

REBT의 상담기법은 ABCDE 모형이다. 이는 내담자가 가지고 있는 비합리적인 생각과 그 생각에 근거한 자기 언어를 찾아 이의 비합리성을 확인하고 논박하며, 합리적인 생각과 자기 언어로 바꾸어 이를 토대로 적절한 정서와 행동을 할 수 있도록 하는 것이다.

이 모형의 핵심은

첫째, A(선행의 사상)-B(선행사상에 대한 사고 내지 신념)-C(신념으로 생긴 결과) 간의 관계로 내담자가 겪는 심리적 문제(C)는 선행사건(A) 때문이 아니라 그 사건에 대해 내담자가 가지는 신념 체계(B) 때문이며,

둘째, D(논박)-E(논박의 효과) 간의 관계로 상담의 과정에서 상담자는 내담자의 비합리적 신념(irrational Beliefs, irB로 표시)의 부당성을 적극적으로 논박(B)하여 그것을 합리적 신념(ratioanal Beliefs, rB로 표시)으로 변환시킴으로써 정서적 건강을 되찾게 되는 효과(B)를 얻는다는 것이다.

21

지문은 교칙을 위반한 어떤 학생에 대한 상담기록의 일부이다. 내용에 부합하는 상담의 접근방법을 설명하시오.

> 상습적으로 다른 학생들에게 폭력을 휘두르는 영철이의 행동은 자신의 열등감을 극복하고 우월해지고자 하는 동기가 표출된 결과이다. 이러한 행동은 자신을 알아주지 않는 주위 사람들에 대해 공격성을 나타냄으로써 자신도 중요한 사람이 될 수 있을 것으로 여기는 문제행동으로 볼 수 있다.

문제 해결의 EOS Kick

부적응의 원인을 열등감을 극복하고 우월해진 동기가 표출된다고 보는 것은 '개인 심리학적 접근'이다.

아들러(Adler)의 개인 심리학적 접근은 프로이트(Freud)의 접근과는 대조적인 면이 있는데 개인 심리학에서 강조되는 개념들로는 열등감, 보상, 목적, 생활방식, 사회적 관심 등이 있다. 아들러에 의하면 인간은 본질상 사회적 소속을 원하고 타인에 대한 관심을 가지고 있다. 동시에 인간은 우월감이라는 목표에 도달하려고 하고, 이 과정에서 그 자신의 생활방식을 발전시킨다.

아들러는 초기에는 인간의 열등감과 그에 따른 보상적 욕구에 초점을 두었고, 후기에는 사회적 환경에 대한 적응에 있어서 개인의 창조적인 측면을 더 강조하였다. 치료 면에서 개인심리학은 개인의 생활방식과 목표를 다루면서 개인이 자신을 이해하고 또 자신의 인생에 대해 보다 더 현실적이고 공동체적인 견해를 갖도록 돕고자 한다.

22

아래와 같은 특징을 나타내는 상담이론(방법)을 설명하시오.

- 피상담자는 자아실현의 욕구와 가능성이 있다고 본다.
- 피상담자의 자기통찰을 통한 행동변화를 중시한다.
- 상담자와 피상담자의 공감적 관계를 중시한다.

 문제 해결의 EOS Kick

자아실현, 공감적 관계 등을 중시하는 상담 기법은 '인간주의 상담'이다. 인간주의 상담은 비지시적 상담이라고도 하며 치료의 초점을 문제 자체보다는 인간에게 두며, 지적인 면보다는 정서적인 면을 중시한다.

인간의 의지와 통찰력을 인정하고 면담과정을 통해 스스로 자신의 문제를 해결하도록 도와준다. 인간주의 상담에서 인간은 합리적이며 사회적이고 전진적이며 현실적인 존재로 본다.

23

아래의 내용과 관련이 깊은 상담이론(방법)을 설명하시오.

> 상담은 내담자가 알아차림(awareness)을 통해 '지금-여기'의 감정에 충실하거나 미해결 과제를 자각하고 표현하게 하여 비효율적인 감정의 고리에서 벗어나도록 돕는 것을 목표로 삼는다.

 문제 해결의 **EOS Kick**

'지금-여기'의 감정에 충실하거나 '전체로서의 유기체'를 다루는 상담은 '형태(Gestalt)상담'으로, 형태 상담에서 상담기법으로는 각성기법, 대화게임, 투사연기하기, 반대행동하기, 신체언어기법, 빈 의자 기법, 언어적 기법 등이 있다.

이 중 '빈 의자 기법(empty chair)'은 형태 상담에서 가장 많이 쓰이는 기법으로 현재 상담 장면에 와 있지 않은 사람과 상호작용할 필요가 있을 때 사용되는 기법이다. 이때 내담자는 그 인물이 맞은 편 빈 의자에 앉아 있다고 상상하고 그와 대화한다.

24

다음의 ①에서 ④는 여러 상담이론에 대한 짧은 설명들이다. 각각의 내용에 부합하는 상담이론을 설명하시오.

① 방어기제와 가족관계 등의 분석을 통해 내담자를 이해한다.
② 심리검사를 통해 개인을 파악하고, 필요한 자료를 수집하여 제공한다.
③ 인간주의적 접근으로 무조건적 수용과 인정을 통해 내담자의 문제해결 과정을 돕는다.
④ 과잉된 행동이 문제가 될 경우에는 그 행동을 감소시키고, 결손이 문제가 될 경우에는 그 행동을 새로이 학습시키거나 증가시킨다.

___

문제 해결의 EOS Kick

① 방어기제와 가족관계 등의 분석을 통해 내담자를 이해하는 것은 '정신분석 상담'에 해당한다.
② 심리검사를 통해 개인을 파악하고, 필요한 자료를 수집하여 제공하는 것은 '지시적 상담'에 해당한다.
③ 인간주의적 접근으로 무조건적 수용과 인정을 통해 내담자의 문제해결 과정을 돕는 것은 '인간중심 상담'에 해당한다.
④ 과잉된 행동이 문제가 될 경우에는 그 행동을 감소시키고, 결손이 문제가 될 경우에는 그 행동을 새로이 학습시키거나 증가시키는 것은 '행동수정 상담'에 해당한다.

25 지문의 사례에 해당하는 비행이론을 설명하시오.

철수는 우연히 친구들과 유리창을 깬 적이 있다. 이 사건이 담임선생님에게 발각되어 문제학생으로 지목을 받았다. 그 후 같은 반 친구들은 그를 비행소년으로 간주하여 멀리하였다. 주변에 친구들이 없어진 철수는 자연히 비슷한 또래이면서 학교에 다니지 않는 동네 친구들과 어울려 다니게 되었다. 이들과 함께 철수는 보다 심각한 일탈행위에 적극적으로 가담하고, 때로는 나쁜 일을 주도하기도 하였다.

문제 해결의 EOS Kick

'낙인이론'은 상징적 상호작용론에 기초하여 리머트(Lemert)가 주장하였다. 낙인이론에서는 행위자에 대한 낙인 여부가 비행 소년을 낳게 하는 원인이라고 본다.

낙인의 과정은 누구나 우연한 기회에 사소한 일탈의 가능성에 놓이게 되는데 이러한 일탈이 범죄로 규정되고 그 행위자에 대해 범죄자로 '낙인'이 주어지면 그 행위자는 더욱 심각한 범죄를 저지르게 된다는 입장을 취한다.

26

지문의 사례에서 박 교사의 생각에 부합하는 비행이론을 설명하시오.

A 중학교에서 박 교사가 맡고 있는 반의 많은 학생들은 지각과 무단결석을 일삼고 학교폭력을 비롯한 크고 작은 말썽을 피웠다. 문제의 원인을 찾던 박 교사는 다른 아이들과는 달리 문제행동을 일으키지 않는 재민이를 주목하였다.
관찰 결과 박 교사는 재민이가 교우관계가 좋고 부모와의 관계도 친밀할 뿐만 아니라 이웃과도 사이좋게 지낸다는 것을 알게 되었다. 이에 박 교사는 재민이 주변에 있는 좋은 친구와 부모, 이웃이 재민이가 문제행동을 자제하도록 하는 데 중요한 역할을 하고 있다고 생각하게 되었다.

문제 해결의 EOS Kick

비행이론 가운데 '사회통제 이론' 혹은 '사회유대 이론'은 비행성향을 통제해 줄 수 있는 사회적 유대감의 유무가 원인으로, 어떤 개인이 사회에의 유대가 강하면 비행성향을 통제할 수 있게 되어 비행을 저지르지 않는다고 본다. 그러나 그 유대가 약하게 되면 비행을 통제할 수 없어 자연적으로 비행을 저지르게 된다는 것이다.

비행을 억제하는 사회통제 요인으로는 첫째, 중요한 타인에 대한 애착, 둘째, 관례적 행위에 대한 전념과 개입, 셋째, 도덕적 요소로서의 믿음 등이 있다.

27

지문의 교사는 학생들에게 진로지도 활동을 시작하면서 아래의 내용을 소개하였다. 이에 부합하는 진로발달 이론을 설명하시오.

> 인생 초기에 어떤 방식으로 양육되었고, 어떤 경험을 했느냐는 여러분이 장차 어떤 직업을 택하게 되는가에 중요한 영향을 미칩니다. 부모가 자녀를 대하는 양상에 따라 세 가지 심리적 환경이 조성됩니다. 냉담한(cold) 가정 분위기, 온정적 또는 냉담한(warm or cold) 가정 분위기, 온정적(warm) 가정 분위기가 그것들입니다. -〈중략〉-
> 수용이나 거부 또는 과잉보호나 과잉요구에 대한 여러분의 감정이 인간지향적이거나 비인간지향적인 생활양식을 발전시키게 됩니다. 이는 결국 여러분들로 하여금 특정한 직업을 선택하도록 하는 진로지향성을 형성하도록 합니다.

___

  문제 해결의 **EOS Kick**

　진로지도 이론 가운데 아동기에 형성된 욕구에 대한 반응으로 직업 선택이 이루어지거나 부모의 양육 방식이 영향을 준다는 이론은 로우(A. Roe)의 '욕구이론'이다.
　로우(Roe)의 욕구이론은 개인의 욕구가 직업선택에 커다란 영향을 미친다고 본다. 즉 아동기에 형성된 욕구에 대한 반응으로 직업선택이 이루어진다는 것이다. 그는 초기의 가정환경이 그 후의 직업선택에 중요한 영향을 미친다고 보았다.

28

지문은 진로이론에 대한 여러 학자들의 견해를 나타낸 것이다. ㉠~㉣에 들어갈 이론들을 설명하시오.

- 로우(A. Roe)의 (㉠)이론에서는 직업 선택이 부모-자녀 관계에서 형성된 개인의 성격과 욕구구조에 의해서 결정된다고 본다.
- 홀랜드(J. Holland)의 (㉡)이론에서는 성격유형과 직업환경을 각각 6가지로 분류하고, 개인의 성격유형에 맞는 직업환경을 찾아야 한다고 본다.
- 긴즈버그(Ginzberg)의 (㉢)이론에서는 자아개념을 중요시하며, 진로선택을 타협과 선택이 상호작용하는 적응 과정으로 본다.
- 블라우(P. Blau)의 (㉣) 이론에 따르면 가정, 학교, 지역사회 등의 사회적 요인이 직업 선택에 큰 영향을 미친다.

문제 해결의 EOS Kick

㉠ 로우의 '욕구'이론은 부모-자녀의 관계에서 형성된 개인의 성격과 욕구가 직업선택에 영향을 준다는 것이고,

㉡ 홀랜드의 '인성'이론은 성격 유형과 직업 환경을 각각 6가지로 분류(탐구형, 예술형, 사회형, 설득형, 관습형, 실재형)해서 개인의 성격유형에 맞는 직업 환경을 찾아야 한다고 보았다.

㉢ 긴즈버그의 '발달'이론에서는 진로선택을 타협과 선택이 상호작용하는 적응과정으로

㉣ 블라우의 '사회학' 이론에서는 개인을 둘러싼 사회·문화적 환경이 개인의 행동에 영향을 미친다는 사회학적 관점을 중시하고 이를 진로발달의 개념에 적용한 것이다. 사회학적 이론에서는 사회계층에 따라 개인의 교육정도, 직업포부 수준, 지능수준 등이 다르고 이런 요인들은 진로발달에 영향을 미치므로, 진로상담 시에는 사회적 요인들, 즉 가정의 사회경제적 지위, 가정의 영향력, 학업성취도, 지역사회의 조건, 압력집단의 유형, 역할지각 등의 요인을 객관적으로 파악하여 고려해야 한다고 주장하였다.

> 29
>
> 지문의 김 교사가 실시한 일련의 활동과 영철이의 반응을 가장 잘 설명해 주는 진로이론을 설명하시오.

김 교사는 '진로와 직업'이라는 집단상담 프로그램을 학생들에게 실시하였다. 김 교사는 학생들에게 직업카드를 보여주고 좋아하는 직업을 선택하게 한 후 그 이유를 발표하게 하였다.
변호사 카드를 선택한 영철이는 변호사가 되어 억울한 사람을 도와주고 싶다고 말하였다. 영철이는 최근 아버지가 친구의 빚보증을 섰다가 억울하게 법적 소송에 휘말려 어려움을 겪고 있는 사정을 이야기하였다.

___

___

 문제 해결의 EOS Kick

　영철이의 진로 선택 요인을 가장 잘 설명해 주는 상담이론은 크럼볼츠(Krumboltz)의 '사회학습 이론'이다.
　크럼볼츠와 그의 동료들은 학습이론의 원리를 직업선택의 문제에 적용하여, 사회학습이론에 기초를 둔 행동주의 상담방법을 통해 학생들에게 진로선택을 하도록 조력해야 한다고 주장하였다.
　크럼볼츠는 개인의 진로결정에 영향을 미치는 요인(유전적 요인, 특수능력, 환경조건과 사건, 학습경험, 과제접근 기술 등)들의 상호작용을 중시하였다.

교육사회학 파트 메타 분석 30문항

1

지문에 제시된 내용에 부합하는 사회학 이론의 명칭과 교육적 관점 3가지를 설명하시오.

> "아동이 소속해 있는 사회적 계층이 어떤 것이든 모든 아동에게 일률적이고 반복적으로 가르쳐야 할 사상과 정서와 관습이 많다는 것을 부정할 사람은 아무도 없을 것이다. 폐쇄적 계급사회일지라도 모든 사람에게 공통되는 종교가 존재하는 것이 보통이며, 따라서 종교문화의 원리는 기본적인 것으로 모든 국민에게 동일하게 적용되는 것이다. (중략)
> 사회가 존속하려면 그 구성원들 사이에 동질성이 충분히 유지되지 않으면 안 된다. 교육은 아동에게 어릴 때부터 집단생활에 필요한 기본적인 동일성을 형성시킴으로써 사회의 동질성을 영속시키고 동시에 강화한다."

 문제 해결의 EOS Kick

　교육을 통한 사회의 존속이나 동질성 유지를 강조하는 사회학이론은 '기능론'이다. 기능론학은 사회는 하나의 생물학적 유기체와 같다는 생물학에 근거하여 사회현상을 바라본다.
　기능론의 교육관은 첫째, 교육과 사회의 관계를 긍정적이고 낙관적으로 본다. 둘째, 학교는 한 사회를 유지하고 발전시키기 위해 존재하는 합리적인 기관으로 간주한다. 셋째, 교육과정이란 한 사회와 문화의 핵심을 선정해서 조직한 것으로 학생들에게 필수적으로 가르침으로써 사회를 유지·발전시킬 수 있는 것으로 본다.

2

슐츠(T. Schultz)가 주장하는 인간자본론(human capital theory)에서 교육과 소득의 관계를 설명하시오.

문제 해결의 EOS Kick

슐츠의 인간자본론은 기능론적 관점에서 교육-생산성-소득과의 관계를 설명하는 이론이다. 즉 교육에 대한 투자는 지식과 기술(인간자본)이 형성되어 이것이 노동 생산성의 향상을 가져오고 그 결과 노동 소득이 향상된다는 이론이다.

3

지문의 김 교사와 박 교사의 주장에 부합하는 사회학 이론의 명칭과 특징을 설명하시오.

김 교사 : 국가 차원에서 교육의 양과 질을 계획적으로 조절하는 것은 당연합니다. 이 과정에서 적지 않은 비용이 투입되기는 하지만, 경쟁력 있는 인재를 양성하고 합리적 가치를 지향하는 사회가 형성되어 결과적으로 국가적 이익이 창출되는 것이지요.

박 교사 : 그런데 실제로는 모든 국민이 아닌 특정 계층에게만 혜택이 돌아가고 있습니다. 교육의 과정에서 상위계층의 자녀들에게는 다양한 기회가 주어지지만, 하위계층의 자녀들에게 그것은 허상일 뿐입니다. 결국 빈부의 대물림으로 이어지는 것입니다.

문제 해결의 EOS Kick

김 교사는 국가차원에서 교육을 통해 인재양성과 합리적 가치가 형성되는 사회를 강조하는 것으로 보아 '발전교육론'을 주장하고 있고, 박 교사는 교육이 특정 상위계층에게만 돌아가기 때문에 사회적 불평등을 야기한다고 보고 '재생산론'을 주장하고 있다.

발전교육론은 정치·경제·사회·문화 등 국가발전과 교육의 관계를 연구하면서 교육이 발전에 최대한으로 공헌할 수 있도록 교육의 역할을 중시하는 학문분야로서, 국가발전에 이바지하기 위한 교육을 중시한다. 즉 국가의 정치·경제·사회·문화 등 각 분야의 발전을 자극하고, 촉진하기 위하여 교육의 양과 질을 계획적으로 조절하는 것을 주 임무로 한다.

재생산이론은 교육이 사회계급(또는 계층)을 재생산시키고 있다고 주장하는 이론으로 경제적 재생산이론과 문화적 재생산이론으로 나뉜다.

4

지문에 제시된 내용에 부합하는 사회학 이론의 명칭과 교육적 관점 3가지를 설명하시오.

> "우리의 분석결과에 의하면 경제적 불평등과 사회적 비이동성(immobility)의 원천은 노동과정의 불평등과 밀접하게 병존하고 있는데, 그것은 자본주의 사회의 재산 및 시장제도와 노동의 사회적 관계 및 불균형 발전의 역할에 기인한다. 사회의 불평등의 뿌리는 계급구조 및 성적(性的), 인종적 권력관계의 제도에 있다는 주장을 우리는 지적하고자 한다. 그런 점에서 학교제도는 이 특권구조가 존속할 수 있도록 돕는 여러 제도 가운데 하나일 뿐이다. 그러면서도 학교는 경제적 불평등을 바로잡는 데 있어서 다른 것보다 무력하다."

___

___

___

 문제 해결의 **EOS Kick**

경제적 불평등, 사회적 비이동성의 원천을 자본주의 사회의 모순에서 비롯된다고 보는 사회학 이론은 '갈등론'이다. 갈등론은 마르크스주의(Marxism)의 사상 및 이론에 토대를 두고 발전되었다.

갈등론의 교육적 관점은 첫째, 교육과 사회의 관계를 비판적으로 본다. 둘째, 학교는 특정 집단이나 계층의 사고방식을 가르치는 곳이다. 셋째, 교육과정은 특정 집단의 문화를 통해 사회의 불평등을 재생산하는 데 기여한다.

5

밑줄 친 ㉠과 ㉡을 설명하는 교육사회학이론의 명칭을 제시하시오.

가상의 나라 에듀니아는 제2차 세계대전 종전과 함께 식민통치에서 벗어나면서, ㉠ 신생 독립국가의 국민에게 요구되는 정체성을 고취할 목적으로 초등교육을 중심으로 교육기회를 크게 확대하였다. 그리고 경제개발이 본격화되어 농경사회에서 산업사회로 이행되면서 중등교육과 고등교육에 대한 수요도 자연스럽게 증가하였다. 특히 전통적으로 이 나라 국민들이 ㉡ 학력(學歷)을 특권적 직업이나 정치적 권력의 획득을 위한 수단으로 간주해 왔기 때문에, 시간이 지날수록 고등교육에 대한 수요는 더욱 크게 증가하였다.

문제 해결의 EOS Kick

밑줄의 ㉠는 신생 독립국 국민에게 요구되는 정체성 형성을 강조하는 이론은 기능론 가운데 민족국가형성론이다. 이 이론은 제2차 세계대전 이후 새로운 민족국가의 성립 과정에서 민족의 정신, 전통, 문화 등을 통해 민족의 통합을 강조한 이론이다.

밑줄의 ㉡는 학력을 지위획득의 수단으로 강조해서 학력경쟁을 강조하는 이론은 지위경쟁이론이다. 지위경쟁이론은 학교의 팽창 과정을 지위, 권력 및 명예를 위한 집단 간 경쟁의 결과로 교육과의 관계를 설명하는 이론이다.

6

보울즈(S. Bowles)와 긴티스(H. Gintis)의 대응이론(correspondence theory)에서 바라본 교육과 노동의 사회적 관계를 설명하시오.

___

___

 문제 해결의 EOS Kick

보울즈와 긴티스의 대응이론은 교실의 사회관계는 자본주의 경제의 사회적·경제적 명령을 받아들이는 데 필요한 태도와 기질들을 학생들에게 주입한다는 입장을 취한다.

대응이론에서 중요한 점은 교육의 '내용'이 아니라, 교육이 이루어지는 '형식'을 통하여 교육과 경제구조 간의 대응관계가 유지된다는 것이다. 이러한 점에서 학교의 공식적 교육과정보다 잠재적 교육과정이 더 중요한 기능을 수행한다고 볼 수 있다.

7

알뛰세(Altusser)는 학교를 '이데올로기적 국가기구'의 하나라고 주장하였는데, 이 개념이 갖는 의미를 설명하시오.

___

 문제 해결의 **EOS Kick**

이데올로기적 국가기구(ideological state apparatus)는 합의를 통해 통치되고 학교, 가정, 법적 구조, 대중 매체 그리고 다른 대행기관들로 구성된다. 그는 자본주의 사회를 재생산함에 있어 1차적인 결정은 이데올로기적 국가기구로서의 제도에 달려 있다고 보았다.

반면 억압적 국가기구(repressive apparatus)는 강제력으로 통치되는 군대, 경찰, 법정, 감옥으로 대표된다.

8

> 다음의 (가)~(라)에 들어갈 가장 적합한 용어를 제시하시오.

알뛰세(Althusser)는 학교가 (가)국가기구로서 사회적 기능을 수행한다고 보았다. (가) 국가기구로서 학교가 (나)국가기구와는 달리 가족이나 언론 매체와 유사한 기능을 수행하는 것은, (다)보다는 (라)을(를) 통해 그 구성원들에게 영향력을 행사한다는 것을 의미한다.

 문제 해결의 EOS Kick

경제적 재생산론자인 알뛰세는 경제적 재생산의 기제를 억압적 국가기구(RSA)와 이데올로기적 국가기구(ISA)로 구분하고 학교는 이데올로기적 국가기구로서 사회적 기능을 수행한다고 보았다. ISA는 RSA와는 달리 강제력보다는 동의나 합의를 통해 그 구성원들에게 영향력을 행사한다는 의미에서 상대적 자율성을 갖는다고 보았다.

따라서 (가)는 '이데올로기적 국가기구', (나)는 '억압적 국가기구', (다)는 '강제력', (라)는 '동의'이다.

9

다음은 학교의 사회적 역할과 기능에 대한 학자들의 주장이다. (가)와 (나)가 나타내는 이론의 명칭과 개념을 설명하시오.

> (가) 학교에서 교장과 교사, 교사와 학생, 학생과 학생, 학생과 학업 사이의 관계는 위계적 노동 분업을 그대로 본뜨고 있다. 자본주의 기업체의 노동 분업처럼 학교제도도 정교하게 구분된 위계적 통제 체제를 가지고 있으며, 경쟁과 외적인 보상체계가 참여자들의 관계를 지배한다.
>
> (나) 자본주의 사회는 생산 관계의 재생산을 통해 유지된다. 이는 가족, 교회, 학교, 언론, 문학, 미디어 등에 의해 자본주의적 생산 관계의 유지에 필요한 지식, 기술, 태도, 가치 등이 전달되기 때문에 가능하다. 특히 학교는 자본주의 사회에 복종하는 순치된 노동력을 재생산하는 데 핵심장치이다.

 문제 해결의 EOS Kick

(가)는 보울즈와 긴티스가 주장하는 '대응원리'이다. 대응이론에 의하면 자본주의하에서의 학교는 노동력과 계급 상호작용의 사회적 역동성으로 반영된다는 것을 제시한다. 교실의 사회관계는 자본주의 경제의 사회적·경제적 명령을 받아들이는 데 필요한 태도와 기질들을 학생들에게 주입한다. 대응이론에서 중요한 점은 교육의 '내용'이 아니라, 교육이 이루어지는 '형식'을 통하여 교육과 경제구조 간의 대응관계가 유지된다는 것이다. 이런 의미에서 학교의 공식적 교육과정보다 잠재적 교육과정이 근본적으로 더 중요한 기능을 수행한다.

(나)는 알뛰세가 주장하는 '이데올로기적 국가기구'(ISA)이다. 알뛰세는 경제적 재생산의 기제를 억압적 국가기구(RSA)와 이데올로기적 국가기구(ISA)로 구분하고 학교는 이데올로기적 국가기구로서 사회적 기능을 수행한다고 보았다. ISA는 RSA와는 달리 강제력보다는 동의나 합의를 통해 그 구성원들에게 영향력을 행사한다는 의미에서 상대적 자율성을 갖는다고 보았다.

10

다음의 현상을 설명하는 데 가장 적합한 교육이론의 명칭을 제시하고, 특징을 설명하시오.

> 학교에서는 대중음악보다 고전음악을 중요시한다. 그런데 고전음악을 향유할 수 있는 기회는 하류 계층보다 중상류 계층이 더 많으므로 중상류 계층의 학업성취가 하류 계층보다 높다.

문제 해결의 EOS Kick

학교에서 가르치는 내용이 하류계층 아이에 비해 중상류 계층 아이들에게 유리하기 때문에 학업성취도가 중상류층이 높다고 비판하는 이론은 재생산 이론 가운데 '문화적 재생산이론'이다.

문화적 재생산이론은 제도교육 장면에서 실현되고 있는 교육과정의 주요 특징을 자본주의 사회의 구조적 특징과 관련시켜 이해할 수 있도록 하는 안목을 제공해 준다.

특히 학교에서 가르치는 교육내용에 대한 선정, 조직 및 평가방식상의 특징이 어떻게 계급관계와 같은 불평등한 사회구조의 재생산 과정에 매개되어 있는가를 밝혀내는 길잡이가 되고 있다.

부르디외(Bourdieu)는 문화자본(cultural capital)이라는 용어를 사용하여 지배계급 문화가 학교교육을 통해서 전달되고, 사회구조가 재생산되는 현상을 설명하고 있다. 그는 학교교육이 학생들의 학업성취도와 문화적인 차이를 극복시켜 주기보다는 지배계급의 문화적 준거를 기초로 하여 그 격차를 유지 또는 강화시키고 있다고 주장하며, 학교교육이 이러한 기능 자체에 정당성을 부여함으로써 궁극적으로는 자본주의 계급관계를 재생산하는 결과를 낳는다고 보았다.

11

현영이와 지혜의 사례에 적용되는 개념을 부르디외(Bourdieu)의 이론에 근거해서 제시하시오.

- 수업시간에 선생님이 해외여행 경험을 발표하라고 해서 여러 학생들이 다양한 나라의 여행 경험을 발표했으나 현영이는 외국에 가 본 적이 없어서 창피했다.
- 지혜는 선생님이 클래식 음악회에 다녀와서 감상문을 써 내라고 숙제를 내줬는데 자신은 클래식 음악을 접해 보지도 못한 데다 가정형편상 음악회에 다녀올 수도 없어 괴로웠다.

문제 해결의 EOS Kick

외국에 가 본 적 없는 현영이에게 수업시간에 해외여행 경험을 발표하게 한 것이나 클래식 음악을 접해 보지도 못한 데다 가정형편상 음악회에 다녀올 수도 없는 지혜에게 클래식 음악회에 다녀와서 감상문을 써 내라는 숙제를 내 준 것은 모두 부르디외가 말한 '상징적 폭력'(symbolic violence)을 행사한 사례라고 할 수 있다.

부르디외는 상징적 폭력을 특정한 계급의 문화가 보편적이며 사회구성원 모두가 공유하는 상징체제인 것처럼 임의적·상징적으로 힘을 행사하는 것이라고 정의하였다. 즉, 상징적 폭력은 지배계급이 자신들의 문화에 대한 정통성을 확보하기 위해 사용하는 '상징적 힘의 행사'를 의미한다.

12

지문에서 가정배경과 관련된 철수 아버지와 영희 아버지의 대화에서 찾아볼 수 있는 자본(capital)의 명칭과 개념을 설명하시오.

철수 아버지 : 저는 교육적 차원에서 철수에게 틈틈이 박물관이나 클래식 연주회에 다녀오도록 해요. 교양서적도 자주 읽도록 해 견문을 넓히게 하지요. 이젠 스스로 알아서 합니다.

영희 아버지 : 저희 부부는 영희와 대화를 자주 합니다. 대화시간을 늘리기 위해 텔레비전을 없앴고, 가급적 식구들이 함께 식사를 해요. 고민도 들어주며 때로는 친구가 되고, 때로는 든든한 후원자가 되려고 노력해요. 영희도 집안의 화목이 공부하는 데 큰 힘이 된다고 자주 말해요.

___

 문제 해결의 EOS Kick

이 대화에서 철수 아버지는 '문화적 자본', 영희 아버지는 가정 내 '사회적 자본'과 관련이 있다. 문화적 자본은 부르디외(Bourdieu)의 문화재생산이론에서 제시된 것으로 아비투스적 문화자본, 객관화된 문화자본, 제도화된 상태로서의 문화자본의 세 가지 형태가 있다. 이 중 철수 아버지는 객관화된 상태로서의 문화자본인 박물관, 클래식 연주회, 교양서적을 철수에게 제시하고 있다.

사회적 자본은 콜맨(Coleman)이 제시한 것으로 아동이 가족이나 지역사회로부터 그것을 얻게 될 때 교육적 성취를 제고시키는 데 도움을 받을 수 있는 사회적 자원이다. 사회적 자본은 아동의 발달에 대한 부모의 관심, 부모나 지역사회에 의하여 견지되고 있는 사회적 규범, 부모 아닌 가족 내 다른 성인들의 존재 및 그들의 유대, 아동의 사회적 환경을 구성하고 있는 사람들이 주는 신뢰감의 형태로 나타난다. 사회적 자본이 충분하게 존재할 때 비로소 부모가 지닌 경제적 자본이나 인간자본이 아동에게 제대로 전달되어 활용될 수 있기 때문에 아동의 교육적 성취에서 중요한 의미를 갖는다. 참고로 콜맨이 말한 '경제적 자본'(economic capital)이란 부모의 소득이나 경제적 지원 능력을 말한다.

13

다음 내용에 해당하는 용어와 교육과의 관계를 설명하시오.

- 애플(Apple)이 교육사회학 이론에 활용한 그람시(Gramsci)의 개념이다.
- 학교는 지배 이데올로기를 정당화하는 역할을 한다.
- '학교교육이 교육의 기회를 공정하게 제공하고 능력에 따라 사회계층을 결정하게 한다.'고 믿게 하는 지배력 행사 방식이다.

 문제 해결의 EOS Kick

그람시가 주장한 개념이며 지배 이데올로기를 정당화하는 역할을 수행하는 것은 '헤게모니'(hegemony)이다. 그람시에 의해 시작된 헤게모니 연구는 애플, 지루 등으로 이어져 오면서 실제의 교육현장에 존재하는 지식의 재생산 연구에 있어서 정치·경제적인 조건과 함께 문화적 이데올로기적 변인들을 탐색하는 데 큰 역할을 하게 되었다.

애플에 의하면 문화적 이데올로기로서의 헤게모니는 표면적, 잠재적 교육과정 속에 내재하고 있으면서 학교의 내적 문화로 형성되어 문화의 불공평한 분배를 통해 사회의 구조적 불평등을 보존한다.

14

다음은 학교교육의 양적 팽창과 이로 인한 학력상승 현상을 나타낸 것이다. 지문의 내용과 관계된 이론을 설명하시오.

- 취업을 위한 교육의 요구수준이 계속 상승한다.
- 학교제도의 직업체계가 상호 간에 긴밀한 관계를 유지하고 있다.
- 과학의 발달과 직업능력의 향상으로 인해 학력이 높아진다.
- 학교교육은 점점 복잡하고 고도화되는 직업에 필요한 전문성과 일반능력을 훈련시킨다.

 문제 해결의 EOS Kick

지문은 기술기능이론에 관한 내용에 관한 것이다. 기술기능이론의 입장은 다음과 같다. 첫째, 산업사회에서 기술의 필요는 기술의 다양화에 따라 항상 높아간다. 둘째, 학교교육은 보다 높은 기술을 요하는 직업에 맞도록 특수한 기술이나 일반능력을 위한 훈련을 제공해 준다. 셋째, 직업에 필요한 교육수준은 날로 높아가며 보다 많은 사람들이 오랫동안 학교에서 머물러 있어야 한다.

15

다음은 학력상승의 원인을 해석하는 두 교사의 대화이다. 각 교사의 설명에 부합하는 학력상승 이론을 설명하시오.

강 교사 : 학교는 산업사회를 지탱하는 핵심 장치입니다. 사람들의 학력이 높아지는 원인은 직종이 다양해지고 각 직업에서 요구하는 지식의 수준이 높아지는 데 있어요. 우리 시대가 유능한 인재를 요구하고 있으니, 학교는 인재 양성에 매진해야 합니다.

정 교사 : 저는 그렇게 생각하지 않습니다. 직업구조의 변화가 학력 상승을 유발하기는 하지만 그것만으로는 충분한 설명이 되지 못합니다. 남보다 한 단계라도 높은 학력을 가지고 있는 것이 좋은 직업 획득에 도움이 되는 상황을 생각해 보세요. 학력 상승은 그 결과로 발생하는 현상입니다.

문제 해결의 EOS Kick

강 교사는 '기술기능이론'의 관점에서 학력상승을 설명하고 있다. 설명은 중복되어 생략함. 반면 정 교사는 '지위경쟁이론'의 관점에서 학력상승을 설명하고 있다. 지위경쟁이론은 학력(學歷)을 지위 획득의 중요한 수단으로 간주해서 집단 간 학력경쟁을 초래하며 개인의 학력이 상승할 뿐만 아니라 학력 경쟁이 과열되면 과잉학력(over education)이 발생되기도 하는 사회현상을 설명하는 데 유용한 이론이다.

〈유사 출제 지문〉

> 가정 형편이 넉넉하지 못한 영희는 학업성취 수준이 비교적 낮았다. 그래서 영희의 어머니는 성공적인 삶을 살도록 하기 위해서 경제적 형편이 어렵지만 무리하여 사교육비를 지출하면서까지 영희를 대학에 진학시키고자 하였다.

영희 어머니는 가정 형편이 어렵지만 영희가 대학에 진학하면 높은 사회적 지위를 얻는 데 유리하다고 보고 무리하게 영희를 대학에 진학시키고자 한다. 이런 현상을 설명하는 데 가장 적절한 이론은 '지위경쟁이론'이다.

지위경쟁이론에 의하면 학력(學歷)이 사회적 지위획득의 수단이기 때문에 모든 계층이 경쟁적으로 높은 학력을 취득하기 때문에 학력이 계속하여 높아진다고 본다. 다른 사람보다 한 단계라도 높은 학력을 지니는 것이 사회적 지위의 경쟁에서 결정적으로 유리하기 때문에 모든 사람들이 높은 학력, 즉 상급학교 졸업장 및 학위를 얻기 위해 온갖 노력을 기울인다. 결과적으로 학교가 확대되지만 그래도 경쟁은 끝나지 않으므로 학교의 확대는 상급으로 파급되며, 학력경쟁은 더욱 가속화되고 학교제도는 급속한 팽창을 하게 된다.

지위경쟁 이론에 의하면 근대적 공교육제도는 서로 상충되는 이해관계를 지닌 다양한 지위집단들 간의 기득권 수호 혹은 합법적인 사회적 지위상승을 위한 경쟁의 수단으로 제도화되었다고 본다.

이 이론은 해방 이후 한국의 학교제도의 급속한 팽창은 자녀들을 보다 나은 학교에 진학시키기 위한 학부모들의 치열한 학력경쟁의 결과라는 사실을 가장 잘 설명해 주며, 나아가 학력병(diploma disease)사회를 설명해 주는 이론으로 널리 알려져 있다.

16

윌리스(Willis)의 저항이론에서 노동자 계급의 자녀가 다시 노동자 계급이 되는 이유를 설명하시오.

 문제 해결의 EOS Kick

저항이론은 윌리스가 영국의 노동자 계급이 갖고 있는 기존의 학교문화에 저항하고 모순을 극복하려는 측면을 분석한 데서 비롯되었다. 노동자 계급의 학생들은 학교의 권위와 지적 활동의 가치 및 중요성을 거부하는 독특한 반(反)학교 문화를 형성하며, 이들의 반(反)학교 문화는 그들의 부모가 작업장에서 형성한 문화를 근원으로 하고 있다.

학교 공부를 거부하고 특히 지적 활동의 가치와 중요성을 거부하는 것은 이론보다는 실천을 훨씬 중요하게 취급하는 노동문화의 특성을 반영하고 있으며 남성다움에 가치를 두어 육체노동직을 선택하는 것은 노동문화의 남성 우월주의를 반영하고 있다는 것이다. 이런 가치관 때문에 노동자 계급의 자녀는 주체적인 판단에 의해 노동자 계급이 된다고 본다.

〈유사 출제 지문〉

> 그 학생은 학창 시절 말썽을 많이 피웠지. 비슷한 또래들과 몰려다니면서 싸움도 자주 하고, 각종 교칙을 밥 먹듯이 위반했어. 수업을 시시하다고 하면서 방해하기도 하고, 공부 잘하는 애들을 계집애 같다고 놀려 대기도 했어.
> 반면에 자기 부류의 애들은 사내답다며 우쭐댔지. 자기는 육체노동직에 종사하는 아버지처럼 사나이답게 살고 싶다고 했지. 나중에 보니 그 학생은 스스로 진학을 포기하고 자기 아버지와 같이 육체노동직을 선택하더라고.

17

다음과 같이 교과서의 내용을 분석하는 것과 관계된 교육사회학 이론을 설명하시오.

- 교과서에 등장하는 인물 중에 여성보다 남성이 많다.
- 미술 교과서에 한국 미술이 아닌 서양 미술이, 음악 교과서에 국악이 아닌 양악이 중심적 위치를 차지하고 있다.

 문제 해결의 **EOS Kick**

학교에서 가르치는 지식과, 가르치는 과정을 사회학적으로 탐구하는 '교육과정 사회학'(신교육사회학)은 1970년대 초 영국에서 등장하였다. 교육과정 사회학자들은 학교가 가르치는 지식과 교육의 과정이 사회적 불평등을 매개하는 중요한 요인임을 지적하면서 교육 사회학자들이 과거에 도외시하였던 교육과정에 대한 탐구에 집중해야 한다고 주장한다. 이들은 교육에서의 불평등은 교육제도에만 기인하는 것이 아니라, 학교 내의 교사와 학생 간의 상호작용, 학교에서 가르치는 지식 등 학교의 교육과정과 내적 과정도 불평등을 일으키는 요소라는 것이다. 이 입장의 대표자인 영(M. Young)은 학교가 어떤 지식을 선택하고 가르치며, 이 선택적 지식교육의 과정이 학교 밖의 권력구조와 어떻게 관련되어 있는가를 밝히고자 하였다. 그는 지식이 어떤 기준에 의해서 계층화되며, 각기 다른 지식에 부여되는 사회적 평가와 그 지식들을 소유하게 됨으로써 얻게 되는 사회적 보상이 결정되는 배경을 탐구해야 한다고 본다. 그렇게 함으로써 한 사회에서 지배적인 가치의 유형, 사회적 보상, 권력의 배분, 지식의 조직 사이의 관계를 규명할 수 있다고 보았다.

반면 미국의 비판적 교육과정론자들인 애플(Apple), 할세이(Halsey) 등은 전통적 교육과정 이론가인 Tyler의 모형에 대한 비판과 잠재적 교육과정의 성격과 기능에 대한 탐구에서 출발한다. 이들은 타일러의 모형이 기술공학적인 합리성만을 강조한 나머지 교육과정 논의를 이끌어 갈 수 있는 합리성의 여러 측면 즉 윤리적, 미학적, 정치적, 과학적 측면을 종합적으로 검토할 수 없게 되었다고 비판한다. 애플은 미국의 학교에서 가르치고 있는 사회교과와 과학교과의 교육과정 내용을 분석한 결과, 겉으로 드러나는 명시적인 교과내용을 통해서 뿐만 아니라, 교과내용의 서술방식이나 설명방식 등 잠재적 과정을 통해서도 지배적인 이데올로기와 맥을 같이 하는 무언의 이념적 요소들이 학습된다는 점을 밝혀내었다.

18

지문의 김 교사와 이 교사는 국사 교과서에 대한 문제의식을 드러내고 있다. 이와 같이 교과서의 내용을 비판적 관점에서 보는 교육사회학 이론의 명칭과 이 이론의 의의를 설명하시오.

> 김 교사 : 우리나라 국사 교과서는 너무 지배층의 관점에 치우쳐 서술되어 있어요. 예를 들면 '만적의 난'과 같은 용어는 지배층의 관점을 단적으로 드러내 주고 있거든요.
> 이 교사 : 그래요. 필자가 남자로 구성되어 있어서 여성의 역사적 활동에 대한 서술이 적고, 그것도 현모양처의 모델을 제시하는 데 중점을 두고 있어서 남성 편향적 역사관을 반영하고 있다고 할 수 있어요.

문제 해결의 EOS Kick

교과서 내용에 대해 비판적 관점에서 분석하고 있는 이론은 '교육과정 사회학'이다.

교육과정 사회학의 의의는 첫째, 지식·문화·이데올로기 등의 지적인 과정을 통해 지배와 억압의 구조를 파헤침으로써 교육과 사회 불평등에 대한 이해의 폭을 확장했다는 점과 둘째, 교육사회학의 연구를 교육의 지도와 기능 중심으로부터 교육내용과 과정(過程), 학교 내부의 현상에 관심을 가지도록 해주었다는 점이다.

19

지문의 진석이가 나타내는 언어 양식을 번스타인(Bernstein)이 제시한 용어로 해석하고, 언어와 학업성취도와의 관계를 설명하시오.

> 진석은 대화할 때, 논리적이며 추상적이고 문법과 문장 규칙이 정확한 언어를 구사하고 있다. 이와 달리 철수는 문법과 문장이 부정확하고 의미가 분명하지 않은 언어를 사용하고 있다. 이러한 언어 능력 차이로 인해 학교에서 진석은 철수보다 학업 성적이 우수한 것으로 나타났다.

_____

_____

_____

 문제 해결의 EOS Kick

　번스타인은 사회구조의 불평등이 문화나 언어를 통해 재생산되는 양식을 밝히고 있다. 그는 구체적으로 학교에서의 지식이 어떻게 형성되며 통제되는지, 학생들의 사회 경제적 배경이 어떻게 지식의 차이로 결과하는지를 연구하였다.

　예를 들어 상류계급 아이들은 노동계급 아이들과는 다른 일상 언어 코드(정교한 언어 코드)를 가지고 있으며 학교에서는 교사가 상류계급에서 사용하는 용어와 어법을 사용하기 때문에 노동계급 아이들은 자연히 뒤처지게 된다는 것이다.

　즉 그는 언어를 통해 사회적 배경이 교육장면에 침투하는 장면을 분석한 것이다. 이를 통해서 보면 진석이가 사용한 언어는 정교한 언어 코드이고 철수는 제한된 언어 코드이다.

20

지문의 내용과 같은 미시적 관점의 교육사회학 이론을 설명하시오.

> 교육은 기계에 맞는 톱니바퀴를 만드는 것이 아닙니다. 삶의 방식은 개인의 선택에 따르는 것으로 매우 다양합니다. 성적이 부진하더라도 그것을 중요한 문제로 삼을지 여부는 학생의 인식에 달려 있습니다. 학생이 학업성적의 가치를 높게 인식하면 열심히 공부할 것이고, 그렇지 않다면 다른 가치 있는 활동에 전념할 것입니다. 교사가 할 일은 학생 자신이 상황을 어떻게 인식하는가에 따라서 사회적 현실이 달라진다는 생각을 갖게 하고, 그에 대한 책임을 다하도록 학생을 격려하는 것입니다.

문제 해결의 EOS Kick

학생 자신이 상황을 어떻게 인식하는가에 따라서 사회적 현실이 달라진다고 보는 것은 현상학적 인식론에 바탕을 둔 '상징적 상호작용론'이다.

상징적 상호작용론은 개인의 자아의식 형성은 사회에서의 상호작용의 결과이며, 각 개인은 일상생활에 있어서의 다양한 상황에서 접하는 타인의 눈을 통해 자신을 알게 된다고 한다. 우리는 타인과의 상호작용을 통해 의미를 이해하고, 사회적으로 주어진 의미를 중심으로 우리는 생활을 조직하게 된다. 그리고 사회관계는 상호작용 관계에 있는 쌍방이 각각 자신의 행동에 대하여 상대방이 어떻게 대응할 것인가를 예견하고, 상호 용납할 수 있는 방법으로 상황을 정의하여, 쌍방이 수용할 수 있는 행동의 한계를 설정해 준다.

21

다음의 내용을 설명하는 데 가장 적합한 개념(용어)을 설명하시오.

- 교사는 아동의 가정 배경과 차림새에 따라 능력에 대한 기대를 달리하였다.
- 교사는 자신이 기대하는 바에 따라 아동 집단을 구분하여 각각 다르게 대하였다.
- 높은 능력 기대 집단에 속한 아동은 교사와의 상호작용이 활발해지고 성적도 좋아졌으나, 낮은 능력 기대 집단에 속한 아동은 학급 활동 참여가 줄고 성적도 낮아졌다.

___

 문제 해결의 EOS Kick

　교사의 기대 효과를 설명하는 이론은 '자기 충족적 예언'이다. 자기 충족적 예언(self-fulfilling prophecy, 혹은 자성예언)이라는 용어는 원래 사회학자 머튼(Merton)이 그의 저서 『사회이론과 사회구조』(1957)에서 처음 사용하기 시작하였다.

　이 말은 한 예언이 형성되면 그 예언이 바로 예언 자체의 실현을 위한 강력한 수단이 된다는 것으로, 학습실험, 의학치료(placebo effect), 국제관계 등에서 많이 입증되었다.

22

콜맨(Coleman)의 보고서에는 '학업성취도에 대한 학교의 효과가 미미하였다'라고 나타나 있다. 이 말의 해석을 어떻게 해야 할지 설명하시오.

 문제 해결의 EOS Kick

교육평등의 문제를 학교의 격차에 초점을 두어 분석한 콜만 보고서(『Equality of Educational Opportunity』, 1966)는 학업성적을 결정하는 제반 조건, 예를 들면 학교도서관, 교과서, 교육과정, 교수법, 교사의 능력 등이 학교에 따라 어떻게 다르며, 이들 조건의 차이가 학생들의 실제 성적에 어떻게 반영되었는가를 분석하였다.

그 결과 학교가 처한 교육조건의 차이는 학생들의 성적 차와 큰 관련이 없고, 학생의 가정 배경이 학업성적에 미치는 가장 중요한 요인으로 밝혀졌다. 즉 입학 당시 학생들 간에 보이는 지적 성취 수준의 불평등 정도는 학교교육을 통해 좁혀지지 않고 졸업 후에까지도 유지된다고 하였다.

그러나 이 연구결과가 교육조건이 나쁜 학교를 그대로 방치해 두어도 좋다는 것을 의미하지는 않는다. 교육조건(혹은 교육여건)의 평등화는 성적 차에 미치는 영향과는 관계없이 중요하다. 왜냐하면 학생들은 누구나 같은 조건 아래에서 교육받을 권리가 있기 때문이다.

23

강 교사는 가난한 가정에서 성장한 아동들이 부진한 학업성적을 보이는 원인을 다음과 같이 설명하고 있다. 박 교사의 주장에 대한 문제점을 지적하시오.

- 가난한 사람들은 모든 것을 운명의 탓으로 돌리는 체념적인 생활방식을 갖고 있기 때문에, 그러한 가정에서 자란 아동들이 낮은 학습동기를 가지게 된다.
- 가난한 사람들은 대체로 미래의 행복보다 현재의 즐거움을 중시하기 때문에, 그런 환경에서 자란 학생들은 놀고 싶은 것을 참고 공부하는 인내심이 부족하다.

문제 해결의 EOS Kick

학업성취에 미치는 요인으로 지능을 제외하고는 사회 경제적 배경이 중요한 영향을 미친다는 연구가 있다. 여러 나라의 학업성취 결정요인에 관한 연구를 종합 분석한 결과도 같은 결과가 나타났다. 그동안 사회계층이 학업성취에 영향을 주는 경로로 지적된 것은 소망수준, 문화실조, 언어, 상호 작용 등이다.

그러나 강 교사 주장에는 하류계층 사람들이 낮은 동기나 인내심 부족과 같은 요인이 어떻게 형성되었기 때문에 이런 가정의 아이들이 낮은 학업성취를 보이는지에 대한 배경의 분석은 미흡하다.

All In One

24
지문의 교사들이 주장하고 있는 교육평등관의 관점을 설명하시오.

> 김 교사 : 이제 우리나라 경제 수준도 높아지고 했으니, 모든 국민이 고등학교 교육을 받을 수 있도록 고등학교 무상의무교육제도를 도입하는 것이 좋을 것 같아요.
> 박 교사 : 개인의 고등학교 진학 여부는 국가에서 개입하기보다는 당사자의 능력과 노력에 맡기는 것이 좋지 않을까요?
> 이 교사 : 글쎄요. 저는 요즘 같은 사회양극화 시대에는 고등학교 무상의무교육제도 도입에서 한발 더 나아가, 계층 간 학업성취도의 격차를 좁힐 수 있도록 소외계층 학생을 위한 적극적 배려 정책이 필요하다고 보는데요.

문제 해결의 EOS Kick

교육평등관(기회균등관)은 허용적 평등관, 보장적 평등관, 과정적 평등관 그리고 결과적 평등관으로 변화되어 왔다.

이 가운데 김 교사는 무상의무교육제도의 도입을 강조하고 있다. 이런 평등관을 교육기회의 '보장적 평등관'이라고 한다.

반면 박 교사는 고등학교 진학 여부를 당사자의 능력과 노력에 맡겨야 한다는 것은 '허용적 평등관'에 해당한다.

이 교사는 무상의무교육을 넘어 계층 간 학업성취도의 격차를 좁힐 수 있도록 소외계층 학생을 위한 적극적 배려 정책을 강조하는 교육기회의 '보상적 평등관'을 주장하고 있다.

> **25**
>
> 중학교 의무교육은 처음에는 읍·면 지역에 대해서 우선적으로 적용되고 있으며, 그 후 특별시와 광역시를 제외한 시 지역 소재 학교까지 확대되어 2004년에는 전국적으로 확대되었다. 이와 같은 지역 간 차별 정책을 정당화할 수 있는 논리적 근거를 설명하시오.

_____

_____

 문제 해결의 EOS Kick

이는 학교교육에 대한 접근이 불리한 집단에 대해서 우선적으로 지원해야 한다는 '보상적 평등관'을 반영하고 있다.

보상적 평등관은 롤즈(Rawles)의 『정의론(A Theory of Justice)』에 영향 받은 것으로 불평등이 존재할 경우 사회적·경제적 불평등은 최소수혜자(사회적 약자)에게 최대 이익이 되도록 조정되어야 하며, 사회적 지위와 업무들은 모든 사람들에게 개방되어야 한다고 보았다.

따라서 능력이 다른 학습자를 같은 학습 수준에 도달시키기 위해서는 저능력자의 학습결손을 보충해 주거나 불리한 조건에 처해 있는 사람들의 교육기회와 성공적인 학업성취를 막는 장애요인을 제거함으로써 모든 사람이 일정 수준의 능력을 갖춘 인간으로 성장할 수 있도록 해주는 동시에 개인의 능력과 적성에 부합하는 다양한 교육의 통로를 만들어 주어야 한다는 것이다.

26

다음과 같은 교육적 조치의 근거가 되는 이론의 명칭과 이 이론이 영향을 미친 교육활동을 설명하시오.

> 열악한 교육환경에 처해 있는 아동의 문화적 결손을 보충해 주기 위해, 기초학습 능력을 길러주는 교육프로그램을 제공한다.

 문제 해결의 **EOS Kick**

'문화실조'(cultural deprivation)론은 1960년대 미국에서 흑인이나 소수민족 출신 하류계층 아동들이 언어박탈, 학업부진, 중도탈락, 일탈행동, 비행이 증가하면서부터 비롯된 가설(hypothesis)이다.

헌트(Hunt)는 풍부한 환경을 가진 중간계급아동과 문화적으로 실조된 환경에 있는 하층계급아동을 대비시켜 "문화실조는 유아와 어린 아동들이 반자율적 기초과정의 적절한 발달을 위해 요구되는 경험을 가질 기회를 제공하지 못한 결과이다"라고 하였다.

문화실조론은 1960년대 자유주의개혁운동에 영향을 주어 보상 교육프로그램인 Head Start Project, Higher Horizons Program, Education Priority Area 등에 영향을 주었다.

27

다음의 내용에 해당하는 문화변화 현상을 설명하시오.

- 휴대폰을 많이 사용함으로써 생활이 편리해졌지만, 무분별한 사용으로 인해 타인에게 불쾌감을 주는 경우가 자주 발생한다.
- 자동차 보급률은 급속하게 증가되고 있지만, 안전 운행에 대한 운전자들의 교통 의식은 제자리에 머물고 있다.

문제 해결의 EOS Kick

지문은 문화지체 현상을 나타내고 있다. '문화지체(cultural lag)'란 문화의 구성부문 간의 변동률의 차이로 인해 생기는 문화격차를 말한다.

오그번(Ogburn)에 의하면 문화의 요소들은 똑같은 속도로 변하지 않으며 그 요소들은 서로 의존관계에 있기 때문에 어떤 부문은 다른 부문보다 빨리 변한다는 것이다.

예를 들면 자동차와 교통문화와의 관계를 보면, 자동차는 급격히 증가하는데 시민들의 교통문화 수준은 그만큼 높아지지 않으므로 그 결과 많은 문제점이 생기는 현상과 같다.

최근 학교교육에 대한 비판 가운데 사회의 변화 속도에 비하여 학교의 변화 속도가 느리기 때문에 오는 현상, 예를 들면 정보통신 기술의 변화에 비해 학교에서의 교육방법은 이를 따르지 못하는 현상을 교육지체(educational lag)로 표현하기도 한다.

28

국민의 평생교육, 특히 취업자의 계속교육을 촉진하기 위해 개별적으로 취득한 학력, 학위, 자격 등 인증된 학습 경험과 학교 외 교육 등에서 얻은 학습 경험을 누적 기록, 관리하고 이를 객관적으로 인증하기 위한 제도의 명칭을 설명하시오.

 문제 해결의 **EOS Kick**

'교육계좌제'란 국민의 평생학습 촉진 등 인적 자원의 효율적인 개발·관리를 위해 개인의 학습경험을 종합적으로 누가 관리하는 제도이다(평생교육법 제 16조 2항).

교육계좌제는 개인의 학력, 자격증, 봉사활동, 평생교육과정 이수 등 학습활동을 종합적으로 관리하는 일종의 성인용 학습기록부(2003년도부터 도입)를 의미한다.

29

일리치(Illich)와 라이머(Reimer) 등이 제기한 학교교육의 한계를 설명하시오.

문제 해결의 EOS Kick

일리치는 『탈학교 사회(Deschooling Society)』에서 진보적 자유주의자들의 학교교육에 대한 기본적인 주장들(예를 들어 학교교육을 통한 성공의 신화와 같은)을 거부함으로써 현대 학교교육에 내포된 가치체계에 대한 광범한 도전을 시도하였다.

이들은 교육이 인간을 평등하게 하며 개인의 해방을 위한 길이라는 신념을 거부한다. 학교제도는 오로지 철폐되어야 한다고 주장한다. 일리치는 현대 사회에서 교육성취와 직업신분 간의 밀접한 관계는 사회가 점차 합리적이고 업적주의적으로 되어 간다는 신호가 아니라고 한다.

오히려 그 관계는 학교교육(schooling)이 곧 교육(education)이며, 학교자격증이 개인의 능력을 보증해 준다는 잘못된 생각을 반영하고 있는 것이다. 학교교육의 확대가 정의롭고 인간적이며 민주적인 질서의 기초가 된다는 것은 완전히 잘못된 생각이다.

라이머도 『학교 사망론』(School is Dead)』에서 오늘날의 학교는 그 기능을 상실하였고, 따라서 어떤 새로운 대안을 모색하지 않으면 안 된다고 보았다. 그는 부자를 부자 되게 하는 교육제도, 권력을 가진 자로 하여금 계속 그 권력을 계승시키는 지도, 가난한 자로 하여금 그 생활을 벗어나지 못하게 하는 교육에 대해 깊이 있는 고찰을 시도하였다.

30

다음은 평생교육의 발전에 공헌한 학자들의 주장이다. (가)~(다)에 들어갈 용어를 제시하시오.

- 랑그랑(P. Lengrand) : 『평생교육(L'éducation permanente, 1965)』을 통해 평생교육은 학습자가 필요로 할 때 언제든지 접근할 수 있어야 하며, (가) 이 통합된 학습을 지원하는 것을 강조하였다. 이를 위해 분절되었던 각 교육제도들을 연계하고 통합하는 사회적 시스템의 필요성을 역설하였다.
- 포르(E. Faure) : 『존재를 위한 학습(Learning To Be, 1972)』을 통해 새 시대 교육제도의 개혁방향으로 '(나) 건설'을 제안하였다. 이 보고서는 초·중등 및 고등교육 제도와 교육의 틀을 개혁함으로써 교육의 지평을 넓힐 것을 강조하였다.
- 들로어(J. Delors) : 『학습 : 그 안에 담긴 보물(Learning : The Treasure Within, 1996)』을 통해 21세기를 준비하는 네 개의 학습 기둥을 제시했다. 네 개의 학습 기둥은 알기 위한 학습, 행동하기 위한 학습, 존재하기 위한 학습, (다) 위한 학습이다.

___

___

___

문제 해결의 EOS Kick

랑그랑(Lengrand)은 『평생교육(L'éducation permanente)』을 통해 (가) '앎과 삶'이 통합된 학습을 지원하는 것을 강조하였다.

포르(Faure)는 『존재를 위한 학습(Learning To Be)』을 통해 (나) '학습사회' 건설을 제안하였다.

또한 들로어(Delors)는 『학습 : 그 안에 담긴 보물(Learning : The Treasure Within)』을 통해 21세기를 준비하는 네 개의 학습 기둥으로 알기 위한 학습, 행동하기 위한 학습, 존재하기 위한 학습, (다) '함께 살기' 위한 학습을 제시하였다.

기타(교육의 기초, 교육사, 교육철학) 파트 메타 분석 39문항

1

다음의 ㉮, ㉯에 들어갈 알맞은 명칭과 개념을 설명하시오.

> 피터스(Peters)는 "(㉮)이란 제한된 기술이나 사고방식을 길러주는 것이고, (㉯)은(는) 보다 넓은 신념 체계를 다루는 일"이라고 하였다. 즉 (㉯)은 인간의 신념 체계의 변화, 전인적 변화이며, 지적이고 창의적인 참여를 강조하고, 가치 지향적인 활동으로 보는 데 비해 (㉮)은(는) 제한된 기술의 연마, 인간 특성 일부의 변화, 기계적 학습의 강조, 가치 중립적인 활동을 특징으로 한다.

_____

_____

 문제 해결의 **EOS Kick**

피터스는 교육과 유사한 개념으로 훈련 혹은 교화 등을 비교하였다.

피터스는 ㉮'훈련'이란 제한된 기술이나 사고방식을 길러주고, 인간 특성 일부의 변화, 기계적 학습을 강조하는 데 비해 ㉯'교육'이란 보다 넓은 신념체계의 변화, 가치 지향적이고, 전인적인 변화, 지적이고 창의적인 참여를 강조한다는 점에서 두 개념은 서로 비교된다.

2

이 교사는 수업에서 학생들에게 다음과 같이 가르친다고 할 때, 이 교사의 수업방법을 적절하게 개념화한 용어를 설명하시오.

- 개인은 언제나 국가를 위해 헌신해야 한다고 가르친다.
- 과학적 지식은 의심할 수 없다고 가르친다.
- 언제나 다수결에 의한 결정이 옳다고 가르친다.

문제 해결의 EOS Kick

이 교사는 수업에서 이론적으로 타당하지 않은 내용을 학습자들에게 일방적으로 가르치고 있는데, 이를 '교화(敎化, indoctrination)'라고 한다. 원래 교화란 선각자에 의한 대중의 감화, 목사나 신부 그리고 승려 등이 교도(敎徒)들을 교육하는 일반적인 방법을 말한다. 정치적 권위를 가진 사람들이 대중을 지도하고 선도하는 것도 교화에 해당하며, 봉건사회에서는 정치적 권력과 종교적 권위 혹은 유교와 같은 윤리적 권위를 결합하여 민중을 교도(敎導)하였고 정치권력의 유지를 위해 교화를 중요한 통치의 기술로 활용하였다.

교육적 차원에서 본다면 이론적으로 타당하지 않은 내용을 학습자에게 받아들이게 하거나 이론적으로 타당하더라도 학습자가 그것을 받아들일 태세나 준비가 되어 있지 않은데도 불구하고 학생이 기계적으로 받아들이도록 하는 방법을 의미한다.

교화를 주입식 혹은 맹교(盲敎)라고도 하며, 학습의 상황에서 다음과 같은 경우가 있다. 즉 진(眞)의 지식을 가르치는 것이 아니라, 위(僞)인 지식을 가르치는 경우, 증거가 없는 것을 마치 증거가 있는 것처럼 가르치는 경우, 방법적 과정에 관한 이해 없이 지식을 전달하는 경우, 교사의 양심적 판단에 비추어 객관적인 확실성을 보장받을 수 없는 것을 가르치는 경우 등이다.

> **3**
>
> 다음의 (가)와 (나)에 들어갈 교육목적관을 설명하시오.

교육 목적에 대하여 듀이(J. Dewey)는 교육활동 그 자체, 피터스(R. S. Peters)는 교과의 고유한 가치에 주목하면서 교육의 (가)을 주장하였다. 또한 우리 선조들은 (나)이라는 말로 공부의 근본적 목적이 자아의 성찰과 완성에 있음을 강조하였다.

___

___

 문제 해결의 EOS Kick

　듀이가 말한 '성장'으로서의 목적, 피터스의 입문으로서의 목적은 (가)'내재적 목적관'을 말한다. 내재적 목적이란 교육목적을 교육이 이루어지는 활동 안에서 찾고자 하는 관점으로 듀이나 피터스 등이 대표적이다. 즉 교육의 목적이 마음을 계발하는 일이라든가, 경험의 성장 혹은 지성과 인격의 발달, 인격의 통합 등을 강조하는 목적관은 내재적 목적을 강조한 것이다.

　동양에서 학문의 목적으로 강조한 (나)'위기지학'(爲己之學)이란 도리(道理)를 인간이 마땅히 알아야 할 것으로 보고 덕행(德行)을 인간이 마땅히 해야 할 것으로 삼아 먼 것보다 가까운 데서, 겉보다는 속부터 공부를 시작해서 마음으로 얻어 몸소 행하기를 기약하는 것을 말한다. 따라서 공자(孔子), 맹자(孟子), 주자(朱子) 그리고 퇴계 등은 학문의 목적으로 위인지학(거짓으로 꾸미고 이름을 구하고 칭찬을 구하기 위해 하는 학문)보다 위기지학을 강조하였다.

All In One

4 지문의 대화에서 '슬기'가 부여하는 교육목적의 가치를 설명하시오.

> 보람 : 너 성적 잘 나왔어?
> 슬기 : 아니. 우리가 왜 학교에서 이런 내용을 배우는지 모르겠어. 대학입학에 필요하기는 하지만 실생활에는 별 쓸모가 없지 않아? 공부 잘한다고 꼭 부자가 되는 것도 아니고 말이야.

 문제 해결의 **EOS Kick**

슬기는 학교에서 배우는 내용은 실생활에 쓸모 있는 것이어야 한다고 주장한다. 이는 교육의 외재적 가치(수단적 가치)를 지향하는 것이다.

외재적 가치란 문제되는 활동의 외부에서 주어지는 가치, 혹은 한 활동을 수단으로 다른 것을 추구하는 것으로 예를 들면 교육을 직업을 위한 준비나 산업화를 위한 인력 자원의 육성 등을 추구할 때 외재적 가치를 실현하는 것으로 본다.

5

다음 A, B 두 학자의 주장 속에 나타난 교육관을 볼노우(Bollnow)가 구분한 3가지 교육관을 기초로 설명하시오.

> A 학자 : 교육의 역사를 돌이켜 보면 교육의 본질에 대한 두 가지 근본적인 견해를 발견할 수 있습니다. 교육에 대해 통상적인 그리고 가장 먼저 떠오르는 소박한 생각은 교육을 수공업적인 행위에 비유하는 것이지요.
> B 학자 : 예, 그렇지요. 이것은 장인(匠人)이 계획에 따라 적절한 도구를 사용해서 재료로 물건을 만들어 내듯이, 교육자는 자신의 목표에 의거해서 자신에게 맡겨진 사람을 특정한 모습으로 만든다는 것인가요?

_____

_____

_____

 문제 해결의 EOS Kick

볼노우는 교육관을 목공적 교육관, 재배적 교육관, 각성적 교육관으로 구분하였다.

이 가운데 A 학자는 교육을 수공업적 행위에 비유하고 있다. 이는 장인의 계획에 따라 적절한 도구를 사용해서 재료로 물건을 만들어 내듯이 교육자는 자신의 목표에 의거해서 학생을 특정한 모습으로 만든다는 B 학자의 주장 속에 잘 나타나 있다. 이런 교육관을 '목공적 교육관'이라고 한다.

6

A, B 두 사람의 대화 속에 나타난 교육개념의 준거를 피터스(Peters)가 구분한 기준에 근거해서 설명하시오.

A : 교육을 받았는데 아무것도 나아진 것이 없다면 과연 교육이라고 할 수 있을까?
B : 아니, 교육이라는 말에는 무언가 좋게 한다거나 향상한다는 말이 전제되어 있지. 그러니까 교육을 받았는데 나아진 것이 없다면 그것은 모순이야.
A : 그러면 '나쁜 교육'은 없는 것인가?
B : 글쎄. 그것은 반면교사(反面敎師)처럼 교육이라는 이름으로 나쁜 것을 가르쳐서 실제로는 교육이라고 부를 수 없는 것을 그냥 통칭해서 부르는 것이 아닐까?

 문제 해결의 EOS Kick

피터스는 교육개념의 준거로 규범적 준거, 인지적 준거, 방법적 준거의 3가지를 제시하였다.

이 가운데 규범적 준거란 교육은 바람직한 것을 전달해야 하며 그런 방향으로 변해 주어야 한다는 것이다. 인지적 준거란 교육은 넓은 인지적 안목이 확대되어야 함을 나타낸다. 방법적 준거란 학습자의 자발성과 의지를 중시한다는 것이다.

이로 볼 때 A, B 두 사람의 대화내용에서, B는 교육이라는 말에는 무언가 좋게 한다거나 향상시킨다는 말이 전제되어 있지라는 말에서 교육의 '규범적 준거'를 말하고 있는 것으로 볼 수 있다.

7

다음 지 교사의 주장 속에 나타난 A 교수가 지니지 못한 교육개념의 준거를 피터스(Peters)의 교육개념의 3가지 준거 가운데 하나를 기초로 설명하시오.

김 교사 : 우리는 교육의 과정에서 지식을 획득하게 됩니다. 많은 사람들이 교육을 통해 무엇인가를 배웁니다. 많은 지식이나 정보를 소유해도 교육을 받지 못한 상태에 있다고 할 수 있는 사람이 있을까요?

지 교사 : 이런 경우는 어떨까요. 제가 아는 분 중에 대단한 학문적 업적을 지닌 유명한 A 교수님이 있습니다. 그분은 학계(學界)에서 학문적 업적으로 볼 때 세계적입니다. 그러나 그분은 취미나 오락을 즐기는 데에 있어서 본질적으로 저속하고, 인간관계에 있어서 괴팍한 성격을 지녔으며, 어떤 일에 있어서나 자신이 판단하는 것은 편협하고 속단이 많고 주로 광기와 편견에 사로잡혀 있습니다. 그의 학문적 지식은 그의 인격과 결코 통합되어 있다고 하기가 어렵습니다. 그것은 마치 주인을 떠나 있는 땅에 놓인 재산과도 같다고 할 수 있을 것입니다.

 문제 해결의 EOS Kick

피터스가 주장한 교육개념의 준거 가운데 인지적 준거는 어떤 분야에 대한 깊은 이해와 다른 분야에 걸친 넓은 안목을 갖추는 것을 말한다.

이로 볼 때, 지 교사가 예를 든 A 교수는 학계에서는 세계적인 학문적 업적을 보이면서도 취미나 오락이 저속하고, 괴팍한 인간관계, 편협하고 광기와 편견에 사로잡혀 있다는 것은 인간에 대한 폭넓은 이해와 관점이 결여되어 있다고 볼 수 있다. 이는 피터스가 주장하는 '인지적 준거'가 결여된 것임을 알 수 있다.

All In One

〈유사 출제 지문〉

아무리 좋은 내용이라 하더라도 그것을 학습자의 의지와 자발성이 결여된 방식으로 가르쳐서는 안 된다. 이 점에서 조건화(conditioning)나 세뇌(brainwashing) 등과 같은 방법은 교육이라 부를 수 없다.

교육의 과정적 준거는 교육은 방법에 있어 도덕적으로 정당한 것이 되어야 함을 강조한다. 이는 교육은 교육받는 사람의 의식과 자발성을 전제로 한다는 점에서 몇 가지 전달과정(예, 조건화나 세뇌 등)은 교육으로 용납될 수 없음을 나타낸다.

8
피터스는 교육의 개념을 '성년식'에 비유하였는데, 그 의미를 설명하시오.

_____
_____

 문제 해결의 **EOS Kick**

피터스(R. S Peters)는 교육을 '지식의 형식에 입문(initiation)시키는 과정'으로 보았다. 그가 교육을 성년식에 비유한 것은 교육은 경험 있는 사람들이 경험 없는 사람들의 눈을 개인의 사적 감정과는 관계없이 객관적인 세계로 돌리게 해주는, 즉 가치 있는 활동 혹은 사고와 행동의 양식으로 사람들을 입문시키는 일로 보았기 때문이다.

9

듀이가 말한 '교육은 곧 생활 그 자체이다.'의 의미를 설명하시오.

_____

_____

 문제 해결의 EOS Kick

'듀이'(J. Dewey)는 교육이란 삶(life) 그 자체이며, 경험(experience : 유기체와 환경의 끊임없는 상호작용 혹은 감각작용의 결과가 기억과 상상에 보존되었다가 습관에 의한 기술로 적용되는 것)이며, 경험의 끊임없는 재구성과정이라고 보았다.

Dewey가 교육을 생활 혹은 경험이라고 정의한 기본 정신은 그리스 이래 생활과 여가, 이론과 실제, 지력(知力)과 실행, 지식과 활동의 대립이라는 2원론적 관점을 극복하고자 한 것이다.

10

노울즈(Knowles)가 제시한 자기 주도적 학습(self-directed learning)의 개념을 설명하시오.

 문제 해결의 **EOS Kick**

　노울즈는 자기주도적 학습을 1960년대 아동교육과 구별되는 성인을 위한 학습 전략으로 사용하였다. 노울즈는 성인학습자는 아동학습자보다 비교적 더 독립적이고 자율적이기 때문에 성인을 대상으로 학습과정을 계획할 때에는 성인 학습자가 자기주도적(self-directed)으로 학습 요구를 진단하고, 학습목표를 설정하며, 필요한 학습 자원을 확보하며, 학습활동을 계획 및 실행하며, 학습 목표의 성취여부를 평가할 수 있도록 학습과정이 구성되고 조직되어야 함을 강조하였다.

11

다음은 교육학을 학문적으로 체계화한 헤르바르트(Herbart)의 주장이다. 교육학을 정립함에 있어 ㉮와 ㉯에 들어갈 올바른 말을 제시하시오.

"학(學)으로서의 교육학은 (㉮)과 (㉯)에 의존한다. (㉮)이 도야의 목적을 제시하고 (㉯)이 방법과 수단을 제시한다."

_____

_____

문제 해결의 EOS Kick

교육학을 학문적으로 체계화한 사람은 헤르바르트(Herbart)이다. 그는 교육학이 학문적으로 성립되기 위해서는 ㉮'실천철학'과 ㉯'심리학'에 의존한다고 주장하였다. 실천철학은 윤리학을 말하며 윤리학은 교육의 목적을 제시해 주고, 심리학, 즉 연상심리학은 교육의 방법과 수단을 제시한다고 하였다.

12

다음 사료의 내용과 관계된 고구려의 교육기관을 설명하시오.

> 일반 민중이 독서를 좋아하여 가난한 서민들까지도 각기 네거리마다 큰 집을 짓고……(중략). 미혼자제들이 밤낮으로 여기 모여 글 읽기와 활쏘기를 익힌다(俗愛讀書 至於 衡門廝養之家 各於街衢造大屋 子弟未婚之前 晝夜於此讀書習射).
>
> — 舊唐書 東夷 高麗條 —

_____

_____

문제 해결의 EOS Kick

'경당'(扃堂)은 한국 최초의 사학교육기관으로 독서와 습사(習射)를 통한 문무일치 교육을 실시하였다. 미혼 자제를 대상으로 기숙제로 운영되었으며, 고려 및 조선조 서당의 기원이 되었다. 경당의 설립 시기는 자세하지 않으나, 중앙의 태학 설립 전후로 보며, 설립 장소와 미혼 자제의 신분에 대해서는 자세하지 않다. 경당에 대한 기록은 중국 문헌인 『구당서(舊唐書)』와 『신당서(新唐書)』, 『동이전(東夷傳)』에 전해져 내려오고 있다.

13

다음의 역사적 기록 속에 나타난 청소년 단체가 표방했던 교육목적과 교육방법을 설명하시오.

> "미모의 남자를 뽑아서 곱게 단장하고 이름을 화랑이라 하여 이를 받들게 하니 무리들이 구름처럼 모여들어, 서로 도의(道義)를 닦고, 혹은 서로 가락(歌樂)으로 즐거이 노닐며 명산(名山)과 대천(大川)에 돌아다니며 멀다고 가보지 않은 곳이 없다. 이로 인하여 이들 중에서 나쁘고 나쁘지 아니한 것을 알게 되어 그 중 착한 자를 가리어 조정에 추천하였다."
> (『삼국사기(新羅本紀)』, 眞興王)

_____

_____

 문제 해결의 EOS Kick

이 기록은 신라시대 '화랑도'(花郞道)를 묘사하고 있다. 화랑도는 진흥왕 시대 시작된 국가적 관리양성을 목적으로 한 청년운동으로 시작되었다.

화랑도의 교육목적은 현좌충신(賢佐忠臣)과 양장용사(良將勇士), 즉 평시에는 훌륭한 신하, 전쟁 시에는 용감한 군인 양성을 목적으로 하였다. 화랑도의 교육방법은 집단생활을 통한 심신연마, 심신단련 및 직관교육 등을 실시하였다.

14

우리나라 화랑도와 중세 기사도 교육과의 공통점을 설명하시오.

 문제 해결의 EOS Kick

화랑도는 신라 진흥왕 때부터 조직화, 형식화된 국가적 관리양성을 위한 청년 운동이었다. 화랑도의 생활양식이나 교육내용은 지적인 면보다는 주로 도덕적·정서적·신체적·사회적·군사적인 훈련을 더 강조하였다. 그러므로 화랑과 낭도들은 이러한 생활 과정을 통해서 인격교육이나 인간관계의 기초를 닦았다. 화랑들이 학습한 내용으로는 무술(칼 쓰기, 활쏘기, 말타기, 팔매질, 씨름 등), 도덕과 이성도야(徒衆雲集 惑相磨以道義), 정서도야(徒衆雲集 惑相悅以歌樂) 등이 강조되었다.

서양의 기사교육은 중세 봉건시대 성립된 기독교적 무사를 기르는 것을 목적으로 한 생활중심이며, 비형식적, 종교적이고 귀족주의적 성격을 특징으로 한다. 기사교육은 7세부터 시작되며, 21세에 기사 입문식을 갖는다. 기사교육의 내용으로는 궁정이나 영주의 저택에서 남자 주인으로부터 사냥, 여행, 권투, 씨름, 말타기와 같은 무술의 기초와 귀부인을 모시고 상류 사회의 여러 가지 예절, 풍습 및 행동양식 등 생활과 직결된 내용을 학습하였다.

15

전통적 서당 교육이 현대의 교육 현장에 던지는 시사점을 설명하시오.

- 매월 초하룻날 제생(諸生)은 관대를 갖추고 문묘정(文廟廷)에 나아가 알성(謁聖)하고, 사배례(四拜禮)를 행한다.
- 항상 사서오경과 제사(諸史)만을 읽을 것이며, 장노불경(莊老佛經)이나 잡류백가자집(雜類百家子集)의 책은 가까이하지 않는다.
- 매월 8일과 23일에는 의복을 세탁할 수 있도록 휴가를 주니 유생들은 이 날을 이용하여 복습을 할 것이요, 활쏘기·장기·바둑·사냥·낚시와 같은 유희를 즐겨서는 안 된다. 이를 어기면 벌한다.

_____

_____

_____

 문제 해결의 EOS Kick

  서당은 양반 자제뿐만 아니라 일반 서민의 자제들에게 기초적인 교육을 실시하는 사설 초등교육기관으로, 기원은 고구려 경당까지 거슬러 올라가며, 서당교육이 일반화된 것은 고려시대이다. 서당은 훈장과 접장과 학생들로 구성되며, 접장(接長)은 큰 서당의 경우 연령이 많고 성적이 우수한 학생 중에 선발하여 학생들의 교육을 도왔다.

  교육내용은 훈장의 학식 정도에 따라 다양하였는데 천자문, 동몽선습, 통감, 소학 및 사서삼경, 사기 등을 강독(講讀)하였고, 오언절구나 율시 등을 제술(製述)하도록 하였고, 습자(習字)는 해서, 행서, 초서만 인정되었다.

  교육방법은 반복학습과 학생들의 학습속도에 따른 개별지도로 이루어졌다. 서당은 18세기에 들어 큰 변모를 보였으며, 19세기에 와서는 일부가 개량서당으로 발전하여 근대학교로 전환되었으며, 일제하에서 개량서당은 민족교육의 중요한 역할을 담당하였다.

  서당교육이 정규교육과 다른 점은 서민에게도 교육의 기회를 부여하였다는 점이다. 단순한 지식교육 이외에 민중을 교화하는 역할도 담당하였다.

16. 조선후기 실학사상의 교육사적 의의를 설명하시오.

 문제 해결의 EOS Kick

실학 운동의 교육사적 의의는 첫째, 신분을 초월한 교육의 기회균등 사상과 민본주의적 개인차의 중시 둘째, 과거제도가 지닌 불합리성과 불공정성 및 시험위주의 교육이 지닌 교육의 역기능의 심각성과 폐해 등을 해결하기 위한 개혁안 제시 셋째, 교육내용에서 조선의 역사 및 제도 등을 강조함으로써 민족주체성 교육의 지향 넷째, 체계화된 학제의 제시와 공교육의 필요성 강조 등이다.

17

그리스 시대의 교육목적인 자유교육(liberal education)의 의미를 설명하시오.

_____

_____

 문제 해결의 EOS Kick

그리스 시대 교육의 이상이었던 자유교육은 자유인을 위한 교육, 여가를 위한 교육 혹은 정신을 자유롭게 하는 교육을 말한다. 그리스의 자유교육은 서양 교육사 전체를 통해 중요한 영향을 미친 교육목적관이 되었다.

18

소크라테스(Socrates)가 말한 "덕은 지식이다"의 의미를 설명하시오.

 문제 해결의 EOS Kick

소크라테스는 '어떻게 교육시킬 것인가?'라는 물음 대신에 '도대체 덕(선)은 가르칠 수 있는가?'에 대한 물음을 제기하였다. 그는 이 물음에 대한 답으로 '지식은 덕이다'라는 원리에 도달하였다.

즉 모든 인간은 자기 자신 안에 성실, 정직, 진실, 지혜 등의 진리를 인식하고 평가하는 능력을 가지고 있고 그 능력을 획득할 가능성을 지닌 존재로 본 것이다. 이에 따라 지식은 자유행동의 선행조건이고 모든 기술에 있어 바른 행위의 기초가 된다고 보았다. 즉 덕은 지식이라는 말은 옳고 그름을 분별할 줄 알아야 도덕적 삶을 살 수 있다는 의미라 할 수 있다.

19

다음과 같이 주장하는 학자와 이 학자의 주장에 부합하는 교수법을 설명하시오.

> "우리들의 기술의 가장 위대한 점은 젊은이의 영혼이 환영(幻影)의 오류를 잉태하려 하는지, 아니면 유실하고 참된 것을 잉태하려는 지를 검토할 수 있는데 있다네. … 나는 지혜에 관해 아무것도 잉태한 것이 없네. 그리고 비록 다른 사람들에게 질문은 하나 스스로는 아무런 대답도 하지 않고 있으며, 이는 내가 아무것도 모르기 때문이라고 사람들이 비난하고 있는데 그들의 비난은 정당하네. … 나와 대화를 나누었던 사람들 가운데는 처음에 아무것도 모르는 것처럼 보였으나 … 오직 스스로 자기 자신으로부터 많은 아름다운 것을 발견해 내고 그것을 확고하게 간직하였다는 것은 명확한 사실이라네."

 문제 해결의 EOS Kick

지문은 소크라테스의 산파술에 해당한다. '산파술'은 다른 사람의 마음속에 있는 생각이나 관념을 분명한 정의와 보편적 개념으로 정립하는 방법이다.

그는 대화를 진리탐구의 방법으로 간주하였다. 소크라테스는 다른 사람이 어떤 주제에 관해 말하는 것을 듣고 난 다음 그가 말한 특수한 용어를 보다 세심하게 정의해서 사용할 것을 요구하였다.

덕(德)과 정의(正義)의 문제에 관해 대화를 하는 가운데 상대방은 자신의 관념을 다시 정의하고 귀납법적으로 개념의 특수한 예를 드는 것이 아니라 보편적 정의를 내렸다. 소크라테스의 궁극적 목적은 상대방을 괴롭히려는 것이 아니라 상대방이 무지를 깨달아 보편적이고 타당성 있고 일관성 있는 개념을 얻도록 하는 데 있었다.

잘 교육받은 사람은 도덕성과 자신의 최선의 목적이 일치한다는 것을 인식할 수 있다고 믿었다. 소크라테스의 문답법은 반어법과 산파술로 구성되어 있고, 특히 산파술은 현대의 질문법이나 발견학습의 기원이 되었다.

All In One

20 B교사가 말하는 이상국가론을 주장한 학자와 이상국가가 지향하는 4가지 덕목을 설명하시오.

> A 교사 : 교육을 통해 성취하고자 하는 의도적 노력을 교육목적 혹은 교육적 가치라고 하지요. 우리는 교육활동을 통해 어떤 가치들을 추구하려고 합니다.
> B 교사 : 역사적으로 볼 때 위대한 교육자들이나 교육사상가들이 추구하고자 하였던 교육적 인간상도 결국은 교육적 가치를 실현하고자 하는 것이었다고 말할 수 있겠네요. 예를 들면 이상국가를 이끌어 나갈 지도자 혹은 혼란된 사회를 구원해 줄 정치 지도자의 양성 등이 그것이겠네요. 그리고 앞에서 말씀하신 교육에 관련된 행위들에는 어떤 것들이 있을까요?

문제 해결의 EOS Kick

서양에서 이상국가론을 주장한 최초의 인물은 플라톤(Platon)이다. 플라톤은 당시 스파르타와의 전쟁에 의해 피폐해진 아테네를 뛰어넘는 이상적인 국가, 즉 정의로운 국가를 꿈꿨다.

그가 주장하는 이상국가는 3가지 계층, 즉 생산자 계층, 군인 계층, 통치자 계층으로 구성되며 생산자 계층은 절제, 군인은 용기, 통치자 계층은 지혜의 덕이 필요하다고 보았다. 이런 국가가 정의로운 국가이다. 즉 그가 주장한 이상국가의 4가지 덕목은 '지혜', '용기', '절제', '정의'를 말한다.

21

다음의 설명에 해당하는 교육 사상을 제시한 학자와 사상적 특징을 설명하시오.

- 인간의 영혼은 신체적 힘의 총화로서 신체가 없이는 존재할 수 없다.
- 교육은 참된 윤리적 생활을 가능하게 하는 것으로 정치적 문제와 관련되어 있다.
- 본성, 습관, 이성이 함께 해야 교육이 가능하다.

___

___

___

문제 해결의 EOS Kick

'아리스토텔레스'는 『영혼론(De Anima)』에서 인간 정신의 구조를 이성적인 부분과 비이성적인 부분으로 분류해서, 비이성적인 부분인 본능, 정렬, 감정, 욕구는 이성적인 부분의 지배를 받아야 참다운 인간이 된다고 하였다. 인간을 동물로부터 구별하게 하는 것은 이성이며, 이성은 불멸이다.

덕(德)은 인간이 서로 상충하고 대립적인 것들 사이에 중용을 선택함으로써 발생한다. 덕은 중용의 가치이다. 즉 덕(德)은 중용(mean)에 있으며, 그것을 구별하게 하는 힘은 이성이지만 좋은 품성으로 그것을 실천하게 하는 것은 '습관형성'이라고 하였다.

습관은 제2의 자연이다. 교육은 개인적 활동이며 사회적 활동이다. 인간은 사회적 동물이다(zoon politikon). 인간은 공동체적 존재이며, 국가라고 하는 공동체 안에서 태어나고 이 공동체 안에서 생활함으로써 모든 개체들이 공동체를 이루고 이를 보존해 나간다. 국가는 질서와 정의를 만들며 인간의 공동생활을 가능하게 한다. 그러므로 시민은 국가를 위해 살아야 한다. 아리스토텔레스는 국가 중심교육을 강조하였다. 그러나 플라톤과는 대조적으로 가정교육을 국가 보존의 기초 형식으로 높이 평가하였다.

22

교육에 대한 다음과 같은 관점을 가장 잘 담고 있는 서양 교육사조를 설명하시오.

- 세상은 가장 훌륭한 교과서이다.
- 감각적 경험이 올바른 지식을 획득하는 통로이다.
- 고전 공부의 진정한 목적은 현학적 지식의 습득이 아니라 인간의 삶에 대한 이해를 통하여 교육의 현실적 적합성을 추구하는 것이다.
- 삶의 지혜와 학문적 지식은 구분되어야 하며, 아이에게 실제적 지혜의 기초가 충분히 다져지기 전까지는 학문적 지식에 대한 공부를 보류해야 한다.

문제 해결의 EOS Kick

감각을 통한 지식의 획득 등을 강조하는 사상은 실학주의이다. 17세기 자연과학의 발달에 영향을 받은 '실학주의'(realism)란 언어나 문학보다도 자연현상이나 사회제도가 학습의 주제가 되어야 한다는 정신을 말한다.

실학주의자들은 현실의 객관적 관찰을 통한 실용적 지식과 실제적인 직업기술 및 과학적 학문탐구의 방법을 중시하였으며, 자연과 사회제도를 연구 대상으로 하였다.

23

다음은 루소의 『에밀』에서 발췌한 내용이다. ( )의 ㉠ ~ ㉢에 들어갈 단어를 제시하시오.

창조주의 손에서 나올 때 만물은 선하나 인간의 손에 들어오면서 만물은 타락하기 시작한다. 인간은 무엇 하나 원래의 자연 상태 그대로 놓아두는 것을 좋아하지 않는다. 우리 인간은 연약한 상태에서 태어난다. 그러므로 강한 인간이 되기 위해 그리고 태어날 때에 가지지 못한 능력을 갖추기 위해 교육을 필요로 한다. 우리는 세 종류의 교사를 통해 교육을 받는다.
세 교사의 가르침이 일치하고 같은 목표를 향하여 나아갈 때에 사람은 올바른 인간이 될 수 있다. 그런데 (㉠)의 교육은 전혀 우리가 어떻게 할 수 있는 것이 아니다. (㉡)의 교육은 몇 가지 점에서만 우리가 어떻게 할 수 있다. (㉢)의 교육만이 우리가 마음대로 할 수 있는 교육이기는 하지만 그것도 그렇게 마음대로 할 수 있는 것은 아니다.

_____

_____

 문제 해결의 EOS Kick

　루소는 교육의 근원으로 인간과 자연과 사물을 강조하였다.
　우리의 능력과 기관의 내적 발달은 자연의 교육이고, 이 발달을 어떻게 이용할 것인지를 가르쳐 주는 것은 인간의 교육이다. 그리고 우리에게 영향을 미치는 대상들에 대한 우리 자신의 경험으로부터 얻는 것은 사물의 교육이다. 이 가운데 자연의 교육은 우리가 전혀 어떻게 할 수 없으며, 사물의 교육은 몇 가지 점에서만 어떻게 할 수 있으며, 인간의 교육만이 우리가 마음대로 할 수 있는 교육이기는 하지만 그것도 그렇게 마음대로 할 수 있는 것은 아니다라고 하였다. 이렇게 볼 때 ㉠은 '자연', ㉡은 '사물', ㉢은 '인간'이다.

24

다음 (   )의 ㉠~㉣에 해당하는 사상가의 명칭을 제시하시오.

- 자연주의 교육사상가 (㉠)는(은) 12세에서 15세까지 아동기는 모든 면에서 비약적으로 발달하게 된다는 발달비약론을 제시하였다.
- 철학자 (㉡)는(은) 양육과 훈육도 교육의 개념체계에 포함시켰고, 대학에서 전교생을 상대로 교육특강을 하기도 하였다.
- 신학자이며 목사, 교육사상가인 (㉢)는(은) 교육방법에서 감각적 방법을 중시하였으며, 학교학습은 소집단보다 과밀학급과 같은 대집단의 수업형태를 옹호하였다.
- (㉣)의 교육학은 교육목적을 윤리학에서, 교육방법은 심리학에서 도출해 냈고 특히 도덕적 행동의 근본을 의지의 계발로 보고 다방면의 흥미를 강조하였다.

___

문제 해결의 EOS Kick

㉠은 자연주의 사상가로 발달비약론을 제시한 인물은 '루소'(Rousseau)이고,

㉡은 양육과 훈육을 교육에 포함시켰고, 쾨니스버그 대학에서 교육학을 강의한 인물은 '칸트'(Kant),

은 교육방법에서 감각적 방법을 중시하고 대집단학습이 학습자들에게 서로 모범이 되고 자극을 주어 교육적 효과를 발휘하기 때문에 효과적이라고 본 사람은 '코메니우스'(Comenius),

㉣은 교육학을 윤리학과 연상심리학을 기초로 체계화한 인물은 '헤르바르트'(Herbart)이다.

25

다음의 내용과 가장 관련이 깊은 교육사상가에 대해 설명하시오.

- 아동의 흥미와 노력을 중시한다.
- 교육방법은 직관의 원리에 따른다.
- 아동을 성인의 축소판으로 보지 않는다.
- 교육목적을 지식·도덕·기능의 조화로운 발달에 둔다.

_____

_____

문제 해결의 EOS Kick

페스탈로치(Pestalozzi)는 루소의 아동중심 교육사상의 영향을 받아 아동을 성인의 축판으로 보는 전통적 교육관을 비판하였고, 교육방법으로 직관의 원리를, 교육목적으로 지·덕·체의 조화로운 발달을 강조하였다.

직관(直觀)이란 아동 자신의 경험으로, 이 직관은 모든 지적 습득물의 기초가 되는 '감각인상', 종교의 근원으로서의 신에 대한 '직접적 인식' 등을 말한다. 직관식 수업이란 바로 아동의 눈으로 보고 손으로 만지고 그 밖의 다른 방법으로 사물과 직접 대면하여 그것에 친숙해지도록 하는 수업 방법을 말한다.

All In One

26

김 교사는 헤르바르트(J. Herbart)의 '교수 단계론'을 현대적 관점에서 해석하여 자신의 국어 수업에 적용해 보았다. 다음에 기술된 김 교사의 교수행위를 헤르바르트의 '교수 단계론'에 따라 ㉠~㉣에 해당하는 용어를 제시하고 이를 순서대로 배열하시오.

㉠ '시(詩)의 구조'를 학생들이 이미 배운 시에 관한 지식과 관련지어 설명하였다.
㉡ 이번 시간에 배운 '시의 구조' 개념을 새로운 시에 적용하여 해석할 수 있도록 설명하였다.
㉢ '시의 구조' 개념과 관련된 내용 요소를 세분하여 학생들에게 명료하게 설명하였다.
㉣ '시의 구조'를 구성하고 있는 지식들 사이에 체계적인 질서가 있음을 설명하였다.

 문제 해결의 **EOS Kick**

헤르바르트의 4단계 교수단계는 명료-연합-계통-방법이다. 이를 김 교사의 수업에 적용해 보면 ㉠은 '연합', ㉡은 '방법', ㉢은 '명료', ㉣은 '계통'이다. 이를 교수단계의 순서로 제시하면 ㉢→㉠→㉣→㉡의 순서이다.

※ 헤르바르트의 교수단계는 다음과 같다.

1. 명료	• 대상이 여러 세부적인 요소들로 나누어지고 학습자는 이것을 다른 것과는 구별 지어 대상에 대해 집중적으로 관심을 가짐 • 교사는 가르치려는 주제를 명료하게 제시해야 함
2. 연합	• 새로 알게 된 대상을 기존에 이미 파악된 대상과 연합함 • 하나의 대상에 전념하는 것이 아니라 그 대상과 다른 대상을 관련시키는 것임 • 교사는 학습자가 배운 내용을 다양한 형태로 결합시키거나 자신의 방식에 따라 동화할 수 있게 해주어야 함
3. 계통	• 세부적인 사실들이 일반적인 수준에서 벗어나 의미 있는 관련하에서 파악됨 • 연합의 과정과 달리 중요한 관련과 중요하지 않은 관련을 구별하고 사실들이 하나의 통일된 전체로 배열됨 • 반성적 사고과정이 일어난 상태로 새로 배운 내용을 관계있는 기존의 지식체계에 적절하게 자리 잡도록 하는 것임
4. 방법	• 계통단계에서 포함된 사실들을 하나씩 그와 유사한 다른 사례에 비추어 점검하고 적용함 • 새로 배운 주제를 올바로 배웠는지 확인하기 위해 연습하는 과정임

27

19세기 말에서 20세기 초에 서구 여러 나라에서 전개되었던 '신교육운동'을 간단히 설명하시오.

문제 해결의 EOS Kick

신교육운동(new educational movement)이란 19~20세기에 걸쳐 페스탈로치, 프뢰벨 등의 사상에 기반을 두고 전개된 일종의 교육운동이라 할 수 있다.

그 내용은 학교의 제도적 개선, 현실생활에 대한 학생의 능동적 참여, 다양한 교수매체 또는 수업보조물의 활용, 측정 또는 평가방법의 개선, 청소년에 관한 연구, 생활지도의 효율화, 시민교육의 제창, 교육에 있어서의 국제적 이해 등이다.

이 운동은 20세기 미국에도 영향을 주었는데 듀이를 중심으로 한 교육사상가들은 전통적 교육방법을 배격하고 아동 자신의 성장과 학습을 중시하며 과학적 사고를 강조하는 생활중심 교육, 아동중심 교육, 사회중심 교육을 전개하였다.

28

듀이(Dewey)가 말한 '행함으로써 배운다(learning by doing)'의 의미를 설명하시오.

 문제 해결의 EOS Kick

듀이는 20세기의 대표적인 교육가로서 교육은 성장이며, 경험의 계속적인 재구성으로 보았다. 듀이가 '행'을 통한 '학습'을 강조한 것은 전통적 2원론적 사고를 극복하려는 것이다. 이원론적 사고에서는 '아는 것'과 '하는 것', 이론과 실제, 행위의 목적이고 정신인 마음과 행동의 기관이고 수단인 몸의 구분으로 귀착된다. 그의 이원론적 사고의 극복은 학습에서 아는 것과 하는 것, 이론과 실제를 통합하고자 하는 것이다.

29

다음은 듀이(Dewey)가 어떤 개념을 설명하기 위해 주장한 내용이다. 어떤 개념인지 밝히시오.

- 거리가 있는 두 개의 사물을 연결하는 것이다.
- 노력이나 의무와 대립된 개념이라고 할 수 없다.
- 자아와 사물의 활동적, 유동적 동일성을 의미한다.
- 사람과 재료, 행위와 결과 사이의 거리감을 없앤다.

 문제 해결의 EOS Kick

듀이에게 있어 '흥미'란 어원상 '중간에 있는 것(interest = inter + esse 즉, what is between)', 즉 서로 떨어져 있는 두 물체를 결부시킨다는 의미를 가진다.

흥미는 아동이 가지고 있는 것이 아니다. 그러므로 아동이 하고 싶은 대로 하도록 내버려 두는 것이 흥미의 교육이 아니다. 그렇다고 교육내용이 흥미를 가지고 있는 것도 아니다. 교육에서 흥미란 아동과 가르쳐야 할 내용이 결합되어 있다는 것이다. 그것은 아동의 경험이나 활동과 교육내용이 연결될 때 일어나는 것이다.

듀이는 어린이의 활동이 타인의 강요로 부과된 것이 아니라 어린이 스스로가 계획을 세우고 그 의의를 이해하는 것일 때 흥미는 저절로 생기는 것이라 보았다. 따라서 교사는 어린이로 하여금 자기 학습활동에 대해 열중할 수 있는 뚜렷한 목적의식을 가질 수 있도록 도와주어야 한다.

30

다음에 제시된 두 교사의 철학적 관심 영역을 설명하시오.

> A 교사: 나는 지식의 전달자로서 지식의 속성, 진리의 요건, 인간이 지식을 획득하는 과정에 대해 관심이 있다.
> B 교사: 나는 인성을 지도하는 사람으로서 선악에 관한 인간의 인식과 선악을 구분하는 기준에 대해 관심이 있다.

 문제 해결의 EOS Kick

A 교사는 지식의 속성, 진리조건, 지식의 획득 과정에 관심을 갖고 있다. 이는 철학의 탐구 영역 가운데 '인식론'에 속한다. 인식론(epistemology)이란 인식의 원천·구조·발전을 규명하는 철학의 핵심 분야이다.

B 교사는 선과 악에 대한 인식과 구분 기준 등에 관심을 갖고 있다. 이는 가치론과 관계되는 것이다. 가치론(axiology)은 가치('좋다'라고 할 수 있는 성질)란 무엇인가, 가치 인식의 문제, 가치와 사실의 관계 등을 연구하는 철학의 한 분야로 19세기 말부터 철학의 주요 분야로 자리 잡았다.

31

다음은 지식기반사회의 등장과 더불어 제기되고 있는 주장이다. 이러한 주장에서 강조되고 있는 지식의 유형을 설명하시오.

- 다양한 지식과 정보를 효과적으로 활용할 수 있어야 한다.
- '무엇을 알고 있는가'보다 '무엇을 할 수 있는가'가 중요하다.
- 새로운 정보와 문제해결 방안을 생성하고 창출하는 능력이 필요하다.

_____
_____

문제 해결의 EOS Kick

　지식의 유형은 크게 명제적 지식과 방법적 지식으로 구분되며, 지식기반사회에서 강조되는 것은 '방법적 지식'이다. 방법적 지식(procedural knowledge)이란 "~을 할 줄 안다"(know how)와 같이 과정(process)으로서의 지식을 말한다.

　명제적 지식(propositional knowledge)이 일종의 내용으로서의 지식, 즉 탐구 결과로서 생성된 지식을 말하는 것인데 비해, 방법적 지식은 인간 행위의 상태와 과정을 말하는 것이므로 심리적 특징을 말한다고 할 수 있다.

32

지문의 B 교사가 주장하는 철학의 기능을 설명하시오.

> A 교사 : 철학의 기능에는 어떤 것이 있을까요?
> B 교사 : 제가 대학에서 교직과목 강의시간에 배운 기억을 상기해 본다면, 교육에서 사용되고 있는 중요한 낱말이나 용어들을 분석하는 일도 철학의 한 기능이라고 배운 것 같은데요.
> A 교사 : 그렇지요. 예를 들면 마음, 학문적 자유, 기회 균등과 같은 개념들의 의미가 문맥의 전후 관계에 따라 어떻게 달라지는지를 고찰하는 것을 말씀하시는 것 같네요.
> B 교사 : 예, 바로 그겁니다. 철학자들은 그런 개념의 의미가 어떤 문맥에서는 적절하지만 다른 문맥에서는 왜 모순되는가를 밝히고자 한다고 들었습니다.

 문제 해결의 EOS Kick

철학의 기능에는 사변적 기능, 규범적 기능, 분석적 기능 등이 있다. 이 가운데 B 교사는 교육에서 사용되는 중요한 낱말의 용어들을 분석하는 일을 철학의 기능이라고 하는 점에서 '분석적 기능'을 말하고 있다.

분석적 기능은 B 교사의 주장에도 나타나 있는 바와 같이 교육에서 주로 사용되고 있는 용어들인 마음, 학문의 자유, 기회균등과 같은 개념들의 의미가 문맥의 전후 관계에 따라 어떻게 달라지는지 등을 고찰한다.

또한 매우 중요한 철학의 기능으로 '사변적 기능'이 있다. 이는 새로운 가설을 제시하거나 제언을 하는 정신적 기능을 말하고, 또한 '규범적 기능'은 교육에 관한 이론이나 실천, 원리 등을 어떤 기준이나 준거에 의해 판단하는 일을 말한다.

33

지식교육의 목적에 대하여 다음과 같이 주장하는 교육의 유형과 그러한 교육의 가치를 설명하시오.

> 자연과 사회현상에 대한 깊고 풍부한 지식은 미래의 학자, 법조인, 회사원, 공무원뿐만 아니라 산업체의 근로자와 농민에게도 마찬가지로 필요하다. 지식교육이 필요한 이유는 인간으로서의 풍부한 정신세계를 소유하고 인류문화에 대한 참다운 이해를 증진하기 위한 것이다.

_____

_____

문제 해결의 EOS Kick

지식교육이 필요한 이유를 인간으로서 풍부한 정신세계를 소유하고 인류에 대한 참다운 이해를 증진하는 것에 두는 목적관을 '자유교육'이라고 한다.

자유교육(liberal education)의 교육적 가치는 다음과 같다.

첫째, 자유교육은 지식을 실제적 목적을 위해 추구하는 것이 아니라, 그 자체의 목적을 추구한다.

둘째, 자유교육은 '무기력한 지식'(A. N. Whitehead)을 경계한다. 깊이는 있으나 폭이 좁은 지식, 폭은 있으나 깊이가 없는 지식 모두를 경계한다. 어느 특정 영역의 지식만을 추구하는 사람은 그 세계밖에 대해서는 무지하다. 깊이와 폭이 없는 지식, 성립 근거가 미약한 지식 그리고 다른 지식과 구조적으로 연결되지 못한 지식은 '무기력한 지식'이다.

셋째, 자유교육은 학습자에게 이데올로기나 신념을 주입하는 교화(敎化)나 의식화 같은 방법을 경계한다. 이는 지적 탁월성을 추구하는 데 방해가 될 뿐만 아니라 학습자의 자발성과 자의성을 존중하는 교육적 가치에도 어긋나기 때문이다.

역사적으로 볼 때 자유교육은 교육이 교육의 외적(外的) 논리에 의해 지배당함으로써 그 본질을 벗어날 때 교육의 내적(內的) 논리에 따라 이를 바르게 하려는 노력을 해 왔다.

34

박 교사가 주장하는 교육에 대한 철학적 관점을 설명하시오.

> 박 교사 : 저는 학습의 목적은 인간을 자유롭게 하기 위한 것이어야 한다고 생각합니다. 자유란 스스로의 선택에 의해 미지의 불확실성을 뚫고 걸어갈 수 있는 용기입니다. 학습을 촉진하려면 교사는 인간에 대한 깊은 신뢰(각자 자신의 진로를 스스로 선택하여 결정할 수 있는 능력을 가지고 있다는 사실을 인정)를 갖지 않으면 안 된다고 봅니다. 학생들이 교사로부터 이와 같은 신뢰를 받으면 스스로 자신들의 목표를 선택할 수 있고 또 그것을 달성하기 위한 방법을 찾을 수 있습니다.

 문제 해결의 EOS Kick

교육에서 학습자의 자유, 교사의 역할로서 학습의 촉진자 등을 강조하는 것은 '인본주의'이다. 인본주의 철학은 멀리는 그리스에서 비롯되어 근대 페스탈로치로 이어지는 인간중심주의에서 기원을 찾을 수 있다.

인본주의에서는 인간의 생명·가치·교양·창조력·자유·공동운명체적 존재상 등을 중시하며, 인간을 하나의 인격으로, 동시에 정신적 공동체의 일원으로 보람된 삶을 누리게 하자는 사상체계이다.

35

다음의 경우에 적용된 철학적 탐구방법을 설명하시오.

'똑똑하다'는 말은 여러 가지 의미로 사용될 수 있다. 이 말은 경우에 따라서 학교성적이 우수하다는 뜻으로, 실생활에서 부딪히는 문제를 잘 처리한다는 뜻으로 사용될 수 있다. 심지어는 영악하다는 뜻으로도 사용될 수 있다. 그러므로 '똑똑하다'는 말을 들었을 때에 우리는 그 말이 어떤 뜻으로 사용되는 것인가 하는 의문을 가질 수 있으며, 똑똑하다는 것은 과연 무엇인가 하는 의문을 가질 수도 있다. 나아가 우리는 '똑똑하다'는 말이 '영리하다', '뛰어나다'라는 것과 같은 유사한 다른 말과 의미상의 차이는 무엇인지 궁금해 할 수 있다.

___

___

 문제 해결의 EOS Kick

'분석철학'은 독일의 논리실증주의와 영국의 일상 언어분석 및 미국의 인공언어학파로 분류되며 이들은 공통적으로 철학의 임무란 체계적인 철학적 세계관을 수립하는 것이 아니라 일상적 지식이나 제 과학 및 철학에서의 개념과 명제·이론 등의 의미·구조·사용법 등을 분석하고 해명하는 일이라고 본다. 그러므로 이들은 '마음', '학문의 자유', '평등' 그리고 '기회균등' 등과 같은 개념들의 의미가 문맥의 전후관계에 따라 어떻게 달라지는가를 고찰한다. 즉 분석철학자들은 그러한 개념의 의미가 어떤 문맥에서는 적절하거나 다른 문맥에서는 어떻게 모순되는가를 밝히고자 한다.

오늘날 분석적 기능은 사변적 그리고 규범적 기능과 더불어 철학의 3대 기능으로 간주되고 있다. 이 3가지 철학적 접근법은 철학의 발전에 기여하고 있는 것으로 간주된다. 분석철학의 기능을 배제한 사변 철학은 인간의 현실세계와는 무관한 천상계 자체에 지나치게 빠져들기 쉽고, 사변적 철학의 기능을 배제하는 분석철학은 사소한 문제에 빠져들어 아무 결실도 맺지 못하게 된다.

36

다음 A, B, C 세 명의 교사들이 공통적으로 주장하는 교육철학의 명칭과 교육원리 및 문제점을 설명하시오.

> A 교사 : 교육의 출발점은 아동이어야 한다. 따라서 모든 교육 활동은 아동의 필요와 흥미를 중심으로 이루어져야 한다.
> B 교사 : 교육은 아동의 경험을 토대로 하는 활동이다. 따라서 교사는 아동의 경험이 확장되도록 교육의 과정을 주도해서는 안 됩니다.
> C 교사 : 교육에서 협동은 아동을 동기화시키는 중요한 수단이라고 생각한다. 그러므로 교사는 협동을 적절히 활용할 필요가 있다.

___

___

___

___

문제 해결의 EOS Kick

아동의 필요와 흥미, 경험, 협동 등을 공통적으로 강조하는 것은 '진보주의 철학'이다. 진보주의 철학은 코메니우스 이래 전개되어 온 신교육운동과 미국의 철학인 프라그마티즘을 바탕으로 성립되었다.

진보의의의 교육원리는 첫째, 교육은 미래 생활의 준비가 아니라 현재의 생활 그 자체이다. 둘째, 학습은 아동의 흥미와 직접적으로 관련되어야 한다. 셋째, 문제해결을 통한 학습이 교재를 통한 학습보다 우위에 두어야 한다 등이다.

다만 진보주의는 지나친 아동중심의 교육원리로 인해 아동들은 학교에서 기본교과나 기초교육의 습득에 소홀하게 되며, 진리의 상대성만을 강조해서 영원한 가치나 진리에의 접근을 무시했다는 문제점을 지닌다.

37

다음에 나타난 최 교사의 교육관을 가장 잘 설명할 수 있는 교육철학의 명칭과 원리를 설명하시오.

> 최 교사는 민족적 경험이 엄선되어 체계화되었다고 생각하는 교재를 사용하여 교사중심의 수업을 실시한다. 그리고 수업의 주안점을 학생의 미래준비를 위한 훈련에 둔다.

___

___

___

  문제 해결의 EOS Kick

　최 교사와 같이 민족적 경험을 엄선한 교재를 사용하여 교사가 중심된 수업을 중시하는 것은 '본질주의'이다.

　본질주의 교육철학은 20세기 초 진보주의에 반기를 든 배글리(Bagley), 혼(Horne), 칸델(Kandel), 스미스(Smith) 등에 의해 주장되었다. 이들은 개인의 가능성을 믿으나 아동의 자유나 흥미보다는 질서·노력·훈련·개념적 학습 및 교사의 권위를 강조한다.

　본질주의의 교육원리는 첫째, 학습은 본질상 강한 훈련의 과정으로 교사가 주도권을 가져야 한다. 둘째, 교육과정의 본질은 기본교과를 철저히 이수하는 일이다. 셋째, 교육방법은 전통적인 훈련방식으로 회복되어야 한다.

38

다음과 같은 내용을 강조하는 교육철학의 명칭과 교육원리를 설명하시오.

> 모든 시대와 사회에서 인간의 모습은 같다. 그것은 인간의 본질에서 비롯되기 때문이다. 교육의 목적도 모든 시대와 사회에서 동일해야 한다. 왜냐하면 교육이란 인간을 인간답게 만들어야 하기 때문이다.

___

___

문제 해결의 EOS Kick

　인간은 이성적인 존재로 모든 시대와 사회에서 인간의 모습은 동일하기 때문에 교육의 목적도 시대와 사회와 관계없이 동일하다고 보는 것은 '항존주의'이다. 항존주의는 플라톤, 아리스토텔레스, 스콜라 철학파들의 영원철학에 기원을 둔 교육철학으로 진리와 원리는 불변한다고 믿으며 모든 가변적인 것을 이 진리와 원리에 입각해서 해석하려는 관점이다.

　특히 아들러(Adler)는 "교육의 목적은 만인에게 동일한 것이 되어야 한다. 이 명제는 교육의 목적이 절대적·보편적이어야 한다는 주장과 그 의미에서는 같은 것이다"라고 주장한 것은 인간의 본성은 동일하기 때문에 교육은 모든 사람에게 동일해야 한다는 것이다. 또한 허친스(Hutchins)는 교육이란 불변의 것을 가르치는 일이다. 시공을 초월한 어떤 것, 그것은 바로 지성, 도덕성, 경건성의 계발이라고 하면서 교육에서 고전적 교양교육의 정신을 부활할 것을 주장하였다.

　항존주의의 교육원리는 첫째, 교육의 목적은 인간의 이성을 발휘하도록 하는 일이다. 둘째, 교육의 임무는 영원한 진리를 밝히는 것이다. 셋째, 학생들은 오랜 세월을 통해 인간의 포부와 업적이 담긴 대저서를 읽어야 한다.

39

다음에 제시된 내용과 가장 부합하는 교육 사조의 명칭과 이 철학이 교육사에 끼친 영향을 설명하시오.

> 지식은 그것이 아무리 가치 있는 것이라고 하더라도 학습자의 주체적인 결단과 추구를 통하여 그의 내면으로 자리 잡을 때에 의미를 지닐 수 있다. 이 점에서 학습자가 무엇을 말할 수 있느냐보다는 자신이 말하는 바대로 사고하고 행동하는 진정한 존재로 거듭날 수 있느냐가 중요하다.

문제 해결의 EOS Kick

학습자의 주체적 결단을 통한 진리의 결정, 학습자 스스로의 사고와 행동을 통한 존재결정 등을 강조하는 것은 '실존철학'이다.

실존철학은 존재 혹은 실존의 의미와 기능을 밝히려는 철학적 관점으로 실존철학의 유형과 관심은 매우 다양하나 대체적으로 존재의 특수성과 개별성을 강조하고 실존의 주체성과 자율성을 강조한다.

실존주의가 교육에 끼친 영향으로는 첫째, 교육적 관심의 심화와 교육목적의 성격을 근본적으로 반성하도록 하였다. 둘째, 상대적 진리관은 현대 지식관의 변화에 영향을 줌으로써 교육내용 및 교수이론에 새로운 지식을 제공해 주었다. 셋째, 아동 개개인의 자유와 책임 및 주체성을 중시하도록 하였고 자아결정, 자아실현 등에 영향을 주었다. 넷째, 교육적 상황에서 교사, 학생, 교재의 실존적 만남 위에서 교육을 논의하는 기초를 제공하였다.

PART 04

교육학논술 실전 마스터

제1회 실전모의고사 문제 / 채점기준표 & 모범답안
제2회 실전모의고사 문제 / 채점기준표 & 모범답안
제3회 실전모의고사 문제 / 채점기준표 & 모범답안
제4회 실전모의고사 문제 / 채점기준표 & 모범답안
제5회 실전모의고사 문제 / 채점기준표 & 모범답안

EOS 가이드 교육과정평가원에서 제시하는 내용영역, 난이도 및 형태를 정확히 반영한 최상의 모의고사 총 5회분입니다. 실전과 동일한 조건(실전 답안지 사용, 시간 맞추기 등)에서 시험을 보고, 풀이특강을 통해 부족한 부분을 보완하세요!

♣ 본 교재의 모든 문제에 관한 풀이 및 해설 영상은 인강을 통해 제공됩니다.

… All In One

2022학년도 중등학교교사 임용후보자 선정경쟁시험 대비 All In One 모의고사 1회차
교 육 학

수험번호 : (   )　　　　　　　　　　　　　　　　　　　　　　성 명 : (   )

1문항 20점	시험 시간 60분

○ 문제지는 총 1면이고, 초안 작성 용지는 따로 제공하지 않음.　　　출제교수 : Easy-one

　아래의 내용을 잘 읽고, '행복교육의 실현은 집단지성의 발휘로부터 출발한다.'라는 주제로 형식(서론/본론/결론)을 갖추어 교육과정 계획, 온라인 수업 준비, 과정중심 평가 적용, 교원의 전문성 신장을 논하시오. [배점 20]

올해 역시도 코로나 19 바이러스로 인해 과거와 같은 정상적인 학사 일정이 사실상 불가능해졌다. 이러한 상황에서도 학생들의 기초학력을 보장하고, 어떻게 하면 행복교육을 실현할 수 있을까에 모두의 지혜를 모아야 할 것이다. 이에 해커스국제중학교에서는 방학 중 Zoom을 활용한 화상 교무회의를 통해 새로운 돌파구를 마련하려는 노력을 기울였다. 다음은 회의에서 여러 선생님들이 언급한 아이디어들을 요약한 내용이다.

구 분	주요 의견
교육과정 영역	• 교과별로 교육내용의 전반적인 재구성이 필요함 • 재구성의 방법으로 소극적인 입장에서 스스로 할 수 있는 부분과 적극적인 입장에서 주변의 동료교사와 함께 실행하는 방안을 고심할 필요가 있음 • 학문의 연결방식에 따른 통합교육과정의 설계와 운영에 대한 논의가 필요함
교수-학습 영역	• 혼합형의 학습방식으로 교수-학습의 효율성을 극대화시킬 방안을 강구해야 함 • 학생들이 EBS의 온라인 클래스를 활용하여 사전에 내용을 확인하고 학습을 진행하고, 등교수업에서는 학생들의 질문을 받거나 학생들 간 토론이 이뤄질 수 있도록 유연한 학습방식을 채택해야 함
평가 영역	• 온라인 수업을 통해서도 학습자의 자기주도적 학습역량이 신장되도록 매일매일의 학습과정을 일기의 형식으로 작성하도록 유도할 필요가 있음 • 수행평가의 일환으로 학습의 결과물을 누적하는 이러한 방식은 교사와 학생 모두에게 유용한 결과를 가져다주리라 기대됨
전문성 신장 영역	• 교사들은 교육과정 리터러시(literacy) 능력을 신장시키고, 동영상을 제작하는 등의 새로운 능력들을 배양해야 함 • 교사들은 자신에게 부족한 능력이 무엇인지를 스스로 파악하여 적극적인 입장에서 도움을 요청해야 함 • 학교와 행정기관은 인력풀과 적합한 프로그램 등을 제공하여 교사들이 창의적인 방법으로 코로나 사태를 헤쳐 나갈 수 있도록 지원해야 함

배점 요소

○ 논술의 내용[총 15점]
- 교육과정 영역에서 논의된 교육과정 재구성의 적용방안 2가지[2점]와 통합교육과정의 유형을 2가지[2점]로 제시
- 교수-학습 영역에서 논의된 학습방법의 특성을 교사와 학습자의 입장에서 제시[2점]하고, 이러한 방법이 가져다주는 효과를 2가지[2점]로 제시
- 평가 영역에서 논의된 수행평가 방법의 명칭[1점]과 이러한 방법의 장점을 2가지[2점]로 제시
- 전문성 신장 영역에서 논의된 장학방법의 명칭[1점]과 강조되는 원리 2가지[2점], 구체적인 실천방안 1가지[1점]를 제시

○ 논술의 구성 및 표현[총 5점]
- 서론, 본론, 결론의 작성 유무[1점]
- 논술의 내용과 대주제 '행복교육의 실현은 집단지성의 발휘로부터 출발한다.'와의 연계 및 논리적 형식[2점]
- 표현의 적절성[2점]

EOS 교육학 All-In-One 모의고사 1회차 채점기준표
대주제 : '행복교육의 실현은 집단지성의 발휘로부터 출발한다.'

	채점요소	배점	채점기준

답 1	교육과정 재구성의 방법 2가지[2점] /
	통합교육과정의 유형 2가지[2점]
	
	※ 교육과정 재구성의 방법 2가지(구체적인 예시와 함께 제시되어야 함)
	☞ 교과 내 재구성(소극적 수준)
	   교육과정이 제시한 핵심성취기준을 중심으로 교과서의 순서 변경하기, 새로운 내용 추가하기, 내용 생략하기 및 압축하기, 내용의 수준 변경하기 등의 방식으로 이루어질 수 있다.
	☞ 교과 간 재구성(적극적 수준)
	   교과를 중심으로 다른 교과와 내용을 연계하거나 통합하는 방식과 각 교과에 공통되는 주제, 예를 들면 환경, 배려, 지구온난화, 다문화 등과 같은 주제를 중심으로 각 교과에 해당되는 내용을 융합하여 프로젝트 수업의 형태로 진행하는 방식 등이 있다.
	
	※ 교육과정 통합의 접근법 중 학문의 연결방식에 따른 구분의 3가지
	   (아래에서 2가지 이상을 제시해야 함)
	☞ 간학문적 통합: 개념 혹은 방법이나 절차를 중심으로 두 개 이상의 학문을 연결하거나 재구성
	☞ 다학문적 통합: 주제 혹은 문제를 중심으로 관련된 학문의 개념이나 방법, 절차를 활용하여 몇 개 학문이 동시에 주제를 다루어 나가는 방식
	☞ 탈학문적 통합: 학문 간의 개념이나 방법의 관련성에 관심을 두지 않고 학생들의 관심이나 흥미 또는 경험을 중심으로 학습내용이 선정되고 표현 활동까지 전개되는 방식
		4	각 1점씩

답 2	거꾸로 수업의 특성을 교사와 학습자의 입장에서 제시[2점] /
	거꾸로 수업의 효과 2가지[2점]
	
	※ 거꾸로 수업(플립 러닝)의 특성
	☞ 학습자의 입장에서
	   학습자 중심으로 변하는 '학습 문화(learning culture)' - 학습자들을 수동적 학습자에서 능동적 학습자로 변모시키고, 수업 시간과 과제를 하는 기존의 시간 개념을 변화시킨다는 특성을 가지고 있다.
	☞ 교사의 입장에서
	   교수자의 정교한 수업 설계에 의한 의도성을 가진다는 '의도적 학습 내용(intentional contents)'으로 이뤄지고, 교수자가 교육학적 지식뿐 아니라 테크놀로지에 대한 전문적 소양도 갖추어야 함을 의미하는 '전문적인 교육자(professional educator)'를 요구하는 특성을 나타낸다.
		4	각 1점씩

	※ 거꾸로 수업(플립 러닝)의 효과(아래 2가지를 순서에 관계없이 제시) ① 학습자가 사전 학습을 하게 되므로 본 수업에서 '자신감'을 형성하는 데 도움을 준다. ② 수업은 학습자의 질문이나 활동중심으로 이뤄지므로 '흥미로운 강의'가 가능해진다. ③ 교수자는 기본 지식의 전달이 아니라 고차원적 사고를 촉진하는 질문으로 학습을 촉진(진행)하게 되므로 '본질적 학습'에 충실해진다. ④ 거꾸로 수업(플립 러닝)은 실험, 탐구, 학습자 간 상호작용을 촉진해 '역동적인 학습'을 가능하게 한다. ⑤ 거꾸로 수업(플립 러닝)은 다양한 연습 과정의 반복으로 완벽한 학습이 가능해진다.		
답 3	**포트폴리오 평가 – 명칭[1점] /** **교사와 학습자에게 가져다주는 장점 2가지[2점]** ※ 포트폴리오(Portfolio)법 학습의 전 과정에서 학습자의 관심, 능력, 진도, 성취, 성장 등의 증거를 보여주는 그림, 작문, 연구보고서, 실험·실습의 결과보고서, 동영상 보고서 등의 작품들을 모아 둔 작품집에 근거한 평가방식 ※ 포트폴리오 평가의 장점 ☞ 교사의 입장에서 ① 수행과정이나 그 결과에 대한 평가뿐만 아니라 학습자들의 발달과정까지 평가할 수 있다. ② 보다 넓은 상황에서 학생들을 관찰할 수 있는 기회를 제공해 준다. 즉 위기에 처했을 때, 창의적인 해결책을 개발할 경우, 자신의 수행을 판단하는 것을 배울 경우 등이다. ☞ 학습자의 입장에서 ① 종합적인 인지능력을 활용하며, 자신들의 학습을 반성하고, 스스로 학습법을 구안하며, 다양한 학습의 형태를 활용할 수 있게 된다. ② 한 학기 이상 모아 온 작품집에서 작품을 선별하여 평가자에게 제출하기 때문에 학습자의 자기반성과 스스로의 평가과정이 포함된다.	3	각 1점씩
답 4	**컨설팅 장학 – 명칭[1점] / 원리 2가지[2점] / 실천방안 1가지[1점]** ※ 컨설팅장학 장학 담당자와 교사 간의 수평적 관계 속에서 이뤄지고 교사의 자발성을 최대한 보장하는 방식의 장학방법으로, 교원의 자발적 의뢰를 바탕으로 교수-학습 등과 관련된 전문성을 계발하기 위해 교내·외의 전문성을 갖춘 사람들이 제공하는 조언 활동 ※ 컨설팅장학의 원리 ① 자발성의 원리: 전문가의 도움을 필요로 하는 교원이 스스로 그 필요성을 느끼고 자발적으로 도움을 요청함으로써 시작된다. 컨설팅을 함에 있어서 의사결정의 주체는 의뢰인이어야 하는 원리이다.	4	각 1점씩

② 전문성의 원리: 과제 해결을 위한 컨설팅 내용과 방법이 전문가에 의한 컨설팅이어야 하는 원리이다. ☀ 이상 문제에서 요구하는 직접적인 답
☀ 이하 간접적인 답안에 해당(이번 모의고사에서는 정답으로 인정됨)
③ 자문성의 원리: 장학요원은 교원을 대신하여 문제를 직접 해결하는 것이 아니라 의뢰인이 자신의 문제를 스스로 진단하고 해결할 수 있도록 안내, 조언, 지원하는 역할을 수행해야 한다는 것이다.
④ 독립성의 원리: 장학요원은 의뢰인인 교원과의 합의에 따라 독립적으로 객관적인 조언과 도움을 제공해야 한다. 의뢰인은 장학요원이 마음에 들지 않을 경우에 거부하거나 교체를 원할 수 있고, 심할 경우에는 컨설팅 장학을 종료시킬 수도 있어야 한다.
⑤ 학습성의 원리: 컨설팅 과정을 통하여 의뢰인과 컨설턴트 모두가 끊임없는 반성과 성찰을 통하여 성장한다는 원리이다.
⑥ 일시성의 원리: 원칙적으로 하나의 의뢰과제는 해결과 동시에 그 과정이 종료된다는 원리이다.

※ 컨설팅 장학의 예시
☀ 자발적인 요청과 의뢰를 중심으로 교내·외의 전문가를 다양하게 활용하는 방안이 구체적으로 언급될 시, 정답으로 인정됨
① 학교 수업 컨설팅: 학교별로 교수-학습 방법 개선을 위해 컨설팅을 신청한 의뢰인에게 교내·외 전문가들로 구성된 컨설턴트들이 문제와 과제의 해결을 도와주는 장학 활동으로 수업을 공개하거나 수업 동영상을 촬영하여 수업 분석 및 컨설팅을 실시한다.
② 수업커플 컨설팅: 동일교 동교과 교사 2인이 서로 수업 컨설턴트가 되어 수업을 공개하고 컨설팅하며, 교실 수업개선을 도와주는 장학 활동이다.
③ 또래 교사 수업 컨설팅: 동일교 교사 2-3인이 동일 교과 수업을 공개하고 컨설팅하며, 다른 학교의 컨설턴트를 직접 찾아가 컨설팅을 받아 교실 수업을 개선하는 활동이다. 장학요원은 교원을 대신하여 문제를 직접 해결하는 것이 아니라 의뢰인이 자신의 문제를 스스로 진단하고 해결할 수 있도록 안내, 조언, 지원하는 역할을 수행해야 한다는 것이다.
④ 최근 학교 현장에서는 신규교사 등 저경력 교사를 대상으로 수석교사의 수업컨설팅, 교육과정, 생활지도, 학교폭력 예방 및 대책, 연구학교 운영 등 특정 영역별로 교육지원청이 학교와 전문 컨설턴트를 중개해 주는 컨설팅 등 매우 다양한 형태로 활발히 진행되고 있다.

※ 답안의 논리적 구성 및 표현 (5점)
① 서론, 결론, 본론 중 하나라도 없으면 -1점 ② 서론, 결론, 본론에 주제에 대한 언급이 없으면 -1~-2점
③ 개조식으로 쓰면 -1점 ④ 부적절한 기호가 들어가거나 가독성이 떨어지면 -1점
⑤ 맞춤법이 반복적으로 2~3회 이상 틀리거나 글씨가 읽기 힘들면 -1점

EOS 교육학 All-In-One 모의고사 1회차 모범 답안
대주제 : '행복교육의 실현은 집단지성의 발휘로부터 출발한다.'

〈서론〉

 코로나 19 바이러스 사태로 인해 정상적인 학사운영이 불가능한 상황임에도 집단지성을 발휘하여 행복교육의 이상을 실현하려는 학교현장의 노력에 아낌없는 박수를 보낸다. 교육은 규범적인 성격을 갖고 있기에 정해진 정답보다는 무한한 상상력과 지혜로운 판단으로 일정한 가치를 창조해 가는 활동이라 볼 수 있다. 지문의 사례는 우리가 직면한 여러 난제들을 해결하는 데 있어 많은 영감을 주고 있다. 따라서 문제의 돌파구로 논의되고 있는 교육과정 계획, 온라인 수업 준비, 과정중심 평가의 적용, 교원의 전문성 신장에 대해 주의 깊게 살펴보고자 한다.

〈본론〉

 첫 번째로, 지문의 학교는 이번 사태로 말미암아 발생한 교육과정 감축의 문제를 교육과정 재구성과 교육과정 통합교육과정의 적용을 통해 최소화하려고 한다. 먼저 교육과정 재구성을 통한 방법은 크게 두 가지를 염두에 둘 수 있다. 첫째, 교과 내 재구성으로 교육과정이 제시한 핵심성취기준을 중심으로 교과서의 순서 변경이나 내용 생략 및 압축하기, 내용의 수준 변경하기 등이 이에 해당한다. 둘째, 교과 간 재구성으로 다른 교과와 내용을 연계하거나 통합하는 방식이나 각 교과에서 공통으로 다루는 주제를 중심으로 해당되는 내용을 융합하여 프로젝트 수업을 진행하는 방식을 생각해 볼 수 있다. 다음으로 통합교육과정의 적용은 학문의 연결방식에 따라 다음과 같은 유형을 생각해 볼 수 있다. 첫째, 간학문적 통합으로 개념 혹은 방법이나 절차를 중심으로 두 개 이상의 학문을 연결하거나 재구성하는 방식이다. 둘째, 다학문적 통합으로 주제 혹은 문제를 중심으로 관련된 학문의 개념이나 방법, 절차를 활용하여 몇 개 학문이 동시에 주제를 다루어 나가는 방식이다. 이외에도 학문 간의 개념이나 방법의 관련성에 관심을 두지 않고 학생들의 관심이나 흥미 또는 경험을 중심으로 전개되는 탈학문적 통합의 방식도 고려할 수 있다.

두 번째로, 지문의 학교는 이번 사태로 말미암아 면대면의 접촉이 어려운 문제를 온라인 수업의 창의적인 재구성을 통해 해결하려고 한다. 지문에 언급된 거꾸로 수업은 근본적으로 다음과 같은 특성을 나타낸다. 학습자들에게 수업시간과 과제를 하는 시간의 개념을 변화시켜 학습중심의 문화를 촉발시키고, 학습자를 능동적으로 변모시킨다. 교사에게는 정교한 수업 설계와 함께 교육학적 지식뿐 아니라 테크놀로지에 대한 전문적 소양도 요구하게 된다. 지문의 경우는 학습자들이 콘텐츠를 미리 확인하고, 교사나 동료들과 쌍방향으로 질문을 주고받는 형태로 진행되는 점에 주목할 수 있다. 이러한 거꾸로 수업은 기존 수업의 패러다임을 변화시키는 많은 장점을 갖고 있다. 구체적으로 첫째, 학습자는 사전에 학습내용을 확인하고, 수업에 임하게 되므로 본 수업에서 '자신감'을 갖고, 흥미롭게 참여하게 된다. 둘째, 교사는 수업에서 기본 지식의 전달이 아니라 고차원적 사고를 촉진하는 질문으로 학습을 진행할 수 있으므로 '본질적 학습'에 충실해질 수 있고, 토론 등으로 학습자 간 상호작용을 촉진하는 '역동적인 학습'을 진행하게 된다.

세 번째로, 지문의 학교는 현 시점에서 활용할 수 있는 최선의 평가방법이라 할 수 있는 포트폴리오법을 활용하려는 논의를 하고 있다. 포트폴리오법은 학습의 전 과정에서 학습자의 관심, 능력, 성취, 성장 등의 증거를 모아 누적한 성장일기 등에 근거한 평가이다. 이러한 포트폴리오 평가의 장점으로는 먼저, 교사의 입장에서 수행과정이나 그 결과뿐만 아니라 학습자들의 발달과정까지도 평가할 수 있는 폭넓은 학생이해의 기회가 된다. 다음으로 학습자의 입장에서 성장일기를 쓰는 동안 종합적인 인지능력을 활용하면서 자신들의 학습을 반성하고, 스스로의 학습법을 구안하며, 다양한 형태의 학습을 적용하게 된다.

네 번째로, 현 시국을 타파하려는 교사들의 상상력이 결실을 맺으려면 지문의 내용에 부합하는 컨설팅 장학이 필요하다. 이는 장학 담당자와 교사 간의 수평적 관계 속에서 교사 스스로의 요청에 따라 이뤄지는 방식으로, 교내·외의 전문성을 갖춘 사람들이 제공하는 지도·조언이라 할 수 있다. 이러한 컨설팅 장학은 교사가 필요성을 느끼고 스스로의 요청을 통해 시작되는 자발성의 원리와 전문가들의 구체적인 도움이 내용과 방법상에서 제시된다는 전문성의 원리에 기반을 두고 있다. 이 밖에도 독립성과 일시성의 원리에 바탕을 두고 진행된다. 학교 현장에서는 교과 교사 2인이 서로의 컨설턴트가 되어 수업을 공개하고 컨설팅하며, 상호 개선을 도모하는 '수업 커플 컨설팅'의 형태가 활발히 실천되고 있다.

〈결론〉

 지금까지 코로나 19 사태를 맞이하여 집단지성의 발휘를 통해 학교가 당면한 문제를 돌파하려는 여러 노력들을 살펴보았다. 구체적으로 교육과정의 감축을 재구성과 통합교육과정의 적용으로, 면대면 접촉의 어려움을 온라인을 활용한 창의적인 수업으로, 학생 스스로 성장의 역사를 기록하는 평가방식으로, 전문성을 신장하여 현실의 어려움을 극복하려는 자발적인 장학방법에 관해 살펴보았다. 향후 점차적으로 백신접종이 확대되고 있는바, 결국 이 어려움은 극복될 것이다. 부디 그 과정에서 우리의 선생님들과 아이들이 밝게 웃으며, 건강하게 버텨 주기만을 간절히 바라본다.

> 고생했습니다. 글쓰기 패턴을 기억하고
> 틀린 부분을 바로 복습해주세요!

2022학년도 중등학교교사 임용후보자 선정경쟁시험 대비 All In One 모의고사 2회차
교 육 학

수험번호 : (   )   성 명 : (   )

| 제1차 시험 | 1 교시 | 1문항 20점 | 시험 시간 60분 |

○ 문제지는 총 1면이고, 초안 작성 용지는 따로 제공하지 않음.   출제교수 : Easy-one

다음은 교육과정과 수업분야의 전문가들로 구성된 EOS 합격열정팀에서 발간한 《구성주의 수업으로의 여행》이라는 책의 서문이다. 글의 내용은 구성주의적 수업설계에 관한 작가들의 견해를 반영하고 있다. 서평과 작가들의 당부에 언급된 내용을 활용하여 '구성주의적 수업설계로 학습자의 진정한 학력을 신장시키자!'라는 주제를 서론-본론-결론의 형식을 갖추어 논하시오. [20점]

진정한 학력을 신장시키는 구성주의적 수업설계

<이 책의 베스트 서평>

우리는 일정한 편견 속에서 살아간다. 대표적으로 교육장면에서 가지고 있는 그릇된 편견으로 구성주의 수업이 오늘날의 현실세계를 수용하지만, 학생들의 학력수준을 점점 떨어뜨리고 있다는 편견이 있다. '구성주의 수업으로의 여행'은 그러한 편견을 허무는 책이다. 단순히 학습의 주도권을 학습자에게 넘기는 것에서 벗어나 다양한 수업방법들을 소개하며, 작가들은 교사에게 무한한 상상력을 동원해야 할 것을 당부한다. 특히, (가)교수의 목적에 있어, (나)평가의 주체, (다)학습목표의 설정에 있어, (라)평가방식에 있어 객관주의와 구성주의를 조목조목 비교하고 있다.
부디 이 책이 학교현장에 널리 보급되어 구성주의 수업설계를 고민하는 많은 교사들에게 그 실천의 영감을 주었으면 한다.
-00교대 박00교수

<작가들의 당부>
대개의 교사들은 교직경험이 쌓일수록 다양한 교수법을 활용하지 못하는 경우가 다반사이다. 학생들과의 소통이 점점 힘들어지는 것은 물론이고, 재미없는 수업방법을 우직하게도 고수한다. 이 책은 이러한 어려움을 극복하려는 취지에서 집필되었다. 아래에 소개되는 3가지의 방법들로 교사와 학생 모두가 성장하는 행복한 교실이 되기를 희망해 본다.
첫째, 교사는 위대한 스토리 작가요, 수업의 연출가임을 명심해야 한다.
교사들은 구성주의 학습법을 흥미롭게 적용하는 방법을 구체적으로 고민해야 한다. 그에 대한 일부의 해답으로 생크(Sank) 등이 제안한 목표기반 시나리오 수업을 추천해 본다. 이 방법은 학생들이 재미를 느끼면서 과제 수행능력을 키울 수 있는 매우 유용한 학습법이자 설계방식이라 할 수 있다. 교사들은 이 방법의 어떠한 측면이 이러한 효과를 나타낼까에 대해 그 특징적인 부분들을 잘 살피고, 자신의 수업에 적용하려는 노력을 경주해야 할 것이다.
둘째, 객관주의 수업보다 구성주의 수업에서 교사는 더 바쁠 수밖에 없다.
평가를 단순히 사전에 마련된 교육목표의 달성도 정도로 생각하는 관점에서 벗어나야 한다. 오늘날에는 평가가 지극히 질적인 행위로 인식되고 있다. 구성주의 수업에서는 학생들의 활동을 강조한다. 하지만 수업에서 교사들은 여전히 바쁘다. 왜 그럴까? 해답은 지극히 간단하다. 매순간 학습자의 미묘한 변화를 관찰해야 하고, 이를 잘 정리해서 그들에게 성장의 정보를 알려주어야 하기 때문이다. 그렇다면 우리는 어떠한 방법으로 변화를 알아내고, 표현할 것인가를 끊임없이 고민해야 할 것이다.
셋째, 수업의 분위기와 상황을 수시로 파악하여 적절한 지도성을 발휘해야 한다.
교사는 학생들의 잠재능력을 각성시키고, 저마다의 다양한 욕구를 충족시켜 주면서 그들의 변화를 선두에서 독려해야 한다. 학습 상황은 늘 고정된 것이 아니며, 피들러(Fiedler)가 제시한 바와 같이 상황의 호의성은 항상 변화할 수 있음을 인식해야 한다. 자신이 중학교에서 효과적인 수업을 진행했다 할지라도 고등학교로 옮겨 오면 수업이 녹록지 않음을 느끼는 경우가 많다. '도대체 왜 그럴까?' 교사들은 자신을 둘러싼 상황이 변하고 있음을 직감적으로 느끼고, 수업에도 이를 반영해야 할 것이다. 상황에 따라 유연한 지도성을 발휘할 때, 구성주의 수업은 실현될 수 있음을 명심해야 할 것이다.

배점 요소

○ **논술의 내용 [총 15점]**
- 서평에 제시된 (가), (나), (다), (라)를 준거로 객관주의에 비해 구성주의가 갖는 특징을 4가지[4점]로 제시
- 첫째에 제시된 학습방법이 나타내는 특징[2점]과 그 적용방안[2점]을 제시
- 둘째와 관련해 아이즈너(Eisner)가 강조한 2가지 질적 평가의 명칭[2점]과 개념[2점]을 제시
- 셋째에 제시된 상황의 호의성의 개념[1점]과 효과적인 지도성 발휘의 방법을 2가지[2점] 제시

○ **논술의 구성 및 표현 [총 5점]**
- 논리적 형식[1점], 논술의 내용과 '구성주의적 수업설계로 학습자의 진정한 학력을 신장시키자!'와의 연계성[2점]
- 표현의 적절성[2점]

EOS 교육학 All-In-One 모의고사 2회차 채점기준표
대주제 : '구성주의적 수업설계로 학습자의 진정한 학력을 신장시키자!'

	채점요소	배점	채점기준
답 1	**구성주의의 특징 4가지[4점]** ※ 제시된 4가지의 비교 준거에 합치되도록 아래의 내용을 키워드로 타당하고 명확하게 진술할 것 ☞ 교수의 목적 : 객관주의와 비교하면서 학습자의 주체적/능동적 지식 습득과 과정을 키워드로 강조하면서 진술 ☞ 평가의 주체 : 객관주의와 비교하면서 학습자 스스로가 평가의 주체가 됨을 키워드로 강조하면서 진술 ☞ 학습목표의 설정 : 학습자의 능동적인 지식구성 및 그 과정과 맥락적인 상황에서의 문제해결력 습득 및 신장을 키워드로 강조하면서 진술 ☞ 평가 방식 : 객관주의와 비교하면서 지식의 활용, 실제적인 문제해결을 평가, 수행평가, 역동적 평가 등을 키워드로 강조하면서 진술	4	4가지 요소 각 1점씩
답 2	**목표기반 시나리오 학습의 특징 2가지[2점] / 적용방안[2점]** ※ 특징(아래 2가지를 순서에 관계없이 제시) ① 정해진 목표를 중심으로 모든 것이 '시나리오'라고 하는 설정된 상황에 배치 ② 학습자들이 마치 연극이나 역할놀이를 하는 것처럼, 시나리오 속의 맡은 역할을 수행 ③ 학습 환경은 학습자의 관심과 흥미를 높이는 목표를 중심으로 배열 ④ 학습자들에게 곤란을 겪는 실패의 경험을 할 수 있는 기회를 제공 ⑤ 학습자에게 성찰의 기회를 제공함으로써 기억구조 속에서 학습경험을 재조직할 수 있는 시간과 공간을 확보 ※ 적용방법(목표기반 시나리오 학습의 구성요소인 미션, 커버스토리, 시나리오 등을 적절히 언급하며, 순서에 따라 적절히 제시할 것) ① 커버스토리를 제공하여 참여의 흥미를 높이고, 실패의 경험을 수반하는 복잡한 시나리오를 중심으로 수업을 계획하고 진행 ② 학습자들이 실패에 부딪혀 그 원인을 찾는 성찰의 기회를 제공하고, 그 과정에서 적절한 피드백과 조력을 제공	4	4가지 요소 각 1점씩
답 3	**교육적 감식안과 교육 비평의 명칭[2점] / 개념[2점]** ※ 교육적 감식안(educational connoisseurship) : 교육적 상황의 복잡성을 파악하는 능력과 복잡성을 세련되게 개념화하는 능력. 대상의 가치를 개인적으로 인정하는 사적(私的)인 일로 경험	4	4가지 요소 각 1점씩

	이 많은 교사는 수업상황에서 학습자들의 미묘한 변화의 차이를 알아차릴 수 있는 눈이 있다. ※ 교육비평(educational criticism) : 일종의 폭로 기법으로 비판적으로 파헤치고 표현함으로써 대상의 질적 속성을 생생하게 표현 / 교육비평은 대상의 속성을 대중에게 비평적 폭로방법으로 표현하는 공적(公的)인 일로 수업상황의 미묘한 변화를 감식한 내용을 다른 사람(학생이나 학부모)에게 표현하는 일이다.		
답 4	**상황의 호의성 개념[1점] / 효과적인 지도성 발휘의 방법[2점]** ☆ 상황의 호의성을 결정하는 요인 3개 중 2개 이상을 넣어서 개념을 정확히 진술 / 상황을 2가지로 나누어 제시하고, 그에 따른 효과적인 지도성 발휘를 명확히 진술 ※ 상황의 호의성은 지도자가 조직 구성원을 통제하고 영향력을 행사할 수 있는 정도를 말함. 아래의 3가지 상황요인으로 파악함. ① 리더와 구성원과의 관계 : 리더가 가지고 있는 부하직원에 대한 신뢰, 리더에 대한 구성원의 존경도 등에 의해 평가된다. ② 과업의 구조화 : 부하들이 수행하는 과업의 특성으로 과업이 명확하게 규정되고 수행방법이 체계화되어 있으면 구조화되었다고 하며, 그렇지 않은 경우에는 비구조화된 것이다. ③ 리더의 지위권력 : 리더가 합법적·보상적·강압적 권력을 가지고 부하의 행위에 영향을 줄 수 있는 능력을 소유한 정도를 의미한다. ※ 상황요인의 작용 결과를 분석하여 아래와 같이 적절한 지도성 발휘 ① 상황이 매우 긍정적이거나 매우 부정적인 양극단에서는 과업지향적 리더십이 효과적이다. ② 중간 정도이면 관계지향적 리더십이 보다 효과적이다.	3	4가지 요소 각 1점씩

※ 답안의 논리적 구성 및 표현 (5점)
① 서론, 결론, 본론 중 하나라도 없으면 -1점
② 서론, 결론, 본론에 주제에 대한 언급이 없으면 -1 ~ -2점
③ 개조식으로 쓰면 -1점
④ 부적절한 기호가 들어가거나 가독성이 떨어지면 -1점
⑤ 맞춤법이 반복적으로 2~3회 이상 틀리거나 글씨가 읽기 힘들면 -1점

> EOS 교육학 All-In-One 모의고사 2회차 모범 답안
> 대주제 : '구성주의적 수업설계로 학습자의 진정한 학력을 신장시키자!'

〈서론〉

학습자로 하여금 깊은 이해와 성장을 추구하도록 촉구하는 구성주의적 수업 설계를 실천하려는 노력은 매우 중요하다. 왜냐하면 학습자에게 의미 있는 것을 효과적으로 가르쳐 영속적 이해에 이르도록 하는 것은 현재 우리의 교육이 추구하는 바이고, 개개인의 성장과 자아실현은 인간의 내재적 목적을 추구한다는 점에서 교육의 본질과 맞닿아 있기 때문이다. 따라서 구성주의적 수업설계를 위해 구성주의가 기존의 객관주의에 비해 무엇이 다른지를 알아보고, 이를 대표하는 수업방식을 찾아 학습에 적용하기 위해 고민하는 것, 수업에서 학습자들이 보이는 미묘한 변화를 질적으로 파악하는 것, 시시각각 변하는 학습상황에서 발휘해야 하는 교사의 효과적인 지도성에 관해 살펴보고자 한다.

〈본론〉

첫 번째로, 학습자의 진정한 이해를 촉구하는 구성주의적 수업설계를 위해서는 무엇보다 구성주의의 본질적 이해가 선행되어야 할 것이다. 구성주의는 후기 구조주의 패러다임의 교육적 적용이라 볼 수 있는데, 기존의 객관주의 패러다임에 비해 다음과 같은 특성들을 보인다. 첫째, 교수의 목적 측면에서 세상에 존재하는 객관적인 법칙을 파악하기보다는 객관적 사실에 대한 학습자 스스로의 해석과 지식의 능동적 구성과정을 강조한다. 둘째, 평가의 주체가 기존의 교사중심에서 학습자 자신으로 바뀌게 되면서 자연스레 교사는 조력자의 역할을 수행하게 된다. 셋째, 학습목표에 있어 결과보다는 과정을 중시하면서 실제 상황에서 맥락적인 지식을 습득하는 것을 목표로 한다. 넷째, 평가 방식은 종래의 객관식 지필평가에 비해 배운 지식을 활용한 문제해결 여부를 중시하는 수행평가 등이 적합하다. 이와 같이 구성주의의 본질을 이해하는 것은 학습자의 깊이 있는 이해를 촉구하는 구성주의적 수업설계의 플랫폼이라 할 수 있다.

두 번째로, 학습자의 진정한 이해를 촉구하는 구성주의적 수업설계는 학습장면에서 상황의 맥락성을 강조하는 수업형태로 자연스레 드러난다. 대표적으로 목표기반 시나리오 수업은 정해진 목표를 중심으로 모든 것이 '시나리오'라고 하는 설정된 상황에서 이루어지고, 학습자들이 역할놀이를 하면서 관심과 흥미를 높이면서 실패의 경험과 성찰의 기회를 제공하는 등의 특징을 나타낸다. 이를 적용하는 방안으로는 먼저, 커버스토리를 제공하여 참여의 흥미를 높이고, 실패의 경험을 수반하는 복잡한 시나리오를 중심으로 수업을 계획하고 진행하는 것을 들 수 있다. 다음으로 학습자들이 실패에 부딪혀 그 원인을 찾고자 할 때, 충분한 시간과 공간을 제공하면서 적절한 피드백과 조력을 제공할 수 있다.

세 번째로, 학습자의 진정한 이해를 촉구하는 구성주의적 수업설계는 학습의 효과성만을 평가하는 기존의 평가모형에서 탈피해 학습자의 다양한 변화에 주목해야 한다. 이에 아이즈너는 교사가 예술가적 입장에서 질적인 평가를 진행해야 함을 강조하였다. 구체적으로 교사들은 학생들이 학습의 수행에서 보이는 미묘한 변화를 관찰하는 사적인 활동으로 교육적 감식안을 발휘해야 한다고 강조하였다. 또한, 학습자의 변화를 분석하고 확인하여 그 가치를 학생이나 학부모가 인지할 수 있도록 공적으로 표현하여 평가가 깊은 이해에 이르도록 하는 교육 비평을 강조하였다. 이와 같은 질적 평가는 학습자 개개인을 중심에 놓고 그들이 원하는 방식으로 다양하게 이루어지는 학습자 중심 평가의 새로운 가능성을 열어준다고 할 수 있다.

네 번째로, 학습자의 진정한 이해를 촉구하는 구성주의적 수업설계의 실현을 위해서는 학습상황에 효과적으로 대처하는 교사의 지도성 발휘가 요구된다. 피들러가 제시한 상황의 호의성은 지도자가 조직 구성원을 통제하고 영향력을 행사할 수 있는 정도로 이 지도자와 구성원의 신뢰성을 바탕으로 한 관계의 질, 과업구조가 얼마나 구체적·체계적인지의 정도와 지도자가 얼마나 합법적인 지위 권력을 소유하고 발휘하느냐에 따라 결정된다고 하였다. 이에 따라 상황의 호의성을 파악하고 양극단일 경우, 다시 말해, 아주 좋거나 나쁜 경우는 과업 지향형의 지도성 발휘가 적합하고, 상황의 호의성이 중간인 경우는 인간관계를 지향하는 지도성 발휘가 효과적이라고 제시하였다. 이와 같이 상황에 따라 역동적인 지도성을 발휘하는 것은 구성주의 수업이 매우 다양한 방향으로 전개되는 특성을 감안할 때, 교사들이 상황에 따라 적절한 지도성을 발휘하는 데 많은 시사점을 준다.

All In One

〈결론〉

　지금까지 학습자의 진정한 이해를 촉구하는 구성주의적 수업설계를 실현하기 위한 노력들을 살펴보았다. 구체적으로 객관주의와는 다른 구성주의의 특징과 이를 반영하는 수업방법들을 살펴보았다. 또한, 정형화된 평가모형에서 벗어나 학생들의 변화에 주목하는 질적 평가의 방법과 역동적인 수업 상황을 중시하는 구성주의 수업에서 효과적으로 발휘될 수 있는 교사의 지도성을 살펴보았다. 앞으로도 학교는 단 한 명의 학습자도 포기하지 않겠다는 신념 아래 모든 학습자가 스스로의 성장과 진정한 학력신장을 경험하는 행복공간이 될 수 있도록 다각적인 노력을 경주해야 할 것이다.

> 고생했습니다. 글쓰기 패턴을 기억하고
> 틀린 부분을 바로 복습해주세요!

2022학년도 중등학교교사 임용후보자 선정경쟁시험 대비 All In One 모의고사 3회차
교 육 학

수험번호 : (   )   성명 : (   )

제1차 시험	1 교시	1문항 20점	시험 시간 60분

○ 문제지는 총 1면이고, 초안 작성 용지는 따로 제공하지 않음.   출제교수 : Easy-one

아래의 내용을 잘 읽고, '학생 중심의 교육과정 실현으로 모두가 즐거운 학교'라는 주제로 형식(서론/본론/결론)을 갖추어 교육과정 계획, 학생참여 수업, 과정중심 평가, 자율적인 학교경영을 논하시오. [배점 20]

해커스국제중학교에서는 '모두가 즐거운 학교는 우리의 손으로' 라는 주제로 4월 10일 학교자체 워크숍을 개최하였다. 4개의 분과(교육과정, 수업, 평가, 행정)로 나누어 전문적 학습공동체 활동이 이루어졌고, 아래는 각 분과에서 논의한 내용들을 분과의 장들이 발표하고 있다.

교   감: 올해는 이번과 같이 집단지성을 발휘하는 기회를 자주 갖도록 하겠습니다. 주지하시다시피 2009개정교육과정에 이어 2015에서도 학생중심의 교육과정 실현은 지속적으로 강조되고 있습니다. 이에 우리 교육과정 분과에서는 통합교육과정의 설계와 운영에 대해 많은 논의를 했습니다. 먼저, 교과중심교육과정에서 다학문적 설계를 활용하여 주제에 따라 통합했었던 방식을 이야기했습니다. 다음으로, 경험중심교육과정에서 사회적 문제나 학생의 관심 등을 중심으로 여러 교과가 동심원적으로 참여하는 방식을 자세히 살펴봤습니다. (중략)

교무부장: 우리 수업분과에서는 어떻게 하면 학생들에게 영속적인 이해를 촉구시킬 수 있을까에 대해 이야기를 나눴습니다. 결론은 학생들이 수업을 주도하도록 만드는 구성주의적 수업설계를 통해 능동적인 지식구성이 가능하도록 해야 한다는 점에 의견의 일치를 보았습니다. 화면의 그래프와 같이 학습자 중심의 수업은 교사 중심의 수업에 비해 그 효율성이 매우 높은 것으로 나타나고 있습니다. 또한, 일전에 혁신학교 발표회를 가보니 R2D2 모형을 수업에 적용한 사례가 소개된 바가 있었습니다. 관련 전문가를 초빙해서 구성주의 수업설계의 구체적인 방법을 모색해 보는 기회를 갖도록 추진하겠습니다. (중략)

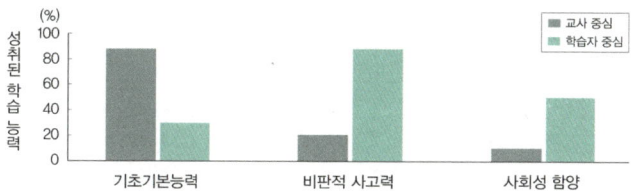

** 수업방식 이외 기타 변인의 영향은 없는 것으로 간주함

연구부장: 우리 평가분과에서는 '학생중심의 교육활동은 학생중심의 평가로 완성된다.'는 슬로건 아래 많은 이야기를 나눴습니다. 특히 평가에 대한 관점을 교육과정의 가치를 판단하고, 교육목표의 질을 따져보는 것으로 선회하자는 의견들이 나왔습니다. 또한, 공정한 평가를 위한 신뢰도 확보의 방안을 논의했습니다. 특히 신뢰도의 안정성을 추정하고, 수행평가의 객관도를 높이는 여러 방안들에 대해 심도 있는 대화를 나누었습니다. (중략)

학생부장: 우리 행정분과에서는 건전한 학교 민주주의 정착방안에 관해 이야기를 나눴습니다. 구체적으로 교육공동체 모두가 학교경영과 교육활동 수립의 전반에 참여하는 방안을 고민해 보았습니다. 결론은 학교운영위원회를 비롯한 여러 위원회의 심의결과를 존중하면서 교육자치를 실현하기 위해 노력해야 한다는 점이었습니다. (중략)

학 교 장: 이렇게 모든 구성원들이 전문성을 발휘하여 학교의 발전을 고민함으로써 우리 학교와 대한민국의 교육은 한 걸음 더 나아갈 것입니다. 단순히 현실에 안주하고, 자리에 연연하고, 잘 알지도 못하면서 예전에 배운 알량한 지식만이 전부인 것처럼 여기는 시대착오적인 생각에서 과감히 벗어나야 합니다. 학생과 학부모들의 의견을 반영하여 학생 중심의 교육과정을 계획하고 실현하려는 여러분들께 박수를 보냅니다.   - 이하 생략

배점 요소

○ **논술의 내용[총 15점]**
- 교감이 교육과정 통합방식으로 제안한 2가지 설계유형의 명칭[2점]과 각 설계유형이 갖는 장점을 1가지씩[2점] 제시
- 교무부장이 말한 R2D2 설계모형이 지니는 특징을 2가지[2점] 제시
  제시된 그래프에 부합하는 학습자 중심 수업방법의 명칭[1점]과 왜 그러한지 구체적인 이유[1점]를 제시
- 연구부장이 말한 평가모형의 명칭[1점]과 안정성을 추정하는 방법[1점], 객관도를 높이는 방안 2가지[2점]를 제시
- 학생부장이 말한 학교경영의 개념[1점]과 핵심적인 요소 2가지[2점]를 제시

○ **논술의 구성 및 표현[총 5점]**
- 서론, 본론, 결론의 작성 유무[1점]
- 논술의 내용과 대주제 '학생중심의 교육과정 실현으로 모두가 즐거운 학교'와의 연계 및 논리적 형식[2점]
- 표현의 적절성[2점]

EOS 교육학 All-In-One 모의고사 3회차 채점기준표
대주제 : '학생중심의 교육과정 실현으로 모두가 즐거운 학교'

	채점요소	배점	채점기준
답 1	**광역형 설계와 중핵형 설계의 명칭 / 장점 각각 1가지** ※ 명칭(간략한 설명이 제시되어야 함) ☞ 광역 교육과정은 다학문적 설계를 통해 교과목 간의 엄격한 한계를 해소하고 유사하거나 인접한 학문들을 모아서 하나의 교과 또는 단원을 구성하는 방식 ☞ 중핵 교육과정은 종합적인 '중핵과정'과 분화된 종래의 교과에 의하여 형성되는 '주변과정'이 동심원적으로 결합된 전체구조를 가진 교육과정구성 방식 ※ 장점(논리적으로 인과관계에 의한 글쓰기가 이루어져야 함) ☞ 광역 교육과정의 특징은 주제에 따른 통합을 많이 활용한다는 것으로, 주제와 관련하여 지식, 개념, 원리를 통합한다. 따라서 학문의 개별적 성격이 유지되면서도 여러 학문 속에 들어 있는 주제와 관련된 지식, 기능, 가치 습득이 쉽다는 장점이 있다. ☞ 광범위한 단원학습을 활용하여 협동적인 계획을 촉진함으로써 강력한 학습동기를 유발하고, 문제해결력과 비판적 사고력을 촉진하며, 여러 분야에 걸친 지식의 상호 관련성을 이해시키는 데 도움을 준다는 장점이 있다.	4	각 1점씩
답 2	**R2D2 특징 2 / 학습자 중심의 수업방법의 제시와 제시 이유** ※ R2D2 특징 ① 개발 초기부터 사용자(학습자)를 참여시킨다. ② 형성평가를 통해 최종산출물을 산출한다. ③ 총괄평가를 중시하지 않는다. ④ 순환적이고, 비선형적으로 반복 진행한다. ⑤ 맥락 지향적 설계가 가능하다. ※ 토의법과 토의법이 갖는 의의 : 토의법은 학습자 혼자 힘으로는 해결할 수 없는 문제에 부딪혔을 때 서로 의견을 교환하고 집단 안에서 함께 생각하여 문제를 해결하도록 도와주는 방법이고, 공동학습의 한 형태로서 민주주의 원칙에 기반을 둔 학습방법이다. 집단사고, 집단문제해결 과정을 통한 비판적 사고와 문제해결력을 배우게 된다. 동시에 타인에 대한 존중, 타인의 의사에 대한 경청, 타협과 합의와 같은 사회적 기능 및 태도를 익혀 결국 문제해결력을 함양하게 해 준다.	4	각 1점씩

답 3	탈목표 평가모형 / 안정성의 개념 / 객관도를 높이는 방법		
설명	※ 탈목표 평가모형의 개념 : 타일러의 목표중심평가가 사전에 설정된 목표 이외의 교육적 효과를 무시하는 반면에 탈목표평가는 교육목표에 대한 가치판단을 포함한 교육적 효과성까지도 평가한다. ※ 안정성의 개념 : 안정성은 한 집단을 대상으로 하여 동일한 검사를 서로 다른 두 시기에 실시하여 얻어진 상관계수로 신뢰도를 제시하는 방법이다. 신뢰도의 정의에 가장 충실한 방법으로서, 한 검사를 같은 피험자에게 두 번 실시해서, 그 전후의 결과에서 얻은 점수를 기초로 신뢰도를 추정하는 것이다. ※ 객관도의 개념 객관도는 채점자가 주관적인 편견을 배제하고 일관성을 유지하면서 측정한 정도를 의미한다. 객관도는 채점자 내의 신뢰도, 채점자 간의 신뢰도로 구성된다. ☞ 객관도를 높이는 방법 ① 평가도구를 객관화시켜야 한다. ② 평가자(채점자)의 소양을 높여야 한다. ③ 명확한 평가기준이 있어야 한다. ④ 다수인이 공동 채점하여 그 결과를 종합하여야 한다. 특히, 주관식 문항 채점에 있어서는 문제지가 아닌 문항별로 채점하여 그 결과를 종합하여야 한다. ⑤ 평가자(채점자)는 응시자의 이름을 가리고 채점하여야 한다.	4	각 1점씩
답 4	학교단위 책임경영제 / 핵심요소 2가지		
설명	※ 학교단위 책임경영제의 개념 : 의사결정 권한의 단위학교 이양과 교육주체의 참여를 통해 학교운영의 자율과 재량을 확보하고, 학교 운영의 결과에 대한 책무성 확보를 통하여 교육의 질적 향상을 시도하는 제도 ※ 학교단위 책임경영제의 핵심요소 ① 자율성 : 교육과정, 인사, 재정에 대한 권한을 단위학교로 이양하고 자율적으로 결정 ② 책무성 : 학교경영 성과에 대해 책임을 지고, 지속적인 개선을 도모	3	각 1점씩

※ 답안의 논리적 구성 및 표현 (5점)
① 서론, 결론, 본론 중 하나라도 없으면 -1점
② 서론, 결론, 본론에 주제에 대한 언급이 없으면 -1 ~ -2점
③ 개조식으로 쓰면 -1점
④ 부적절한 기호 들어가면 -1점
⑤ 글씨가 읽기 힘들면 -1

> EOS 교육학 All-In-One 모의고사 3회차 모범 답안
> 대주제 : '학생중심의 교육과정 실현으로 모두가 즐거운 학교'

〈서론〉

 모두가 즐거운 행복한 학교를 만들기 위해서는 학생 중심의 교육활동 계획이 매우 중요하다. 왜냐하면 교육과정에 대한 인식이 전환되어 학교에서 가르친 내용보다 학습자가 무엇을 경험했느냐가 중요하고, 학생들이 보이는 다면적 흥미를 교육활동으로 전개하는 동안 교사들 또한 무한한 교수효능감을 맛볼 수 있기 때문이다. 따라서 다양한 방법으로 통합적인 교육과정을 운영하고, 학습자 중심의 수업을 계획하려는 것, 새로운 평가모형을 도입하면서 공정한 평가를 실시하고, 학교경영에 대한 이해의 폭을 넓히려는 노력들에 대해 살펴보고자 한다.

〈본론〉

 첫 번째로, 학생 중심의 교육활동으로 모두가 즐거운 학교를 만들기 위해서는 흥미롭고 통합적인 교육과정을 마련해야 한다. 지문에 제시된 교육과정 유형들은 광역교육과정과 중핵교육과정을 말하고 있다. 먼저, 광역교육과정은 교과중심교육과정에서 나타났던 단편적인 지식 주입 등의 문제점을 해결하면서, 여러 학문 속에 내재된 주제와 관련된 지식, 기능, 가치 습득이 가능하다는 장점이 있다. 다음으로 중핵교육과정은 학생들의 흥미나 교과의 주제 등을 중핵으로 여러 교과목이 주변부로 구성되면서 능동적인 학습활동을 촉진하고 문제해결력을 신장시켜 주는 장점을 지닌다. 이와 같이 통합적인 교육과정을 개발하고 적용하는 것은 생동감 있는 수업과 활기찬 교육활동을 실천하는 바탕이 된다.

 두 번째로, 학생 중심의 교육활동으로 모두가 즐거운 학교를 만들기 위해서는 학습자가 수업설계에 참여하고, 수업을 주도하도록 지원할 필요가 있다. 먼저, 지문에 언급된 R2D2 모형은 수업설계의 초기부터 학습자가 참여하여 의견을 반영하고, 총괄평가를 중시하지 않으며, 맥락지향적으로 수업이 설계된다는 점에서 구성주의적 수업에 적합한 설계방식이다. 다음으로, 지문의 그래프와 같은 결과를 도출하기 위한 수업방법으로는 토의(토론)법이 적합하다. 토의법은 비록 효율성은 떨어지지

만 대화를 통한 상호작용이 강조되면서 집단사고의 과정에서 비판적 사고력이 신장되고, 타인 존중과 경청의 기술 등과 같은 사회적 기능이 신장될 수 있기 때문이다. 이와 같이 R2D2모형과 토의법을 활용하여 학생들에게 수업의 주인은 교수자가 아닌 스스로임을 인식시켜, 학습의 즐거움을 깨닫게 해주는 것이 바람직하다.

세 번째로, 학생 중심의 교육활동으로 모두가 즐거운 학교를 만들기 위해서는 새로운 시각에서 평가를 바라보고, 공정한 평가를 위해 노력해야 한다. 지금까지 목표중심평가에만 몰두했었던 것에서 벗어나 탈목표평가모형에 관심을 갖고, 교수·학습의 실제적인 효과와 가치의 문제에 주목할 필요가 있다. 또한, 동일한 검사지로 일정한 시간간격을 통해 검사-재검사를 실시하고 그 계수를 측정하여, 오차가 없는 안정적인 결과치를 확보해야 한다. 덧붙여 누구라도 인정하는 공정한 평가를 위해 평가도구를 객관화시키고, 평가준거를 명확히 밝히면서, 채점자의 소양과 다수의 채점참여로 객관도를 확보할 필요가 있다. 이와 같이 가치와 만족을 추구하면서도 공정하게 이루어지는 평가는 학습자를 학습에 몰입시키는 결과로 이어질 것이다.

네 번째로, 학생 중심의 교육활동으로 모두가 즐거운 학교를 만들기 위해서는 학교의 경영활동에 구성원 모두가 참여하는 것이 바람직하다. 이와 관련하여 학교단위 책임경영제는 의사결정 권한을 단위학교로 이양하고, 교육주체의 참여를 통해 학교운영의 자율성을 확보하고, 결과에 대해 공동의 책무성을 갖는 제도로 교육의 질적 향상을 시도할 수 있다. 학교단위 책임경영제을 위한 핵심적 요로소로는 크게 자율성과 책무성을 들 수 있다. 자율성은 교육과정, 인사, 재정에 대한 권한을 단위학교로 이양하여 자율적으로 결정하는 것으로 이루지고, 책무성은 학교의 경영 성과에 대해 책임을 지고, 지속적인 개선을 도모하는 것으로 실천된다. 이와 같은 민주적 학교경영은 모두의 관심과 참여 속에서 이루어지고 결국 학생중심의 교육과정 실현으로 구체화되는 결과를 낳게 될 것이다.

All In One

〈결론〉

　지금까지 학생 중심의 교육활동으로 모두가 즐겁고 행복한 학교를 만들기 위한 다양한 노력들을 생각해 보았다. 구체적으로 통합적인 교육과정을 적용하면서 학습자 중심의 수업을 설계하고 운영하는 것, 새로운 시각으로 평가를 바라보면서, 공정하고 신뢰로운 평가를 하는 것, 학교경영에 모두가 관심을 갖고 민주적으로 참여하는 노력들에 관해 살펴보았다. 향후에도 이러한 노력들에 더해 학교가 성적으로 학생들을 평가하는 공간이 아닌 저마다의 소질을 표현하고, 스스로의 특성을 발견하는 행복한 공간임을 인식하는 사회적 공감대가 형성되어야 할 것이다.

> 고생했습니다. 글쓰기 패턴을 기억하고
> 틀린 부분을 바로 복습해주세요!

2022학년도 중등학교교사 임용후보자 선정경쟁시험 대비 All In One 모의고사 4회차
교 육 학

수험번호 : (   )　　　　　　　　　　　　　　　　　　　　　　　성 명 : (   )

| 제1차 시험 | 1 교시 | 1문항 20점 | 시험 시간 60분 |

○ 문제지는 총 1면이고, 초안 작성 용지는 따로 제공하지 않음.　　　　출제교수 : Easy-one

다음은 신문 기사의 일부분이다. 기사의 내용 중 정책담당관은 (1)교육과정 개발모형, (2)교수-학습 이론, (3)평가의 양호도, (4)교사들이 발휘해야 할 지도성에 관해 언급하고 있다. (1)~(4)를 활용하여 '세계시민을 양성하기 위한 21세기 다문화 교육'이라는 주제로 서론, 본론, 결론의 형식을 갖추어 논하시오. [20점]

다문화 교육으로 21세기를 주도할 세계시민을 길러내다!
2019년 6월 10일자 해커스 일보　　취재 : 열혈기자 Easy-one

교육부는 21세기를 주도할 세계시민 양성을 위해 2019년을 교육 대변혁의 원년으로 삼고, 지난 10일(월) 14시 30분 세종시 훈민관에서 '다문화 교육의 새로운 접근'이라는 학술행사를 열었다. 행사를 주관한 교육부 민주시민 교육과 정책담당관은 아래의 통계자료를 제시하며, 향후 우리의 다문화 교육이 새로운 시각에서 접근되어야 함을 피력하였다. 또한, 행사에 참여한 관계자들은 다문화 교육이 관념적인 구호로 그치기보다 세계시민을 길러내야만 하는 시대적 요구에 부응하여, 학교교육이 변화해야 한다는 부분에 한 목소리를 냈다. 다음은 행사 담당자(정책담당관)를 인터뷰한 내용 중 일부이다.

취재기자 : 오늘의 행사를 통해 바라는 바와 강조하는 바가 무엇인지 말씀을 부탁드립니다.
정책담당관 : 우리나라는 이미 다문화사회에 접어들었습니다. 특히 2010년대 이후, 다문화 가정이 급격히 늘어나면서 언어적응교육의 차원을 넘어 다양한 교육적 배려가 필요한 시점에 와 있습니다. 넓은 범주로 보면 탈북 학생이나 한국문화에 익숙하지 않은 모든 학습자를 위한 교육이 다문화 교육의 범주에 해당합니다.

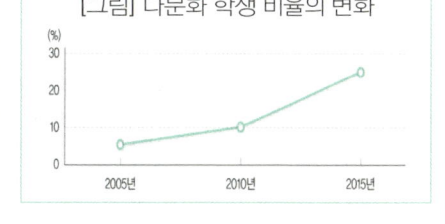
[그림] 다문화 학생 비율의 변화

취재기자 : 여러 교육전문가들은 학교 현장의 실천적인 노력들을 강조하면서 교육 과정과 수업에 있어 많은 변화가 필요하다고 한 목소리를 내던데…. 뚜렷한 복안이 있습니까?
정책담당관 : 큰 틀에서 볼 때, 교육의 전반에서 교사들의 역할이 크게 바뀌어야 합니다. 지금까지 교사들은 국가에서 정해 놓은 교육과정을 빠짐없이 전달하는 역할에 몰두해 왔습니다. 이젠 스스로 교육과정을 창안해서 실천하려는 노력이 필요합니다. 처음엔 어렵겠지만 단원정도를 개발하는 일에서부터 출발하면 좋을 듯합니다. 또한, 수업을 진행함에 있어서도 (가) 사전에 학습내용을 충분히 받아들일 수 있도록 관련된 배경지식을 폭넓게 잘 설명해 주어야 할 것입니다. 그러한 노력은 비록 수고스러운 일이지만 다문화 학생들이 수업내용을 손쉽게 포섭하는 데 도움을 줄 것입니다.
취재기자 : 추가되는 질문입니다. 학교의 교육과정과 수업 역시도 일정한 평가를 통해 확인될 텐데, 어떻게 이루어지는지 궁금합니다. 또한 효과적인 다문화 교육을 위해 교사들은 어떠한 역할을 수행해야 하나요?
정책담당관 : 저희들도 그 부분들을 깊이 고민하고 있습니다. 선도 교원을 양성하고, 양질의 교육 자료도 꾸준히 개발·보급하려고 합니다. 얼마 전, 시범학교 발표회에서 다문화 교육이 학생들의 학습태도와 학업성취도 향상에 긍정적인 효과를 나타냈다고 했는데, (나) 교사 자작 검사지로 수행된 연구였습니다. 향후 표준화된 검사지로 다시 검사해서 상관계수를 따져보려고 합니다. 2000년 이후, 리버만(Lieberman)과 밀러(Miller) 등은 학교 개혁의 주체로서 교사의 역할을 강조하면서 새로운 지도성을 강조한바 있습니다. 우리나라의 교사들도 이러한 맥락에서 지도성을 발휘하면서 다문화 교육을 실천하는 구체적인 방안들을 고심해야 할 것입니다. 교육 당국은 이상 말씀드린 바대로 일반화 자료를 제작하여 학교 현장에 보급하고, 다각적인 면에서 지원방안을 마련하도록 하겠습니다. - 이하 생략

배점 요소

○ 논술의 내용 [총 15점]
- 정책담당관이 말한 교육과정 개발모형의 개념[1점]과 특징 3가지[3점]를 제시
- 정책담당관이 말한 수업에서 밑줄 (가)에 해당하는 명칭[1점]과 역할 1가지[1점], 종류 2가지[2점]를 제시
- 정책담당관이 밑줄 (나)에서 고려하고 있는 타당도의 명칭[1점]과 개념[1점], 장점 및 단점[2점]을 제시
- 정책담당관이 마지막에서 말한 지도성을 학교 현장에 실천하는 방안 3가지[3점]를 제시

○ 논술의 구성 및 표현 [총 5점]
- 논술의 내용과 '세계시민을 양성하기 위한 21세기 다문화 교육'과의 연계 및 논리적 형식[3점]
- 표현의 적절성[2점]

EOS 교육학 All-In-One 모의고사 4회차 채점기준표
대주제 : '세계시민을 양성하기 위한 21세기의 다문화 교육'

	채점요소	배점	채점기준
답 1	교사중심 교육과정 개발모형의 개념 / 특징 3가지 ※ 개념 타일러의 기본모형을 보완한 것으로 교사중심의 귀납적 단원개발을 강조하는 모형이다(단원개발 → 교과전체). 교육과정 개발자들이 따라야 할 절차를 제시하는 개발모형이라는 점에서 처방적이며, 계속적인 요구 진단을 통하여 교육과정 요소들의 상호작용을 강조한다는 점에서 역동적인 모형이기도 하다. ※ 특징(중복 없이 3가지로 진술) ① 요구진단을 통해 폭넓은 요구들을 수용 ② 교육과정의 일반적인 측면보다 구체적인 측면에 더욱 강조점을 두었고, 교육과정 개발의 '풀뿌리식 접근'을 강조하였다. ③ 교육과정 개발에서 현장 교사의 주도적 역할 중시 ④ 교사의 입장과 학습자의 입장에서 2원적 고려를 함	4	각 1점씩
답 2	선행조직자 명칭 / 역할 / 설명조직자와 비교조직자 ※ 선행조직자 명칭 쓰기(간단한 설명을 포함할 것) : 학습이 용이하도록 학습자의 인지구조를 조정할 목적으로 학습 이전이나 수업의 도입단계에서 미리 제공되는 언어적 설명을 말한다. ※ 선행조직자의 역할 ① 새로운 정보를 위한 발판을 제공해 준다. ② 새로운 정보와 학생들이 현재 가지고 있는 지식을 일깨워 주는 일종의 개념상의 가교(架橋) 역할을 한다. ※ 선행조직자의 종류 ① 비교 조직자(comparative organizer) : 학습과제와 학습자의 인지구조 간에 유사성이 있는 경우에 사용한다. 비교조직자는 이미 존재하고 있는 도식들을 활성화하는 역할을 한다. ② 설명 조직자(expository organizer) : 학습과제와 학습자의 인지구조 사이에 전혀 관련이 없을 때 사용한다. 설명 조직자는 앞으로 주어질 정보를 이해하는 데 필요한 새로운 지식을 제공한다.	4	각 1점씩

답 3	공인타당도 명칭 / 개념 / 장점과 단점		
설명	※ 공인타당도 : 한 행동특성을 잰 검사 X와 이 검사 밖에 있는 동질적 행동준거 Y와의 일치도. 새로운 검사를 제작하였을 때 기존에 타당성을 보장받고 있는 검사와의 유사성 혹은 연관성에 의해 타당성을 검증하는 방법. 새 검사에 의한 점수와 준거점수로 타당성을 인정받고 있는 기존 검사 점수와의 상관계수에 의해 추정하는 방법. ※ 공인타당도의 장점과 단점 ① 공인근거는 계량화되어 타당도에 대한 객관적인 정보를 제공할 수 있으며, 타당도의 정도를 나타낼 수 있다(장점). ② 기존 타당성을 입증 받고 있는 검사가 없을 경우, 공인근거를 추정할 수 없다. 근본적으로 타당성을 입증 받은 검사에 의존할 수밖에 없다 (단점).	4	각 1점씩
답 4	교사 리더십 / 실천방안 3가지		
설명	※ 교사 리더십의 실천방안(밑줄의 요소가 핵심으로 진술되어야 함) ① <u>학습중심으로 사고 전환</u> : 실질적인 수업리더로서 학생들의 학습을 강조하는 교사는 학생들의 학습 진도, 학생의 배경 등을 고려하여 수업전략을 구상하고, 교육과정을 편성해야 한다. ② <u>전문가학습공동체 참여</u> : 참여 교사 리더십을 발휘하는 교사는 전문성을 개발하고, 책임감 있게 자신의 직무를 수행하기 위해 전문가 학습공동체에 참여해야 한다. ③ <u>공동의 리더십 실천</u> : 교실에서 리더 역할을 수행하는 교사나 교사들을 앞에서 이끄는 교사 리더 모두 학교라는 조직 내에서는 학생들의 학습에 대해 공동의 책임을 가지게 된다.	3	각 1점씩
※ 답안의 논리적 구성 및 표현 (5점) ① 서론, 결론, 본론 중 하나라도 없으면 -1점 ② 서론, 결론, 본론에 주제에 대한 언급이 없으면 -1 ~ -2점 ③ 개조식으로 쓰면 -1점 ④ 부적절한 기호 들어가면 -1점 ⑤ 맞춤법이 지속적으로 틀리고, 글씨가 읽기 힘들면 -1			

EOS 교육학 All-In-One 모의고사 4회차 모범 답안
대주제 : '세계시민을 양성하기 위한 21세기의 다문화 교육'

〈서론〉

21세기를 주도할 글로벌 세계시민의 양성을 위해 학교현장에서는 올바른 다문화 교육이 정착될 필요가 있다. 왜냐하면 다문화 교육에서 강조하는 교육내용인 다양한 문화의 이해나 인종적 편견의 감소 등은 우리나라를 넘어 전 세계와 소통하려는 글로벌 세계시민이 갖추어야 할 기본적인 소양에 해당하기 때문이다. 따라서, 문화 다원론적 시각에서 교사가 중심이 되어 교육프로그램을 개발하고, 수업에서 다문화 학생들이 소외되지 않도록 충분한 설명으로 배려하려는 노력이 필요하다. 또한, 그들의 성장을 타당하게 따져 보는 객관화된 노력이 뒤따라야 할 것이다. 이러한 다문화 교육의 실천에 교사는 주도적인 역할을 수행해야 하므로 본문을 통해 구체적인 실천방안들을 살펴보고자 한다.

〈본론〉

첫 번째로, 바람직한 다문화 교육을 위해서는 각 나라의 문화를 폭넓게 수용하려는 시각이 필요하다. 이에 문화다원론적 관점에서 교사가 주도적으로 교육과정을 개발할 필요가 있다. 이러한 측면에서 타바는 교사가 단원을 중심으로 교육과정을 개발하여 학교현장의 맥락성을 살리는 귀납적 모형을 제시하였다. 이 모형은 크게 3가지의 특징을 나타낸다. 첫째, 요구진단을 통해 학습자의 요구와 학습과정, 현대 사회의 요구와 문화, 교과전문가의 요구와 지식의 본질 등을 폭넓게 고려한다. 둘째, 교사의 입장에서 교육내용을 선정 및 조직하고, 학습자의 입장에서 학습경험을 선정 및 조직하는 2원적 고려를 한다. 셋째, 중앙의 교육과정을 수용하는 것에서 탈피한 교사중심의 풀뿌리식 교육과정 개발을 강조한다. 이와 같은 개발모형을 통해 다문화 교육은 보다 생동감 있게 실천될 것이다.

두 번째로, 다문화 교육의 바람직한 정착을 위해서는 수업에서 다문화 학생들의 이해를 돕기 위한 적극적인 배려가 필요하다. 지문의 밑줄 (가)는 오수벨의 유의미 학습이론에서 강조하는 선행조직자를 말하고 있다. 이는 학생들의 이해를 돕기 위해 교수자가 수업에 앞서 실시하는 포괄적이고 추상성이 큰 언어적 설명을 말한다. 선행조직자는 본시 학습을 이해하는 발판과 가교의 역할을 하여, 학습내용의 조직화와 정교화를 돕는 기능을 한다. 이와 같은 선행조직자는 크게 2가지의 종류가 있는데, 먼저 설명조직자는 학습자의 배경지식과 학습내용 간의 유사성이 없을 때, 설명을 통해 그 관계성과 위계성을 설명해 주는 것을 말한다. 다음으로 비교조직자는 둘 사이의 유사성이 있을 때, 구체적인 상황이나 사례 등을 언급하며 공통점과 차이점을 설명하는 것을 말한다. 이러한 설명을 통해 학습에 어려움을 느끼는 다문화 학생들의 깊이 있는 이해를 도울 수 있다.

세 번째로, 다문화 교육의 실효성을 높이기 위해서는 다문화 학생들의 실제적인 성장을 면밀히 파악하려는 노력이 필요하다. 지문의 밑줄 (나)에서 따져 보고자 하는 것은 공인타당도에 해당한다. 공인타당도는 이미 타당도가 입증된 기존 검사도구와의 상관관계를 제시하여, 현 검사도구의 타당도 수준이 높다는 것을 입증시키는 방법이다. 공인타당도는 새로 제작된 검사도구에 타당도가 있다는 것을 경험적으로 입증해 준다는 장점이 있으나 기존에 타당도를 담보하는 표준화된 검사 등이 없다면 타당도를 추정하기 힘들다는 단점이자 제한점이 따르기도 한다. 이와 같이 교사의 자작검사지의 타당성을 확보하여 다문화 학생들의 실제적인 변화를 따져 보고 추후지도 등에 힘써야 할 것이다.

네 번째로, 바람직한 다문화 교육의 정착을 위해서는 교사들의 주도적인 역할수행이 필요하다. 2000년 이후 리버만과 밀러는 학교 개혁의 주체로서 교사가 발휘해야 할 교사리더십을 강조하였다. 교사리더십의 구체적인 실천방안으로는 첫째, 학습중심으로의 사고 전환이 있다. 과거의 교사는 교수활동에만 초점을 두었지만 실질적인 수업리더로서 학생들의 다문화 교육 활동을 강조해야 한다. 둘째, 전문가 학습공동체에 적극 참여하여 다문화 교육에 대한 전문성을 개발하고, 자신의 역량을 향상하는 것을 들 수 있다. 셋째, 공동의 리더십을 실천하는 것으로 다문화 교육에 대한 개인적 활동과 책임을 넘어 학교라는 조직 내에서 다문화 학생들의 학습에 대해 모두가 공동의 책임을 지는 것이다. 이와 같이 교사리더십을 실천하는 것은 다문화 교육을 현장에 착근시키는 핵심적인 요소가 될 것이다.

All In One

〈결론〉

　지금까지 다문화 교육을 통해 21세기 세계시민을 길러내려는 여러 가지 방안들을 강구하였다. 구체적으로 교사가 중심이 되어 교육과정을 개발하고, 수업에서 다문화 학생들의 이해를 위해 선행조직자를 제공하는 노력을 살펴보았다. 또한, 교사 자작검사지의 공인타당도를 검증하여 다문화 학생들의 변화를 정확히 파악하고, 교사가 리더십을 발휘하여 다문화 교육을 실천하는 구체적인 방안들을 고민하였다. 앞으로도 오늘의 고민에 더해 우리의 교육은 현실에 안주하지 않고, 미래를 향해, 세계를 향해 도약하려는 끊임없는 변화를 모색해야 할 것이다.

고생했습니다. 글쓰기 패턴을 기억하고 틀린 부분을 바로 복습해주세요!

2022학년도 중등학교교사 임용후보자 선정경쟁시험 대비 All In One 모의고사 5회차
교 육 학

수험번호 : (   )   성 명 : (   )

| 제1차 시험 | 1 교시 | 1문항 20점 | 시험 시간 60분 |

○ 문제지는 총 1면이고, 초안 작성 용지는 따로 제공하지 않음.   출제교수 : Easy-one

다음은 EOS카페의 질의·응답 게시판(http://cafe.daum.net/eosedu)에 올라온 학교 현장의 사례들이다. 사례들에는 학력격차의 원인 파악, 구성주의 학습 적용, 새로운 평가관점의 채택, 긍정적인 학교문화의 형성에 관한 선생님들의 고민이 담겨 있다. 지문의 내용을 토대로 '학교 현장의 문제는 현장에 답이 있다!'라는 주제를 형식에 맞추어 논하시오. [배점 20]

〈사례 1〉 - 학습된 무기력에 빠져드는 지원이

이 교사 : 지원아, 도대체 왜 이러니? 무슨 마음으로 수업시간에 잠만 자는 거니? 선생님은 멀리서 전학 온 지원이의 어려운 가정형편을 고려해서 많은 관심과 기회를 주려고 노력했는데….

지 원 : 선생님이 여러 모로 저를 배려해 주시는 건 알겠어요. 하지만 수업시간에 말씀하시는 설명을 도무지 알아들을 수 없고, 새로운 친구들과의 의사소통도 익숙하지 않아요. 또한 내용과 예시, 수업에서의 활동들이 생소한 것뿐이에요. 엎드려 잔 건 답답해서 그랬어요. 저도 알아요. 제가 잘못한 거.

이 교사 : 그래도 무턱대고 엎드려 잠만 자면 어떻게 하니?

지 원 : 저는 사실 교과서의 내용이 대부분 이해하기 힘들어요. 예전 담임선생님께서도 독해력을 길러주신다며 여러 전략들을 가르쳐주셨어요. 예를 들어 책을 읽고, 질문을 통해 내용을 파악하는 시범 등을 보여주셨어요. (중략)

※ 깊이 생각해 보기: 학생들의 행동에는 모두 이유가 있습니다. 무턱대고 나무라기보다 왜 그런 행동을 했는지 그 이면에 숨겨진 어려움을 파악해 보세요.

〈사례 2〉 - 좋아하는 일만 하고 싶은 은주

은   주 : 선생님! 전 하루 종일 그림만 그리고 싶어요. 체육시간엔 차라리 보건실에 가 있고 싶어요. 워낙 몸치라 운동도 못하고, 피구를 하면 제일 먼저 아웃이 되어 팀에 민폐만 끼쳤어요.

지 교사 : 은주야, 못해도 괜찮아. 학교는 네가 자아실현을 할 수 있도록 돕는 곳이란다. 스스로 재밌고, 느끼는 바가 있었다면 모든 시간들이 소중한 법이지. 수업에서의 활동들이 단순히 너를 측정하거나 평가하기 위한 시간이 아니란다. 그동안 우리는 '우리 반의 웃는 얼굴'이라는 공동작품을 만들어 봤는데, 무엇을 느꼈니?

은   주 : 선생님께서는 생김새는 다르지만 '우리 반 모두는 하나'라는 의미로 똘똘 뭉쳐 서로 믿고, 협동하는 교실 분위기를 만들었으면 좋겠다고 하셨는데…. 실제로 공동작품을 만든 후, 자율학습 분위기도 좋아졌고, 체육대회 등 여러 행사에서도 단합된 모습을 보이고 있어요. (중략)

※ 깊이 생각해 보기: 학생들은 자신의 모습을 타인의 눈으로 확인하려 합니다. 그럴 때 말씀해 주세요. '넌 너일 때가 가장 멋지단다. 스스로의 모습을 찾도록 선생님이 도와줄게!'라고요^^

배점 요소

○ **논술의 내용 [총 15점]**
- 〈사례 1〉에서 지원이가 수업시간에 겪고 있는 어려움을 번스타인(B. Bernstein)의 이론(언어와 문화)을 기반으로 진단[2점]하고, 각각의 진단에 대해 적절한 해결책[2점]을 제시
- 〈사례 1〉에서 지원이의 예전 담임선생님은 상보적 교수모형을 적용한 것으로 파악된다. 이 모형의 개념[1점]을 설명하고, 구체적인 독해전략을 3가지[3점] 제시
- 〈사례 2〉의 지 교사가 견지하는 검사관의 명칭[1점]과 개념[1점], 특징을 2가지[2점] 제시
- 〈사례 2〉의 지 교사가 만들고자 하는 교실 분위기 형성과 관련해 커닝햄(Cunningham)과 그레소(Gresso)가 주장한 지도성의 명칭[1점]과 실천방안을 2가지[2점]로 제시

○ **논술의 구성 및 표현 [총 5점]**
- 서론, 본론, 결론의 유무[1점]   - 각 문단과 대주제와의 연계성[2점]   - 표현의 적절성[2점]

EOS 교육학 All-In-One 모의고사 5회차 채점기준표
대주제 : '현문현답의 지혜를 발휘하자!'

	채점요소	배점	채점기준
답 1	번스타인의 입장에서 진단 – 제한된 어법[1점], 문화실조론[1점] 해결책 – 다양한 예시와 쉬운 설명[1점], 문화차이론적 접근[1점] ※ 번스타인의 언어적 상호작용이론 : 번스타인은 학교에서 사용되는 구어 형식 수준은 중류계층이 쓰는 정련된 어법이고, 정련된 어법을 잘 쓰지 못하는 학생들은 노동계층의 학생들이며, 이로 인해 학업성취수준이 낮을 수밖에 없다고 주장하였다.

제한된 어법(restricted code)	정교한 어법(elaborated code)
- 노동계급이 사용한다. - 감성적이다. - 상황 구속적, 즉 특정한 상황에서만 이해되는 언어이다. - 학교에서 거의 사용되지 않는다.	- 중상류층이 사용한다. - 논리적이다. - 보편적 즉, 언어가 사용되는 상황과 관계없이 이해되는 언어이다. - 학교에서 주로 사용된다.

※ 문화실조론
1. 가정의 교육적 환경이 자녀들의 지적 성취에 큰 영향을 미치는바, 문화적 자원이 풍부한 가정환경에서 자라난 아동은 가정에서 교육적 자극을 충분히 받았기 때문에 이미 학습에 필요한 기본적인 학습 소양을 갖추고 있다.
2. 하지만 문화적 자원이 부실한 가정의 아동은 학습에 필요한 소양이 결핍된 상태에서 취학하고, 준비되지 않은 상태에서 학습상황에 직면한다. 문화적 자극이 실조된(결핍된) 상태에서 취학한 아동은 학교에서 가르치는 내용은 물론 학습 분위기를 제대로 파악하지 못해 학업성취에서 뒤떨어지고 학년이 올라갈수록 학습실패가 누적되어 학습부진아 혹은 문제아로 분류될 가능성이 높다.

※ 지문의 사례에 따라 정련된 어법에 익숙하지 않은 학생을 위해 가급적 쉬운 설명과 제한된 어법으로도 의사소통이 가능하도록 매체 등을 활용한 다양한 방법들을 강구해야 할 것이다.
※ 정교한 어법에 익숙해질 수 있는 시간적 여유와 다양한 기회를 제공한다.
※ 문화다원론에서는 문화차이 이론을 주장하면서 다음과 같은 내용을 역설한다.
1. 학교에서 다루는 지식은 절대적인 것이 아니라고 본다. | 4 | 각 1점씩 |

	2. 하류층 아동이 소유한 문화적 배경이 학교에서 요구하는 문화적 경험이나 행동방식과 다르기 때문에 학교에 성공적으로 적응할 수 없다. 3. 문화차이 이론가들은 구체적인 교실상황에서 하류층 아동들이 경험하는 어법의 차이나 행동방식의 차이, 기대의 차이 등을 연구하여 이를 경험적으로 밝히려고 한다.		
답 2	**상보적 교수모형 - 개념[1점] / 독해전략 3가지[3점]** ※ 상보적 교수 : 상보적 교수는 인지적 도제이론을 활용하여 학습자에게 독서전략을 습득하게 하여 학습자가 읽은 내용을 깊이 이해하고 생각하도록 도와주는 것이다. ※ 시범 단계에서 보여주는 4가지의 독해전략 1. 질문하기 - 글의 요점에 대해 질문하기 2. 요약하기 - 읽은 내용에 대해 요약하기 3. 명료화하기 - 어려운 부분에 대해 다시 명료화하기 4. 예측하기 - 다음에 어떤 내용이 올지 예측하기 -- ⇨ 상보적 교수의 특징 1. 상보적 교수 모형에서 학습을 안내하고 시범을 보이는 부분은 교수학습에 있어 언어적 상호작용을 강조하는 비고츠키의 이론이 많은 영향을 미쳤다. 2. 과제의 난이도와 학생의 능력을 고려하여 단계적 형식을 취한다(학생의 능력이 점차 커지면 도움을 줄이고 과제의 난이도가 높아지면 더 많이 도와준다). 4. 시간이 지남에 따라 학습의 주도권이 교사로부터 학생에게 점진적으로 옮겨 가게 한다. ⇨ 상보적 교수의 단계 1. '안내' 단계이다. 교사는 수업의 목적을 설명하고 학생들에게 글을 읽게 한다. 2. '시범' 단계이다. 교사는 네 가지의 독해 전략(질문하기, 요약하기, 명료화하기, 예측하기)을 시범을 통해 보여준다. 3. '교수적 지원 제공' 단계이다. 교사는 교사 역할을 담당할 학생을 지명하고 지명된 학생이 교사가 시범 보인 전략을 적용하면서 수업을 진행하는데 이때 교사는 칭찬, 피드백, 정교화, 단서화 등의 교수적 지원 활동을 제공한다. 4. '교수적 지원 중지' 단계이다. 학생들이 스스로 독해전략을 잘 적용한다면 더 이상 교수적 지원을 제공해 주지 않는다.	4	각 1점씩

	⇨ 상보적 교수의 단점 　: 6-8명의 학습집단에게 사용하도록 설계되었기 때문에, 학습 전체에 적용하기 곤란하다. ☀ 학습 전체에 적용할 경우엔 협동학습 집단을 편성하여 운영하는 것이 바람직함		
답 3	총평관 – 명칭[1점], 개념[1점], 특징[2점] ※ **총평관(assessment)** 　: 총평이란 전인적 평가로 개인의 행동 특성을 다양한(특별한) 환경・과업・준거상황에 관련시켜 종합적인 의사결정을 하는 일이다(총평관은 1980년대 인본주의에 토대를 둠). ※ **총평관의 특징** 1. 총평관은 환경과 개인의 역동적 관계에서 변화하는 특성들에 주목한다. 2. 인본주의적 교육관에 토대를 두고, 구인타당도에 관심을 갖고 다양한 증거를 수집한다. 3. 환경을 학습자 변화의 한 변인으로 간주하고, 개인의 특성 변화에 대한 총평에 활용한다.	4	각 1점씩
답 4	문화적 지도성 – 명칭[1점]과 실천방안[2점] ※ **문화적 지도성의 개념** 　: 문화적 지도성은 인간의 의미 추구 욕구를 만족시킴으로써 그 구성원을 조직의 주인으로 만들고, 조직의 제도적 통합을 가능하게 하는 효과적 지도성을 말한다. ※ **문화적 지도성의 실천방안** 1. 지문과 관련하여 학생들 간의 빈번한 상호작용을 촉진하기 위해 내실 있는 학급회의를 실시하고, 토론활동을 장려하는 것이 좋다. 2. 자율성을 부여하는 측면에서 학습에서 통제권을 넘겨주고, 스스로의 프로젝트 과제를 수행하도록 격려하는 것이 좋다. 3. 학급규칙 등을 학생들 스스로 제정하도록 하는 것도 문화적 지도성을 실천하는 좋은 방안이라 할 수 있다. -- 〈참고〉 1. Sergiovanni, 1990: 학교는 구조적 의미에서 이완결합이지만 문화적 의미에서는 확고하게 결합되어 있다. 그래서 "교사와 학생들은 관료제적 규칙, 관리지침, 상황의존적 교환, 합리적 실체의 이미지보다는 규범, 집단의 관습, 신념의 유형, 가치, 사회화 과정, 사회적으로 구조화된 실체의 이미지에 의해 더 잘 움직여진다." 2. Cunningham & Gresso: 미국의 교육개혁에서 수월성 추구는 구조가 아닌 문화를 통해서 접근되어야 한다고 주장하였다.	3	각 1점씩

※ 문화적 지도성의 특징
1. 성공적인 지도자는 학교를 이완구조로 파악하여 교사 간의 빈번한 상호작용뿐만 아니라 교사들을 고도의 전문성 신장이 요구되는 전문직업인으로 간주하고 상당한 자율성을 부여해 준다.
2. 학교조직에서 효과적인 문화를 형성할 수 있는 구성 요소로서
 비전, 동료관계, 신뢰와 지원, 권력 지위보다는 가치와 흥미, 폭넓은 참여, 지속적 성장, 장기적 전망에 따른 현재의 생활, 질 높은 정보에 대한 용이한 접근, 개선의 유지와 지속 그리고 개인적인 권한 부여 등을 들고 있다.

※ 답안의 논리적 구성 및 표현 (5점)
① 서론, 결론, 본론 중 하나라도 없으면 -1점
② 서론, 결론, 본론에 주제에 대한 언급이 없으면 -1 ~ -2점
③ 개조식으로 쓰면 -1점
④ 부적절한 기호 들어가면 -1점
⑤ 맞춤법이 지속적으로 틀리고, 글씨가 읽기 힘들면 -1

All In One

> **EOS 교육학 All-In-One 모의고사 5회차 모범 답안**
> **대주제 : '현문현답의 지혜를 발휘하자!'**

〈서론〉

학교현장에서 일어나는 복잡다단한 문제와 갈등상황의 대부분은 학생과 교사와의 관계(상호작용) 속에 그 해답이 있다. 2015개정교육과정의 핵심가치인 행복교육의 실현도 기실 학생과 교사의 즐거운 학교생활과 수업에서 그 해결책을 모색해야 할 것이다. 행복의 핵심 주체들이 불행하다면 우리의 모든 논의는 그저 공허한 외침에 그치게 될 뿐이다. 이에 우리는 지문의 사례를 통해 지원이는 왜 삐딱하게 굴고, 은주는 타인의 시선만을 중요시할까를 고민해 보고, 적절한 해결 방안을 모색해 보고자 한다.

〈본론〉

첫 번째로, 지문 1의 사례에서 지원이가 어려움을 겪는 이유를 번스타인이 제시한 어법과 문화실조적 관점에서 진단해 볼 수 있다. 먼저 멀리서 전학 온 지원이는 제한된 어법을 사용하여 새로운 학교에서 보편적으로 쓰이는 정교한 어법에 익숙하지 않은 것으로 보인다. 다음으로 수업에서의 활동들이 지원이에겐 낯선 경험으로 다가간 것으로 볼 때, 문화실조 현상이 발생한 것으로 파악된다. 이를 해결하기 위해서는 먼저 수업내용에서 다양한 예시와 쉬운 설명으로 가르치고, 정교한 어법에 익숙해질 수 있는 기회와 시간을 충분히 부여해야 할 것이다. 다음으로 지원이가 습득한 경험들이 보편적이지는 않아도 문화차이론적 관점에서 존중받고, 새로운 친구들과 서로를 이해할 수 있도록 지도해야 할 것이다. 지문의 언급과 같이 학생들의 행동 이면에 숨은 어려움을 헤아리려는 선생님의 혜안이 필요한 대목이다.

두 번째로, 지원이의 예전 선생님이 적용한 상보적 교수는 인지적 도제이론을 활용하여 학습자에게 독서전략을 습득하게 하여 학습자가 읽은 내용을 깊이 이해하고 생각하도록 도와주는 독해력 증진 모형이라 할 수 있다. 주로 교사의 시범으로 보이는 독해전략으로는 지문에 언급된 질문하기 전략에 더해 첫째, 읽은 내용에 대해 요약하기가 있다. 둘째, 어려운 부분에 대해 다시 분명히 하는 명료화하기가 있다. 셋째, 다음에 어떤 내용이 올지 생각해 보는 예측하기가 있다. 이러한 전략들은 지원이의 독해력 향상에 많은 도움을 줄 수 있는 것으로 예전 선생님의 세심한 배려를 살필 수 있는 부분이다.

세 번째로, 사례 2의 은주는 주변 친구들의 시선을 지나치게 인식하는 이유로 체육수업을 기피하고 있다. 이에 대해 지문의 지 교사는 총평관의 입장을 견지하며 은주를 안심시키려는 노력을 보이고 있다. 총평이란 전인적 평가로 개인의 행동 특성을 특별한 환경·과업·준거상황에 관련시켜 의사결정을 하는 것으로 평가를 바라보는 시각을 말한다. 이러한 총평관의 특징으로는 첫째, 환경과 개인의 역동적 관계에서 변화를 이끄는 특성들에 주목하는 점을 들 수 있다. 둘째, 인본주의적 교육관에 토대를 두고, 구인타당도에 많은 관심을 갖는다. 이와 같이 총평관은 모든 학습자들의 꿈을 응원하므로 오늘날의 평가관점에 잘 부합한다고 볼 수 있다.

네 번째로, 지 교사는 공동작품을 만드는 활동으로 협동의 가치를 가르쳐 서로 돕고 아껴주는 학급문화를 형성하고자 하였다. 이와 관련된 효과적인 지도성으로 문화적 지도성을 떠올릴 수 있다. 이 지도성은 인간의 의미 추구 욕구를 만족시킴으로써 그 구성원을 조직의 주인으로 만들고, 조직의 통합을 가능하게 만든다. 구체적인 실천방안으로는 첫째, 학생들 간의 빈번한 상호작용을 촉진하기 위해 내실 있는 학급회의를 실시하고, 토론활동을 장려하는 것이 좋다. 둘째, 자율성을 부여하는 측면에서 학습의 통제권을 넘겨주고, 스스로 선정한 프로젝트 과제를 수행하도록 격려하는 것도 좋은 방안이라 할 수 있다.

〈결론〉

지금까지 학교현장에서 일어나는 실제 사례 속에서 문제를 찾고 해결방안을 마련하려는 노력들을 살펴보았다. 첫째, 학생이 수업에서 겪는 어려움을 어법과 문화의 문제로 진단하고, 쉬운 설명과 세심한 배려로 해결하고자 고민하였다. 둘째, 상보적 교수전략을 활용하여 독해력을 증진시키는 방안을 모색하였다. 셋째, 총평관의 관점에서 학습의 불안을 줄여주었다. 넷째, 교실 분위기의 쇄신을 위해 문화적 지도성을 이해하고, 그 실천방안을 강구하였다. 앞으로도 현문현답(현장의 문제는 현장에 답이 있다!)의 묘를 살려 그동안의 자충수를 극복하고, 우리 교육을 한 단계 더 도약시킬 신의 한 수를 찾아야 하겠다.

> 고생했습니다. 글쓰기 패턴을 기억하고
> 틀린 부분을 바로 복습해주세요!

저자소개

■ 이지원

[학력 및 경력]
- 한국교원대학교 교육학사 / 고려대학교 교육학 석사 / 한국교원대학교 교육학 박사(교육과정 및 수업 전공)
- 2013~2018 한국교육연구소 전문연구위원
- 2010~2013 교육부 및 경기도교육청 자문·연구위원 활동
- 2016~2018 경기도교육연구원 초빙연구위원
- 2010년 교육정책 수립 대국민 제안 교육부총리상 수상
- 교육과정 총론개발, 생활공감 정책, 사교육 없는 학교, 교육전문직 임용 등에서 연구위원 및 심사위원으로 활동
- (현) 해커스임용 교육학논술 전임교수
- (전) 한국교원대·동대학원에서 학부생 및 현직교사 대상 10년간 강의(강좌내용: 교육학논술, 교육학개론, 교육과정, 교수-학습이론의 이해)진행
  단국대, 공주교대, 충남대, 서울대, 원광대 등에서 교육학논술 및 합격 특강 진행
  위더스, 뉴엠평생교육원, 고시스쿨 등 평생교육원에서 다양한 교육학 강의 진행

[주요 연구 활동 및 저서]
- 청소년단체활동과 사회성 발달과의 관계(2008)
- 노인봉사활동이 여중생의 진로발달에 미치는 영향(2011)
- 학교교육과정 개발요인 및 평가지표 설정과 적용사례 연구(2012)
- LT 협동학습이 학습부진아의 학업성취 및 학습태도에 미치는 효과(2012)
- Journal of SCOPUS CCIS(Communications in Computer and Information Science)
  'Development of Simulation for improving pre-principal's leardership skill (2012)'
- 프로젝트학습에 기반한 논문쓰기 활동이 여중생의 SDL 능력 향상에 미치는 효과(2013)
- 제니보 프로그램이 유아의 정서발달에 미치는 영향(2015)
- 학습계약에 기반한 개별탐구학습활동의 중학생의 학업성취도와 SDL 향상에 미치는 효과(2015)
- 학교스포츠클럽활동의 개선방안에 관한 연구(2015) 외 다수의 논문 발표
- 한국교육과정평가원, 경기도교육연구원 등과 다수의 연구프로젝트 수행
- EOS 교육학 Ⅰ·Ⅱ(2019). 동문사 / 교육학논술 All In One(2019). 동문사 / 교육과정 공저(2012). 동문사 /
- About Education(2018). 동문사 / Dynamic Pedagogy(2013). 도서출판 J.J. 외 다수

**2022 교원 임용고시 대비
EOS 교육학논술
All In One
모든 것을 단 한 번에 끝장낸다!
② 문제 마스터 편**

초판 1쇄 인쇄 / 2021년 6월 10일
초판 1쇄 발행 / 2021년 6월 15일

편저자 / 이　지　원
발행인 / 이　중　수
발행처 / **동　문　사**

서울특별시 서대문구 홍제원 1길 12
(홍제동 137-8)
Tel : 02)736-3718(대), 736-3710, 3720
Fax : 02)736-3719
등록번호 : 1974.04.27. 제9-17호
가격 : 23,000원

ISBN : 979-11-6328-311-9(93370)
E-mail : dong736@naver.com
www.dongmunsa.com

저자와의 합의하에 인지는 생략합니다.